Illusionsmalerei

Räume effektvoll gestalten

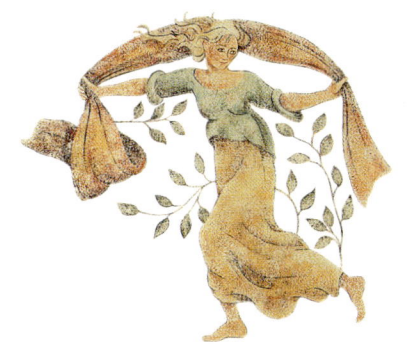

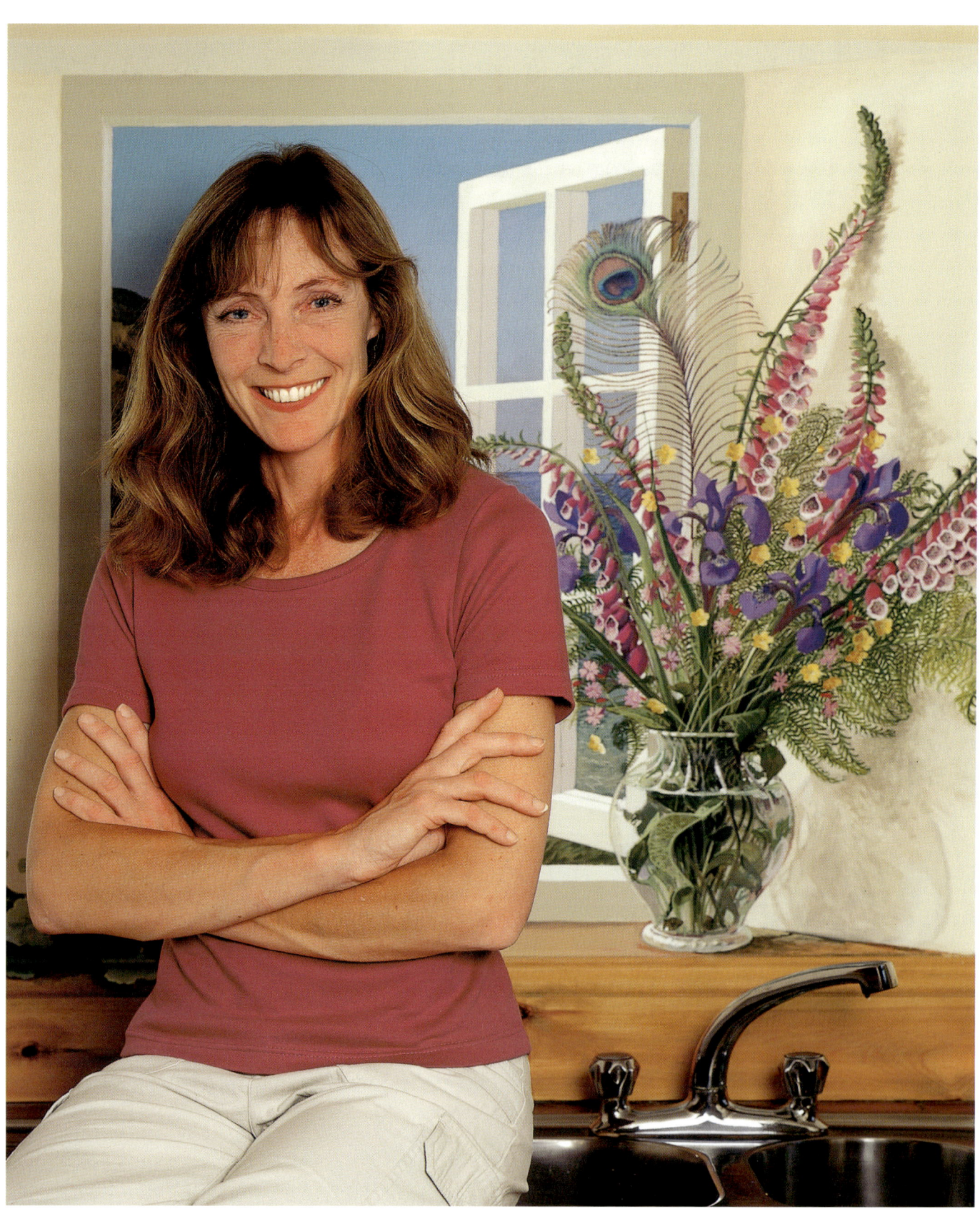

Illusionsmalerei

Räume effektvoll gestalten

Weltbild

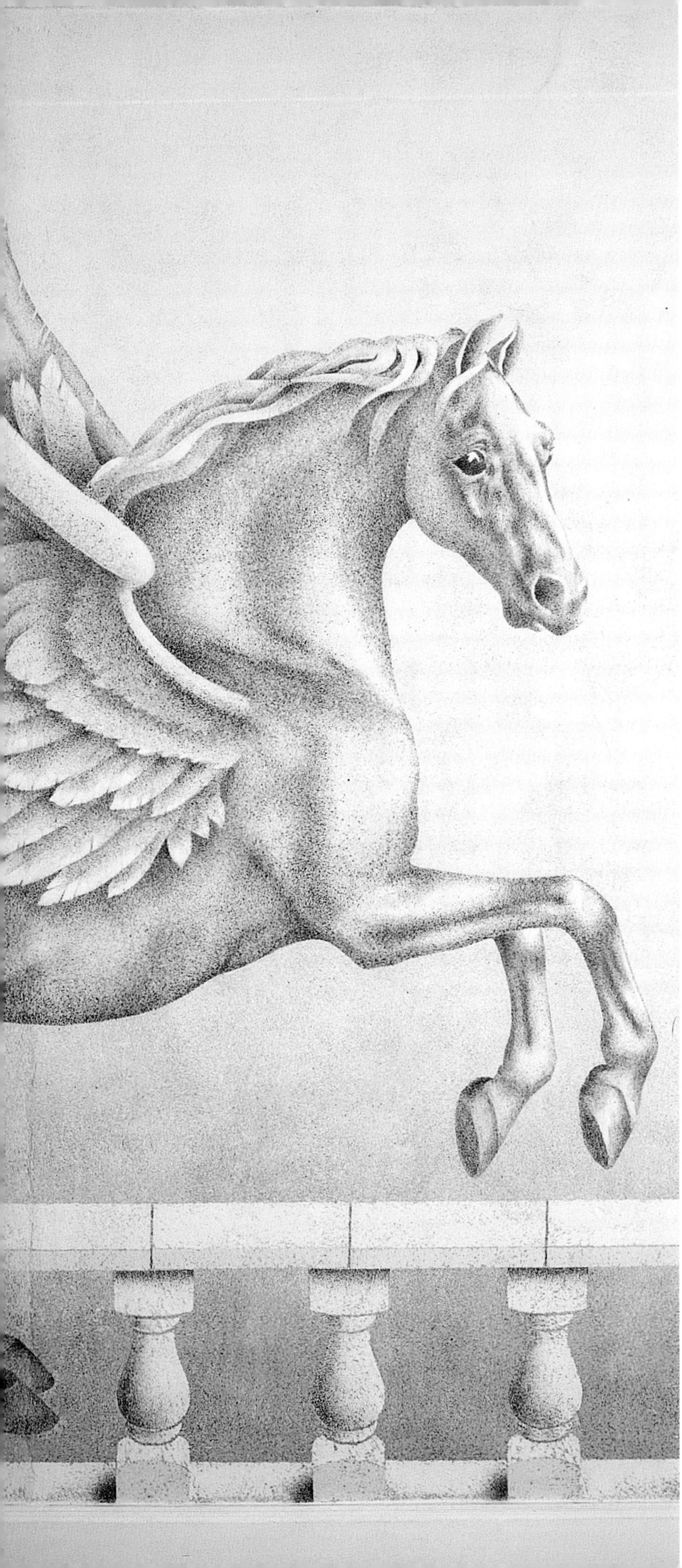

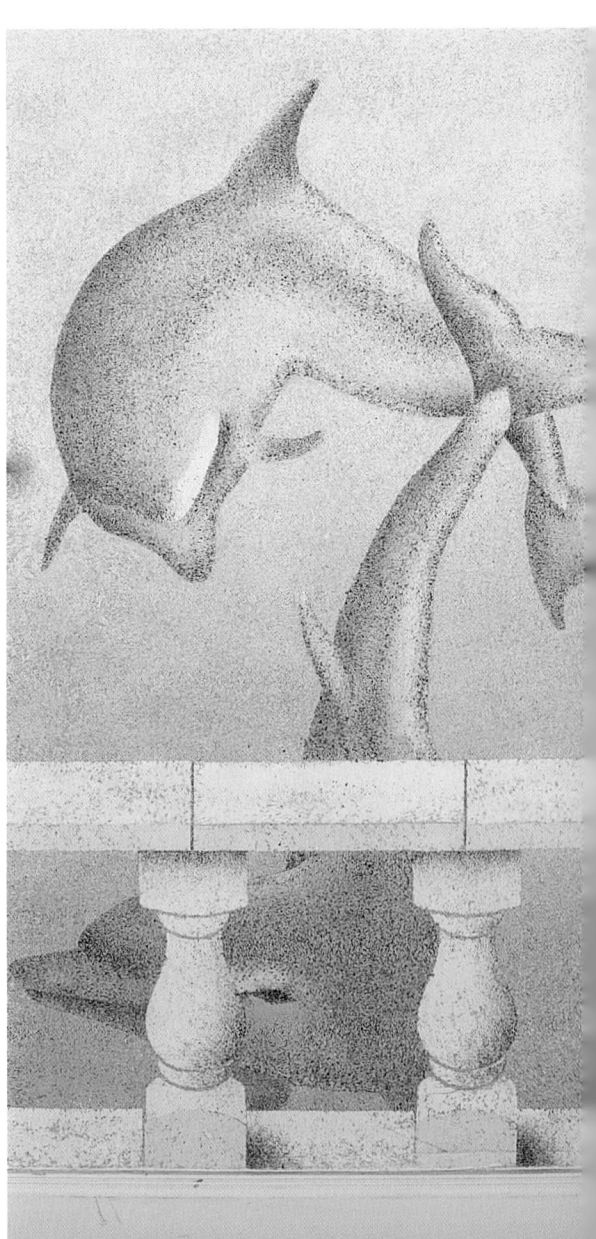

Inhalt

Projekte

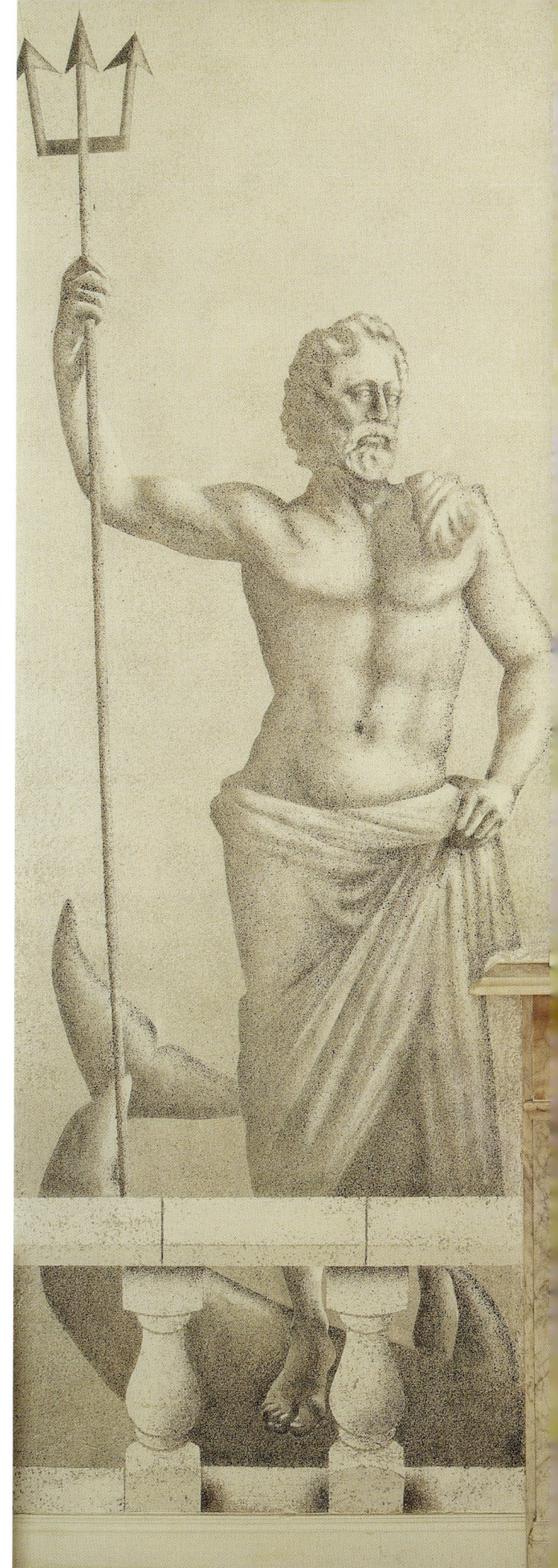

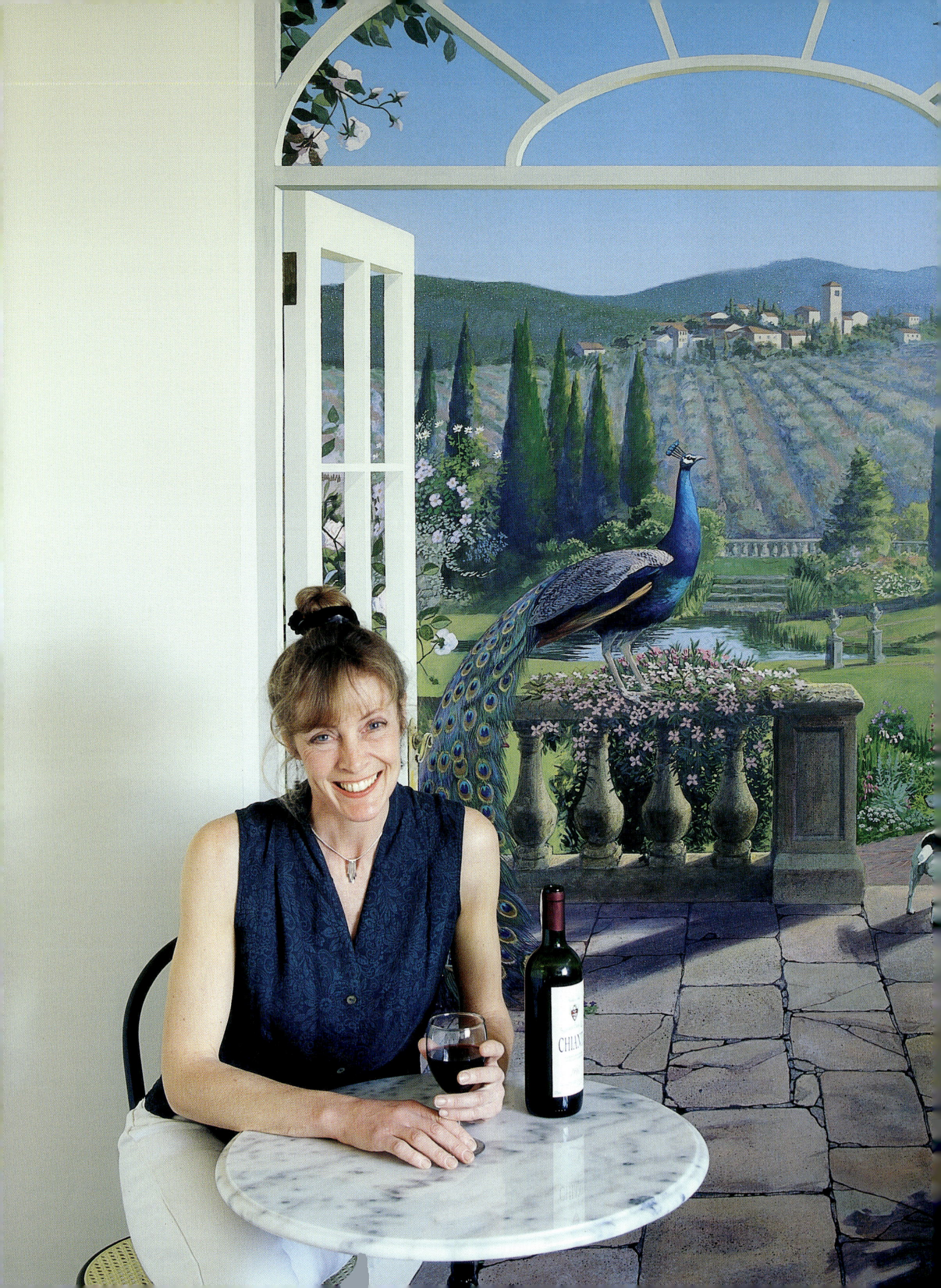

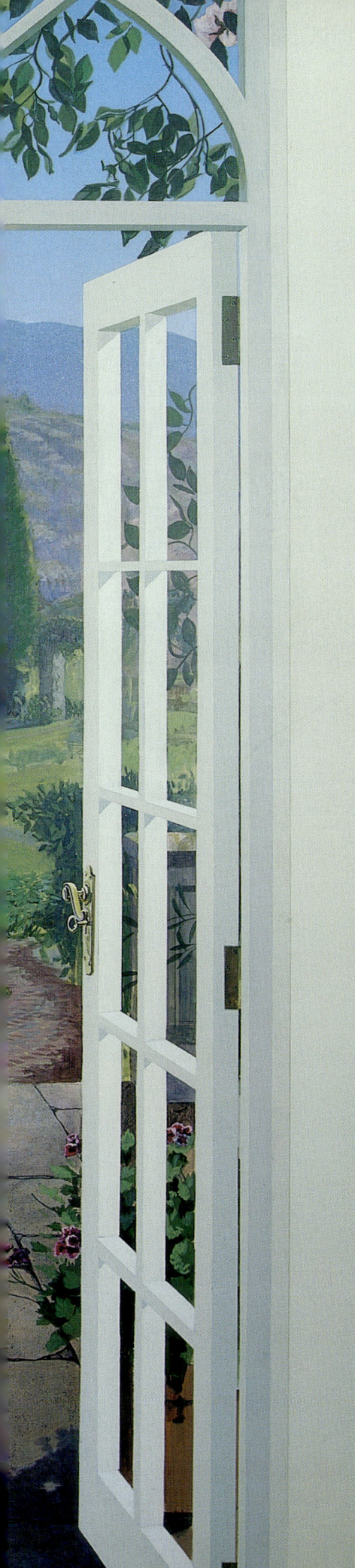

Vorwort

Die Geschichte der Wandbilder reicht zurück bis zu unseren steinzeitlichen Vorfahren, die ihre Höhlenwände bemalten. Sie stellten Tiere und ihre Umgebung mit erstaunlicher Genauigkeit dar, kratzten die Konturen in den Fels und rieben Farbe aus Erdmineralien in die Rillen. Der Geschichte dieser Malkunst können wir in diesem Buch leider nicht gerecht werden, wenngleich sie sehr faszinierend ist, weil sie von Kulturen, Kriegen und Ritualen sowie von wichtigen religiösen Anlässen erzählt. Es ist ein Glück, dass solche Bilder überall auf der Welt noch in Gräbern, religiösen Stätten und frühesten menschlichen Behausungen erhalten sind.

Das Trompe l'œil wurde in der griechischen Antike erfunden, aber von den Römern zu einer Kunstform entwickelt, um Räume größer wirken zu lassen. Auf kahlen Mauern schufen sie unglaubliche Illusionen von geradezu theatralischer Architektur.

Der französische Begriff Trompe l'œil bedeutet übersetzt „Augentäuschung". Eigentlich ist es ein visueller Spaß, doch wirkt er nur, wenn er gut ausgeführt ist. Und das können Sie mit diesem Buch lernen.

Das Schöne am Trompe l'œil ist, dass es Räume auf sehr fantasievolle Weise verändert und aufwertet. An einem grauen Wintertag kann ein solches Bild Farbe und Wärme ins Haus bringen, indem es den Blick durch die Wand in ein fernes Land (in diesem Fall die Toskana) wandern lässt.

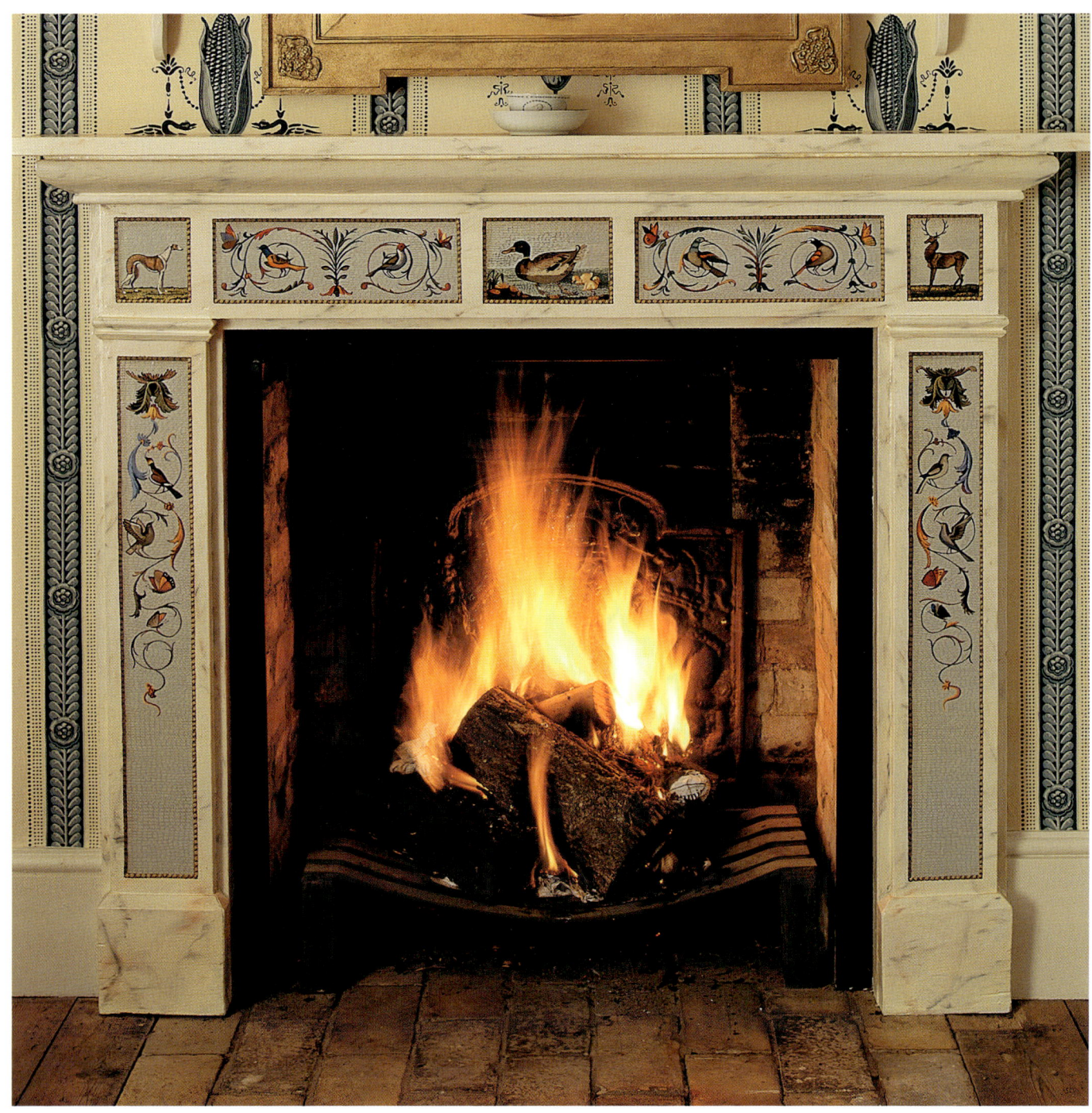

Es macht Spaß, einen schlichten Kamin aufzumöbeln, wenn man Zeit und Geduld hat. Dieses Modell wurde zuerst wie Marmor grundiert, dann setzte ich „Mosaikfelder" auf, wie ich sie einmal auf einem hinreißenden Kamin in einem prächtigen Herrenhaus gesehen hatte.

Trompe l'œil, auch Illusionsmalerei genannt, unterscheidet sich von der konventionellen Wandmalerei einerseits und der Stillleben-Malerei andererseits, weil es bewusst auf die optische Täuschung abzielt. Der Maler versteckt seine Kunstfertigkeit und baut lieber auf die perfekte Perspektive, genau beobachtetes Licht und realistische Farben, um dem Betrachter vorzugaukeln, dass eine ebene Fläche nicht eben sei oder Raum erscheint, wo er nicht vorhanden ist. Ein Trompe l'œil zeigt vermeintlich dreidimensionale Gegenstände oder Räume auf eine Weise, die das Auge im Kontext der direkten Umgebung als realistisch wahrnimmt.

Warum ein Trompe-l'œil-Wandbild malen?

Ganz einfach: zum Spaß. Menschen setzen gern ihre Beobachtungsgabe ein, um Aufzeichnungen über Lebensstile, Sehnsüchte, Kulturen und soziale Strömungen festzuhalten. Der Sinn für das Dekorative ist uns angeboren, wir haben immer den Wunsch, unsere Umgebung zu verschönern. Das Interessante am Trompe l'œil und Wandgemälde ist auch die Dauerhaftigkeit. Es ist Ausdruck der Identität und zugleich Teil der Architektur. Ich möchte Ihnen Mut machen, es in Ihren eigenen vier Wänden auszuprobieren.

Wir lieben Farben, Texturen, Witz und Illusion. All das brauchen wir für ein Wandgemälde. Wir mögen es auch, einfarbige Wände so zu verändern, dass sie Geschichten erzählen. Ist eine Wand bemalt, verliert sie ihren kahlen Charakter und wird zu einer anderen Welt in einer anderen Dimension.

Viele Menschen haben heute das Vertrauen in ihre kreativen Fähigkeiten verloren. Wir glauben, wir können uns nicht mit den professionellen Künstlern messen. Ich will nicht bestreiten, dass manche Menschen mit einem unglaublichen, geradezu magischen Talent geboren werden, doch die Techniken des Malens und Zeichnens kann man lernen – mit etwas Übung gelingt es wirklich jedem.

Ich schreibe dieses Buch, weil ich selbst während meiner kurzen Erfahrung als Lehrerin ganz direkt erlebt habe, wie viel Freude es Menschen macht, wenn es ihnen gelingt, wirklich das Bild zu malen, das sie vor ihrem geistigen Auge hatten – nur weil ihnen jemand gezeigt hat, wie es geht. Wer sich in die Fantasiewelt des Vorgetäuschten vorwagt und sich von den üblichen, engen Grenzen des Zeichenblocks befreit, befreit sich damit auch von der Beengtheit geschlossener Räume und kann – mit etwas kompetenter Hilfe – aus den eigenen Ideen wundervolle Illusionen zaubern.

So lernt man

Während der drei Jahre, in denen ich eine Reihe von fünftägigen Einführungsseminaren in die Wandmalerei geleitet habe, konnte ich beeindruckende Ergebnisse sehen. Aus aller Welt kamen Menschen mit großer Wissbegier. Heute weiß ich sicher, dass jeder, der seinen Namen schreiben kann, auch das Zeichnen und Malen lernen kann, wenn er seine Beobachtungsfähigkeit schult.

Das Seminar, auf dem dieses Buch aufbaut, bestand aus mehreren Schritten. Zuerst muss eine Idee entwickelt und zu einer maßstabsgetreuen Skizze ausgearbeitet werden. Dabei geht es auch um die Perspektive, die Vorbereitung des Untergrundes, die Auswahl der Materialien – und schließlich um das faszinierende Erlebnis, das neu erworbene Wissen und Selbstbewusstsein anzuwenden und den Entwurf auf die Wand zu übertragen.

Mir ging es immer darum, die Gäste meines Ateliers so weit vorzubereiten, dass sie sich selbst an ein Wandbild wagen konnten. Dabei habe ich nie Zweifel daran gelassen, dass es länger als fünf Tage dauert und viel Geduld und Hingabe verlangt, um diese Kunst wirklich meisterhaft zu beherrschen.

Jeder kann es!

Ich hatte nie vor, Wandbilder zu malen. Ich habe aber schon immer gern im Großformat gemalt und stamme aus einer Familie, in der sich niemand daran störte. Nach einem Studium an der Kunsthochschule, in dessen Verlauf ich mein Selbstvertrauen als Malerin einbüßte, arbeitete ich als Fotomodell in der Werbe- und Modebranche. Dadurch kam ich mit der Welt von Film und Fernsehen in Kontakt und entdeckte die Bühnenbildnerei. Es ist eine schnelle, effiziente und faszinierende Arbeit, die mir zeigte, dass es für den Effekt ausreicht, sich auf das Wesentliche zu beschränken.

Verführt durch die Faszination der Filmbranche arbeitete ich in schnellem Wechsel als Stylistin, zuständig für die Beschaffung und Auswahl von Requisiten, dann als Bühnenbildnerin. Ich wurde Mitglied des Verbandes der technischen Mitarbeiter von Film und Fernsehen und arbeitete mich zur Art Direktorin hoch. Und dann kam die große Veränderung.

Ich hatte die Szenerie für den Werbespot einer Bank entworfen und einen Bühnenmaler beauftragt, einen Vogel mit 10 Metern Durchmesser – das Logo der Bank – auf den Studioboden zu malen. Nachdem er gegangen war, stellte ich zu meinem Entsetzen fest, dass die Flügel falsch waren. Ich hatte keine Wahl – ich musste den Vogel über Nacht neu malen. Als am nächsten Morgen das Filmteam eintraf, ahnte keiner die Panne. Mein wackeliger Ruf als frisch gebackene Art Direktorin war gerettet. Und mir war ein Licht aufgegangen: Das Malen hatte mir viel mehr Spaß gemacht, als jemand anderem dabei zuzusehen.

Im Lauf der nächsten Jahre lernte ich mit Unterstützung des Künstlers Ken Hill und seiner Frau Nina, ebenfalls einer ausgezeichneten Malerin, die Bühnenmalerei. Ich entdeckte, dass selbst das Malen üppiger Faltenwürfe verblüffend mühelos sein kann. Ich lernte, mit Ausdrucksmitteln sparsam umzugehen und lieber zu untertreiben und Formen nur anzudeuten, als sie im Detail auszuarbeiten. Ich lernte das Mischen von Farben und den sinnvollen Einsatz von Farbe für realistische Effekte. Ich erfuhr etwas über das Verhältnis von Kamerahöhe und Augenhöhe. Ich beschäftigte mich mit Perspektive, Lichtquellen und dem Malen von Bäumen, Gras, Himmel, Wolken und Gebäuden – sie sehen schon, Ken hatte da eine ganz spezielle Herangehensweise.

Mein erstes Trompe l'œil

Der Wendepunkt kam, als mich jemand aus der Filmbranche fragte, ob ich ein Wandbild für eine Schwimmhalle am Hyde Park Square in London malen würde. Das Glasdach lag zwei Geschosshöhen über dem Becken, das Bild sollte sich über alle Wände ziehen. Ich hatte zwar damals ein Baby, doch ich nahm den Auftrag an und engagierte eine Assistentin, die ganz nach Bedarf malte oder Windeln wechselte. Sophie und ich malten das Bild unter unglaublichen Bedingungen. Als es jedoch fertig war, erschienen zahlreiche Fotos in der Presse, durch die ich letztlich den Schritt in die Welt der professionellen Wandmalerei machte.

Danach kamen zahlreiche Aufträge für Wandbilder. Ich habe Wände und Decken in Restaurants, Kneipen, Hotels und Privathäusern in verschiedenen Ländern bemalt. Zu den größeren Aufträgen gehören ein Trompe l'œil im Terminal 3 des Flughafens Heathrow, zwei Bilder in Mormonen-Tempeln, ein großes Bild für die Stadt Tavistock in Devon sowie eine große Wand in der Bar der Oriana, einem der größten Kreuzfahrtschiffe der Welt. Jedes Projekt stellte mich vor neue Herausforderungen, brachte neue Probleme. Das Ergebnis war jeweils Erleichterung und Zufriedenheit – hoffentlich auch für meine Auftraggeber. Die Aufregung beim Anblick der leeren Wand vor dem ersten Pinselstrich ist bis heute nicht geringer geworden.

Ein Wandbild, das den eigenen dekorativen Vorstellungen gerecht wird, ist ein durchaus erreichbares Ziel, und das Anstreben erreichbarer Ziele hat etwas ungemein Befriedigendes. Probieren Sie es aus!

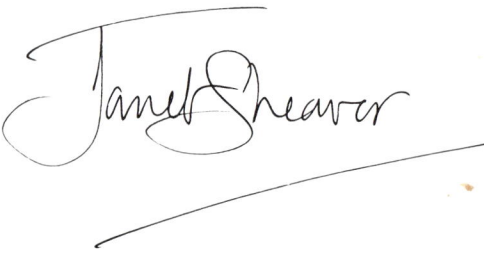

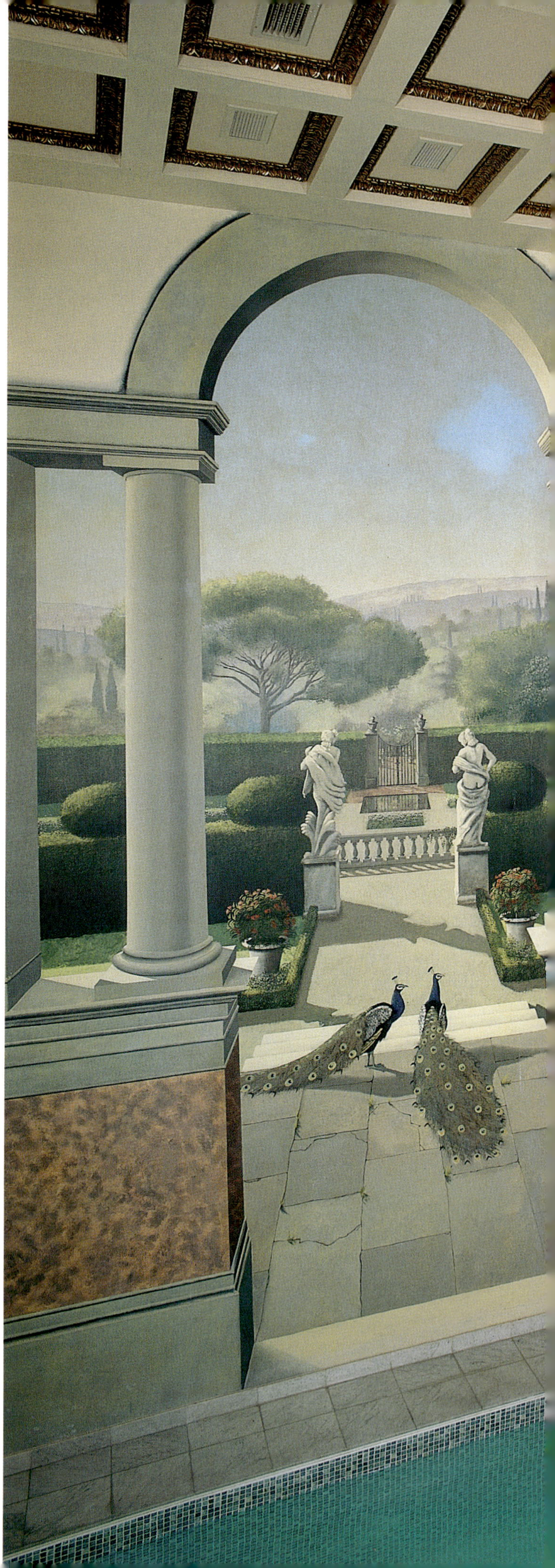

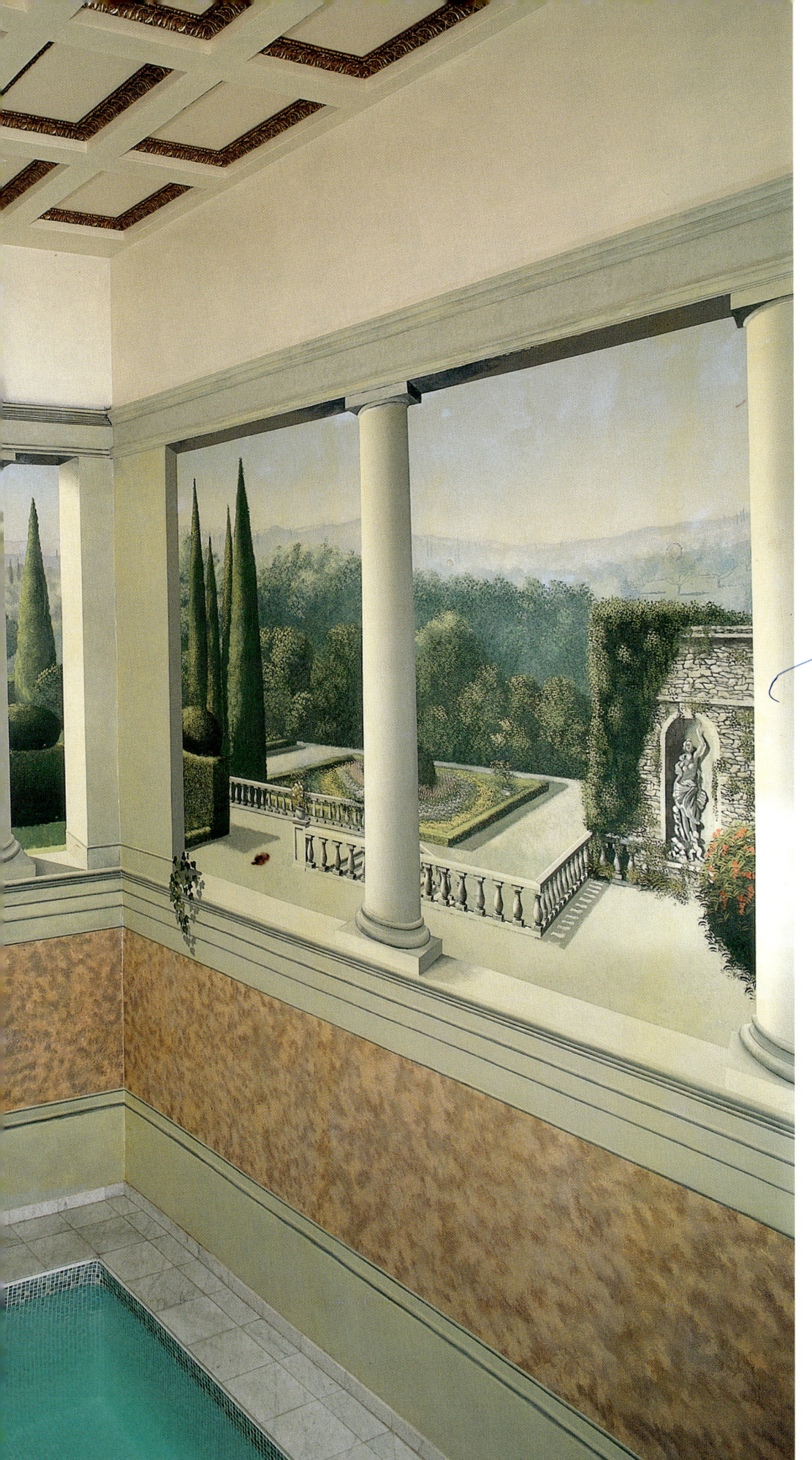

Dies war mein erstes Trompe l'œil. Damals schien es mir recht klein, verglichen mit den Filmszenerien, die ich gemalte hatte. Tatsächlich war es aber zwei Geschosse hoch. Das ursprüngliche Glasdach wurde später ersetzt, die neue Kassettendecke schnitt ein Stück des Rundbogens ab, wie auf diesem Foto zu sehen ist.

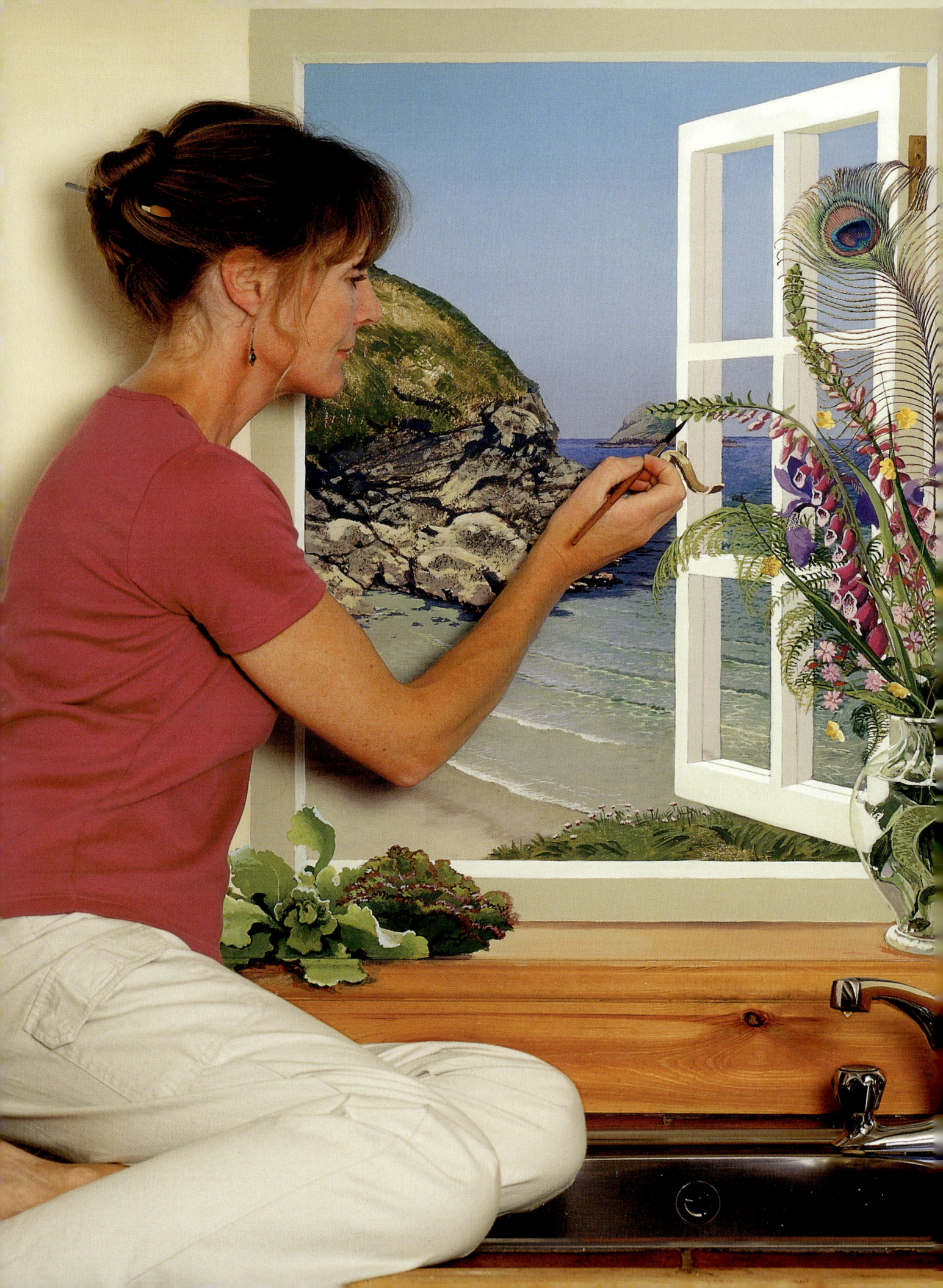

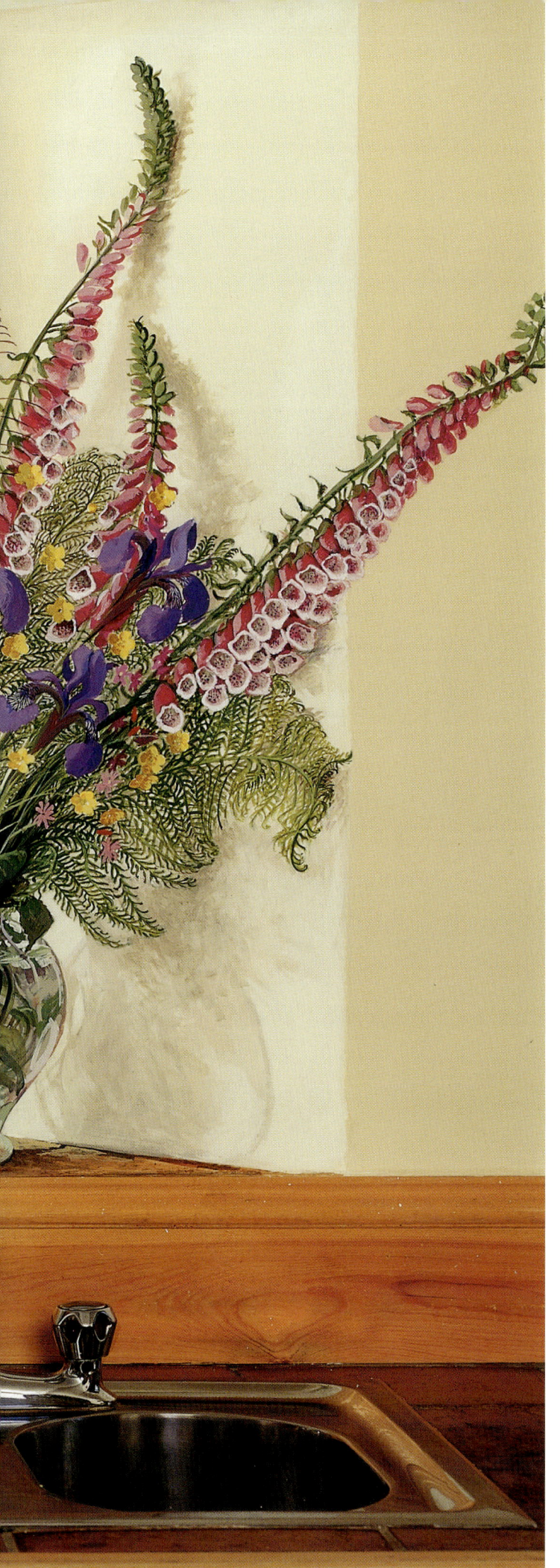

Entwurf und Perspektive

Der Entwurf eines Trompe l'œil ist ebenso wichtig wie die Ausführung. Es gibt verschiedene Gründe, sich für eine so auffällige Dekoration zu entscheiden. Vielleicht fühlen Sie sich in einem Raum beengt und möchten sich einen Ausblick auf eine Landschaft schaffen, die Sie einmal im Urlaub gesehen haben. Vielleicht wünschen Sie sich klassische Grandezza, die in einer kleinen Souterrainwohnung undenkbar wäre. Vielleicht haben Sie in einem Restaurant ein schönes Trompe l'œil gesehen, vielleicht möchten Sie aber auch nur einen visuellen Spaß machen. In jedem Fall ist ein Trompe l'œil ein individueller Fingerabdruck und hat etwas Dauerhaftes: Es drückt aus, dass Sie länger in Ihrer Wohnung bleiben möchten.

Für jedes Wandbild gibt es einen Grund. In diesem Fall wollte ich ein bisschen Sommer ins Haus holen. Selbst mitten im Winter verbreitet das Bild über der Küchenspüle eine heitere, warme Atmosphäre, und die Blumen wirken fast so lebendig wie frische. Dieses Projekt wird auf Seite 94 genauer vorgestellt.

Ideen sammeln

Und wie soll man nun beginnen? Sehen Sie sich zuerst den Raum genau an. Achten Sie auf Möbel, bauliche Besonderheiten und die Einfallsrichtung des Lichts. Überlegen Sie auch, von welcher Stelle im Raum Sie das Bild hauptsächlich betrachten werden. Wenn Sie anfangen, Ihre Ideen auf Papier zu skizzieren, müssen Sie sich dieses hauptsächlichen Blickwinkels bewusst sein.

Versuchen Sie, sich Ihre Idee im Kontext des Raumes vorzustellen. Wenn Sie in dieser Phase erst eine vage Idee haben, schadet das nicht. Selbst erfahrene Maler wissen nur selten, was sie tun wollen, ohne zwischendurch innehalten und überlegen zu müssen. Sie würden genau das tun, was Sie auch tun sollten: sich mit einem Stapel Büchern und Zeitschriften in einen bequemen Sessel setzen und mit der ursprünglichen Idee im Kopf reichlich Fotos von Räumen oder Landschaften durchblättern. Sie werden bald Motive entdecken, die zu Ihrer Idee passen, vielleicht ein offenes Fenster, eine sanfte Hügellandschaft oder die französischen Türen, die Sie im letzten Urlaub beeindruckt haben. Markieren Sie solche Bilder mit Haftnotizen oder Lesezeichen aus Papierstreifen. Allmählich bekommt die Idee klarere Konturen. Möglicherweise weichen Sie auch von der ersten Idee ab, wenn Sie etwas Schöneres entdecken – und offen für Impulse sind. Ich habe mehrmals erlebt, dass ich nach einigen Stunden intensiven Blätterns meinen geplanten Kurs vollständig geändert habe. Für diese Phase der Ideensuche können Sie beispielsweise Bücher über Architektur, afrikanische Landschaften und Tiere, Gartenbücher und an-

deres verwenden. Auch ein Besuch in der Stadtbücherei kann nicht schaden, aber verlieren Sie beim Blättern nie die Vorstellung des Raumes aus den Augen.

Haben Sie ein ansprechendes Motiv entdeckt, sollten Sie es abpausen, eine Skizze machen und zusätzlich ein Lesezeichen einlegen. Es ist sehr unwahrscheinlich, dass Sie alle nötigen Impulse in einem einzigen Foto finden. Sie haben vielleicht einen wundervollen Schnappschuss, der während Ihrer Flitterwochen bei Dämmerung in den Schweizer Alpen entstanden ist, doch Sie brauchen dazu noch ein Fenster als Rahmen und Vordergrund. Das wiederum könnten Sie auf einem Zeitschriftenfoto finden. Am Ende haben Sie wahrscheinlich eine Menge durchgepauster Elemente in verschiedenen Größen, aber keine Sorge, es gibt eine einfache Methode, um Zeichnungen zu vergrößern oder zu verkleinern. Man muss dazu nur die Proportionen herausarbeiten können (siehe Seite 50). Layout- und Pauspapier kosten nicht viel, machen Sie darum ruhig reichlich Skizzen und Entwürfe. Das ist auf jeden Fall preiswerter als ein gravierender Fehler an der Wand.

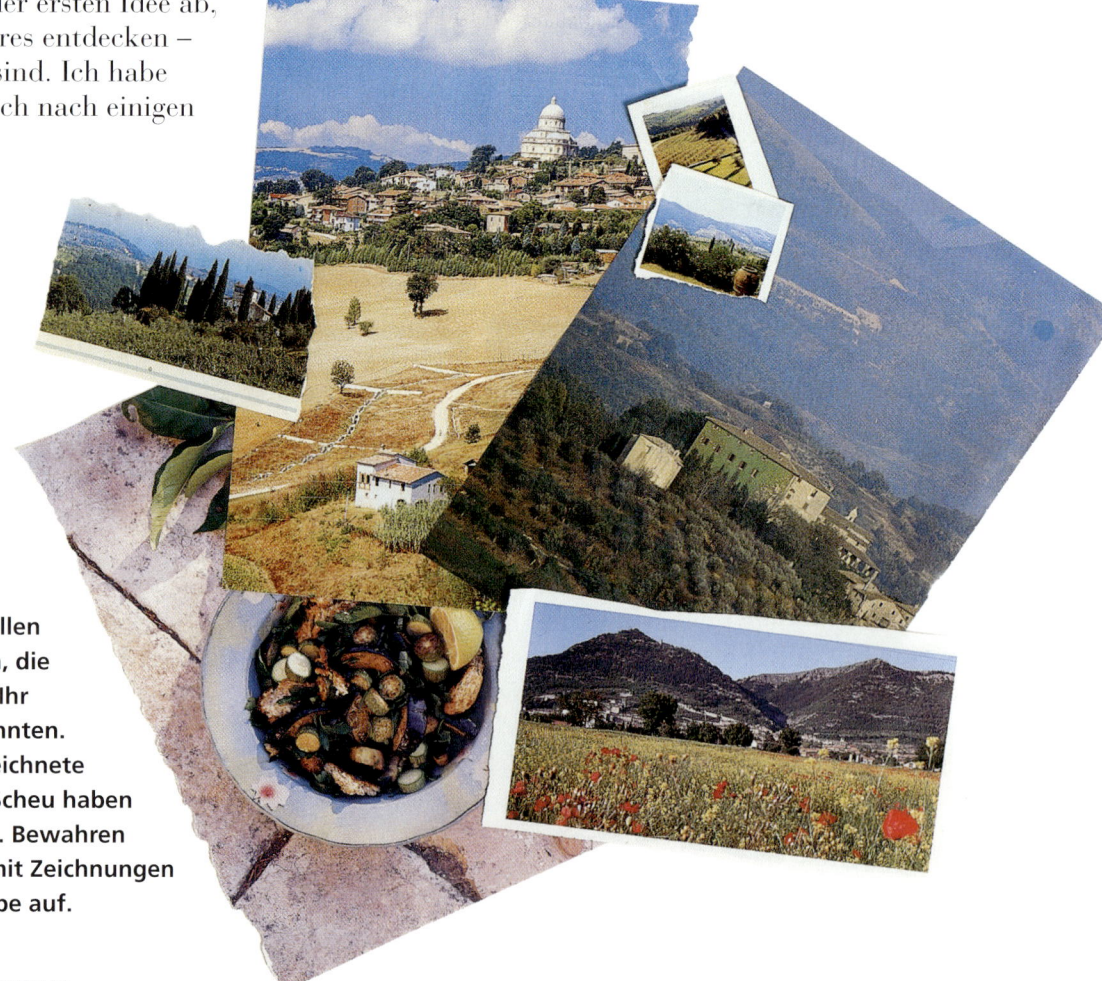

Das Sammeln von Ideen ähnelt dem Zusammenstellen einer Collage mit Motiven, die Ihnen gefallen und die in Ihr Bild integriert werden könnten. Zeitschriften sind ausgezeichnete Quellen, weil man keine Scheu haben muss, sie zu zerschneiden. Bewahren Sie die Fotos zusammen mit Zeichnungen und Skizzen in einer Mappe auf.

Es geht darum, die richtige Idee für die verfügbare Fläche zu finden. Soll der Raum optisch vergrößert werden, indem der Blick durch eine vermeintliche Öffnung in der Mauer fällt, müssen Sie die Wand selbst als Bildebene betrachten. Die Öffnung beginnt auf dieser Ebene. Alle Bildelemente, die sich in der „wirklichen Welt" befinden, müssen in Originalgröße gemalt werden. Was innerhalb der Öffnung in der imaginären Ferne verschwindet, wird perspektivisch verkleinert.

Erwarten Sie nicht, dass es beim ersten Versuch klappt. Wer Schwierigkeiten mit dem Zeichnen oder den Proportionen hat, sollte das Motiv beim Abzeichnen auf den Kopf stellen. Dann kann das Gehirn die visuelle Information des Bildes nicht auswerten, es erkennt das Bild nicht. So fällt es leichter, sich langsam von oben nach unten durch das Motiv zu arbeiten und die Winkel und Linien wie Teile eines abstrakten Puzzles zusammenzufügen. Sie werden staunen, wie viel leichter Ihnen das Abzeichnen fällt.

Nutzen Sie alle verfügbaren Mittel, um Ihre Idee auszufeilen. Eine Kamera ist ein großartiges Hilfsmittel. Wenn Sie im vorhandenen Bildmaterial nichts Passendes finden, fotografieren Sie selbst und verwenden Sie dazu eine möglichst gute Ausrüstung. Beim Fotografieren muss vor allem auf die Augenhöhe (siehe Seite 17) und die Lichtquelle (siehe Seite 29) geachtet werden. Es ist sinnvoll, das Foto aus der gleichen Höhe aufzunehmen, wie später das Wandbild betrachtet werden soll. Spätere Änderungen sind schwieriger.

Wer gern mit Videokameras und Computern arbeitet, kann auch sie benutzen. Für die Entwurfsphase gibt es keine festen Regeln. Es ist relativ einfach, ein Bild aus einem Videofilm „einzufrieren", wenn man die geeignete Ausrüstung zur Verfügung hat.

Bald werden Sie einen Berg von Ideenmaterial angesammelt haben. Berühmte, erfolgreiche Künstler brauchen manchmal Wochen, um sich zu entscheiden – nehmen Sie sich also Zeit, statt übereilt einen schwachen Entwurf zu wählen.

Die Idee wird zum Bild

Selbst wenn das gewählte Motiv anscheinend keine Perspektive hat, können Sie sicher sein: Sie ist vorhanden. Darum wird Ihnen dieses Kapitel nützen. Die Perspektive kann man nicht in letzter Minute hinzufügen, letztlich ist das erfolgreiche Zeichnen ohne ein Verständnis der Perspektive gar nicht möglich. Aber es ist gar nicht so schwierig.

Die Informationen in diesem Kapitel wenden sich an Zeichner mit unterschiedlicher Übung. Für Ihr

erstes Wandbild müssen Sie vielleicht nicht viel über Projektionen, Grundriss und Aufriss wissen. Es ist aber sinnvoll, Begriffe wie Blickwinkel, Augenhöhe und Fluchtpunkt zu kennen.

Ich zeige hier einige Probleme der Perspektive, die vor allem beim Entwurf des Toskana-Motivs eine Rolle spielten. Dieses Trompe l'œil wurde auf eine Küchenwand gemalt und sollte den Eindruck vermitteln, man sehe durch eine offene Tür auf eine sonnige Terrasse mit einem Dorf in der sanften Hügellandschaft und Bergen in der Ferne (fertiges Bild auf Seite 16 und Seite 55).

Perspektive selbst entdecken

Um Perspektive besser zu verstehen und aus skizzierten Ideen überzeugende Bilder zu entwickeln, sollten Sie sich mit den folgenden Seiten beschäftigen. Zuerst aber sollten Sie einen oder zwei einfache visuelle Versuche durchführen, um den Sinn der gezeigten Zeichnungen zu erkennen.

Wer ein Wandbild malen will, muss zuerst den Hauptblickpunkt ermitteln, also überlegen, von welchem Punkt im Raum man es hauptsächlich betrachten wird (siehe Seite 16). Dieser Aspekt ist immer wichtig, besonders aber bei Motiven wie der Toskana-Landschaft, bei denen neben der optischen „Tiefe" auch die Perspektive der Architektur im Vordergrund berücksichtigt werden muss. Meistens steht man beim Betrachten eines Bildes genau davor. Betrachtet man eine Aussicht durch ein Fenster, sieht man aus der Nähe mehr, als wenn man einige Schritte zurücktritt. Probieren Sie das einmal mit einer Tür oder einem Fenster aus. Manchmal müssen wir so tun, als stünden wir weiter entfernt, als es im Raum möglich ist, um Verzerrungen zu vermeiden.

Ist der Blickpunkt festgelegt, kommt die Augenhöhe – Ihre Augenhöhe – an die Reihe (siehe Seite 17). Das ist bei Bildern aller Art erforderlich. Einige einfache Experimente helfen dabei, diesen Aspekt besser zu verstehen. Halten Sie einen Bleistift am

Den Blickwinkel festlegen

Zuerst legen Sie den Blickwinkel fest, indem Sie feststellen, von welchem Punkt aus das Bild vorwiegend angeschaut wird. Betrachtet man eine „Aussicht" durch eine Öffnung, sieht man direkt vor der Öffnung mehr, als wenn man einige Schritte zurücktritt. Es ist hilfreich, sich die Wand, den eigenen Standpunkt und die Elemente des Bildes aus der Vogelperspektive vorzustellen, wie in der oberen Abbildung gezeigt. Die untere Abbildung zeigt eine Skizze des Motivs, das auf der Wand erscheinen soll und das nun ausgearbeitet wird. Am fertigen Bild (unten) ist zu erkennen, wie wichtig diese Vorüberlegungen sind.

Diese Person steht für den Blickpunkt.

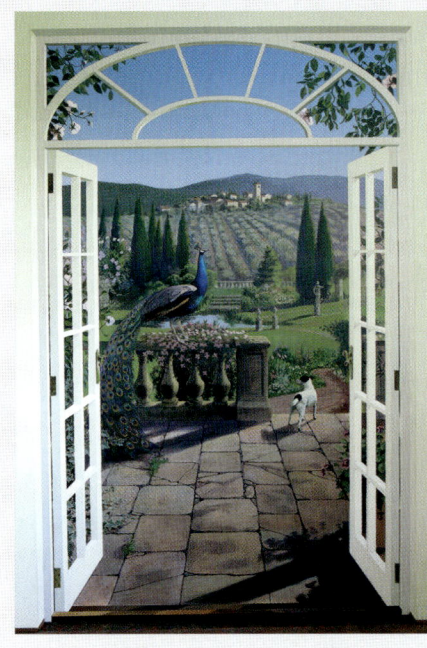

LEGENDE
- Schwarze Linien: *real existierende Elemente, einschließlich der Ränder der gemalten Öffnung*
- Rote Linien: *Augenhöhe*
- Blaue Linien: *gedachte Elemente*
- Grüne Linien: *wichtige Konstruktionslinien*

ausgestreckten Arm in Höhe der Augen vor Ihr Gesicht und achten Sie darauf, wo sich die Elemente der Umgebung, etwa eines Raums oder einer Landschaft, in Relation zum Bleistift befinden.

Die Augenhöhe entscheidet über die Form aller Elemente eines Bildes. Am besten stellt man sie sich als gedachte Linie vor, die in Höhe der Augen kreisförmig um den Körper verläuft. Betrachtet man etwas, das sich unterhalb der Augenhöhe befindet, erscheint die Form anders als die eines Gegenstandes, zu dem man aufschaut. Damit ein Wandbild realistisch wirkt, muss sich der Maler immer bewusst sein, wo er selbst sich in Relation zum Motiv befindet.

Wenn Sie Zeitschriften nach Fotos durchstöbern, versuchen Sie einmal die Position der Kamera beim Fotografieren zu ermitteln. In einer ebenen Landschaft entspricht die Augenhöhe dem Horizont, der aber häufig von Bäumen, Bergen oder hohen Gebäuden verdeckt ist, die sich wiederum über Augenhöhe erheben.

Viele visuelle Experimente lassen sich ohne viel Aufwand durchführen. Stellen Sie sich in die Mitte einer (wenig befahrenen) Straße wie auf Seite 18 und schätzen Sie den Winkel zwischen den Straßenrändern und dem Horizont ein. Fällt Ihnen das Einschätzen von Winkeln schwer, schauen Sie durch einen durchsichtigen Winkelmesser aus Kunststoff. Halten Sie den Winkelmesser kopfüber und richten Sie die gerade Kante am Horizont aus.

Bei diesem Experiment stellen Sie fest, dass die Ränder der Straße zu einem Punkt auf Augenhöhe

Die Augenhöhe festlegen

Die Augenhöhe ist eine gedachte Linie auf Höhe der Augen des Betrachters. Man findet sie leicht, indem man einen Bleistift am ausgestreckten Arm vor das Gesicht hält und beobachtet, wie Elemente oberhalb und unterhalb des Bleistiftes erscheinen (Abbildung 1). Probieren Sie auch aus, wie sich die Form von Objekten in Relation zum Bleistift verändert, wenn Sie sich hinsetzen oder auf einen Stuhl steigen. Achten Sie auf die Konturlinien der Elemente in Bezug zur horizontalen Linie, die der Bleistift bildet.

Für meine Bilder verwende ich als Standard meine eigene Augenhöhe von 1,5 Metern. Diese Linie ist in der Abbildung in Rot eingezeichnet. Nachdem also der Blickwinkel festgelegt ist, wird die Augenhöhe als Horizont eingezeichnet (Abbildung 2). Überlegen Sie, ob Sie zu dem Motiv aufschauen oder ob es, wie der kleine Hund in diesem Bild, unter Augenhöhe liegt und Sie hinunterschauen.

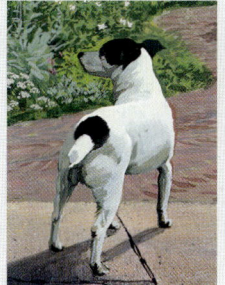

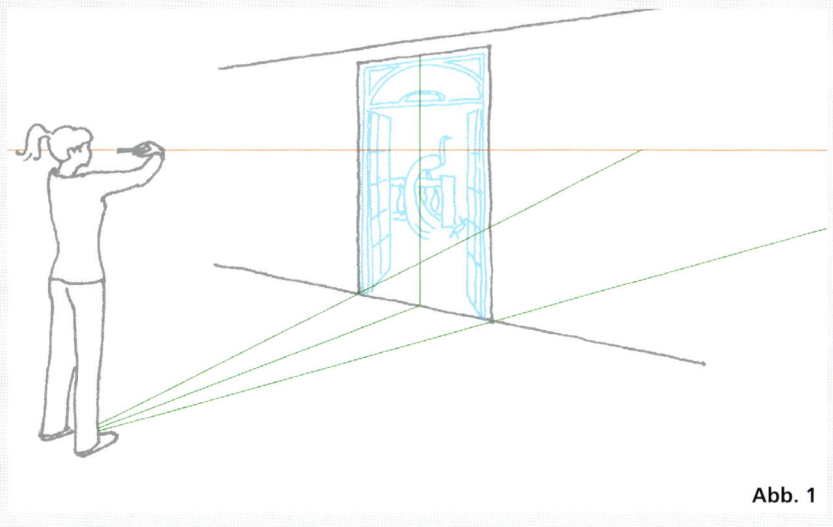

Abb. 1

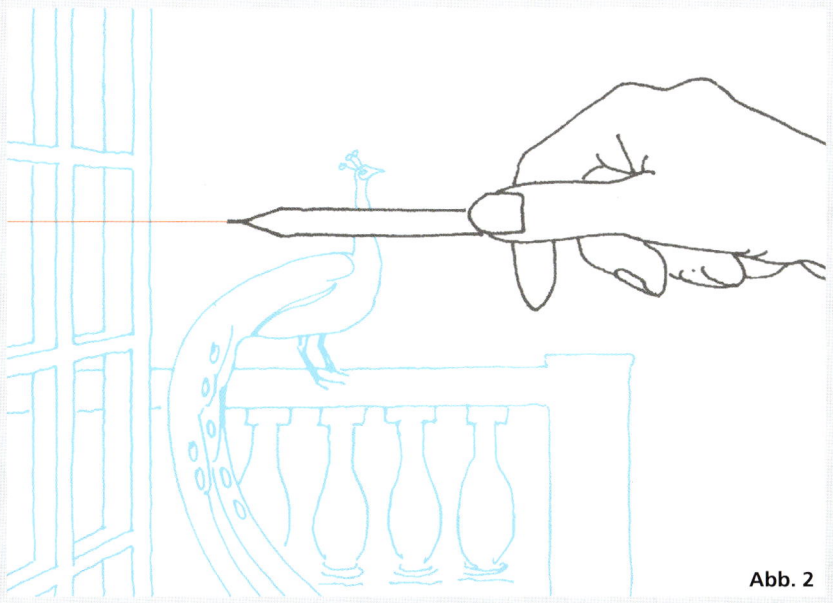

Abb. 2

zusammenlaufen. Diesen Punkt nennt man Fluchtpunkt. Auch er muss beim Entwerfen eines Wandbildes berücksichtigt werden, weil er Einfluss auf die Darstellung hat.

Alle Linien, die parallel zur Blickrichtung verlaufen (also in die gleiche Richtung zeigen wie die Füße des Betrachters), laufen in einem Punkt in Augenhöhe zusammen. Die gerade Straße, in deren Mitte der Betrachter steht, ist nur ein vereinfachtes Beispiel zur Verdeutlichung. Bilder wären schrecklich langweilig, wenn sie nur gerade Straßen oder Wege zeigten. Auf den folgenden Seiten sehen Sie, wie sich die Fluchtpunkte auf komplexere Motive auswirken können. Im wirklichen Leben stehen Objekte selten so, dass ihre Seiten parallel zur Blickrichtung liegen, darum muss ein Maler sich

auch mit der Perspektive von Dingen beschäftigen, die schräg zur Blickrichtung stehen.

Stellen wir uns noch einmal die gerade Straße vor und denken uns ein Gebäude, das schräg am Rand steht. Man sieht zwei Seiten des Hauses, deren verlängerte Konturen auf zwei verschiedene Fluchtpunkte zulaufen, die sich nicht in der Bildmitte befinden. Wichtig ist aber, dass auch diese Fluchtpunkte in Augenhöhe liegen. Man kann sie annähernd ermitteln, indem man mit dem ausgestreckten Arm die Konturen der Seiten weiterführt, bis sie die Linie der Augenhöhe schneiden.

Hätten Sie eine Glasscheibe vor sich, könnten Sie diese Fluchtpunkte auf der Horizontlinie in Augenhöhe anzeichnen. Weil Gebäude Quader sind, haben sie einen Fluchtpunkt parallel zur einen Seite und

Bildebene

Bildebene ist die Bezeichnung für die Fläche, auf der Sie malen oder zeichnen. Am besten stellt man sie sich als riesige Glasfläche vor, auf die das Bild gezeichnet ist, das man durch sie sieht (Abbildung 1). In diesem Buch ist die Bildebene zunächst das Papier mit dem vorgezeichneten und verkleinerten Motiv, später dann die Wand oder Platte, auf die das eigentliche Bild in Originalgröße gemalt wird.

Alle Elemente, deren Perspektive auf der Bildebene berücksichtigt werden muss, sind in der Abbildung blau dargestellt. Schwarz sind die Elemente, bei denen nicht auf die Perspektive geachtet werden muss – das ist nur der äußere Rahmen des Motivs.

Finden Sie eine ruhige, gerade Straße, stellen Sie sich in die Mitte und schauen geradeaus. Halten Sie dabei einen Bleistift am ausgestreckten Arm in Augenhöhe (Abbildung 2) und Sie werden feststellen, dass die Straßenränder in der Ferne in einem Punkt auf Augenhöhe zusammenzulaufen scheinen.

Schätzen Sie auch den Winkel ein, den die Straßenränder zum Horizont (Linie in Augenhöhe) bilden. Das sichere Einschätzen von Winkeln ist beim Zeichnen hilfreich.

Jetzt denken Sie sich eine große Glasplatte, die vor Ihnen steht. Der Horizont wäre darauf eine waagerechte Linie in Augenhöhe. Wenn Sie nun die Seitenränder der Straße auf die Glasscheibe zeichnen können, haben Sie das Wesentliche des perspektivischen Zeichnens verstanden.

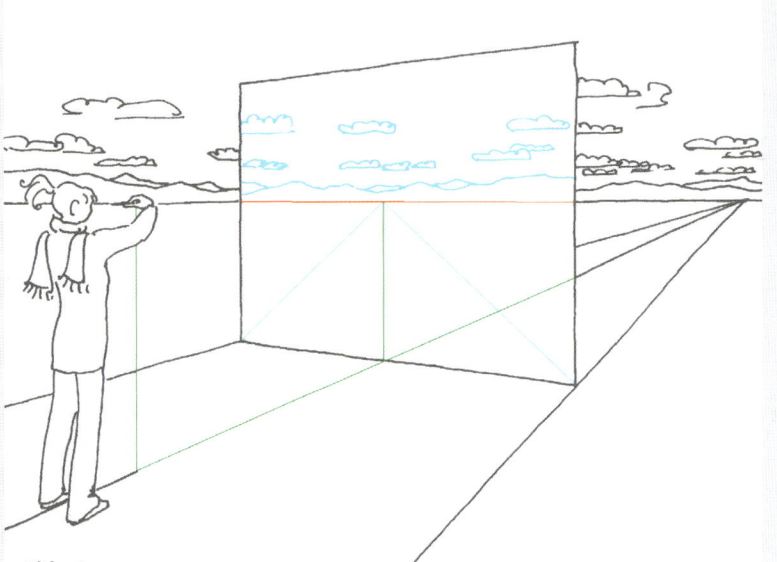

Abb. 1

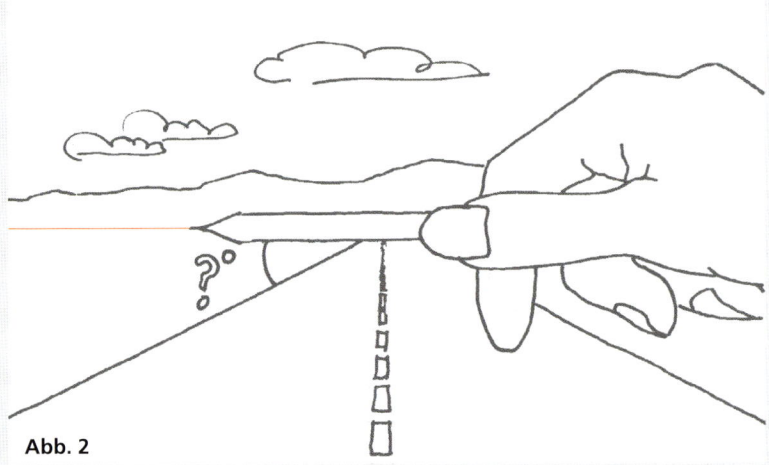

Abb. 2

LEGENDE
- Schwarze Linien: *real existierende Elemente, einschließlich der Ränder der gemalten Öffnung*
- Rote Linien: *Augenhöhe*
- Blaue Linien: *gedachte Elemente*
- Grüne Linien: *wichtige Konstruktionslinien*

einen zweiten parallel zur anderen – beide auf Augenhöhe. Man kann diese Fluchtpunkte zeichnerisch ermitteln (siehe Seite 24), indem man eine Projektionsskizze anfertigt.

Haben Sie sich während dieser Erklärungen gefragt, warum all das so wichtig ist? Dann sollten Sie diese Kenntnisse jetzt einsetzen, um eine saubere Vorzeichnung Ihres Wandbildes anzufertigen.

Das Malen auf einer großen Wandfläche ist fast unmöglich, wenn man nicht vorher eine detaillierte Zeichnung anfertigt. Die Zeichnung ist eine wichtige Hilfe, um sich mit dem Pinsel auf der Wand zu orientieren.

Zentraler Fluchtpunkt

Alle Linien, die parallel zur Blickrichtung verlaufen, treffen sich in einem Fluchtpunkt auf Augenhöhe. Probieren Sie das einmal auf einer geraden Straße aus. Vielleicht finden Sie eine Straße mit Häusern auf beiden Seiten, mit einem Zaun oder anderen Bauelementen, die beim Blick die Straße entlang parallel zu Ihren Füßen liegen. Alle zu Ihren Füßen parallelen Linien treffen sich in einem Punkt in der Mitte des Horizonts, also auf Augenhöhe (Abbildung 1). Dies ist der zentrale Fluchtpunkt.

Bei Gebäuden sind aber nur die Linien auf diesen Fluchtpunkt ausgerichtet, die parallel zu Ihren Füßen stehen. Senkrechte Linien bleiben senkrecht. Linien, die im rechten Winkel zu Ihrer eigenen Blickrichtung stehen, bleiben waagerecht. Ist keine gerade Straße erreichbar, stellen Sie sich in die Mitte eines relativ quadratischen Raums vor eine Wand. Sie sehen, dass die Konturlinien von Wänden und Decke, die parallel zu Ihren Füßen liegen, in einem gedachten Punkt mitten auf der Wand zusammenlaufen (Abbildung 2). Um das zu überprüfen, halten Sie zwei lange, gerade Leisten an ausgestreckten Armen so, dass sie der Wand- und Deckenkontur entsprechen und diese bis zum Fluchtpunkt auf der Wand verlängern. Sollte auf der Wand ein Bild gemalt werden, müssten alle Linien an diesem Fluchtpunkt ausgerichtet sein. Das Foto der Rundbögen zeigt, wie wichtig Fluchtpunkte sind, um eine Illusion von optischer Tiefe zu erzeugen. Näheres zu den Techniken auf Seite 122–125.

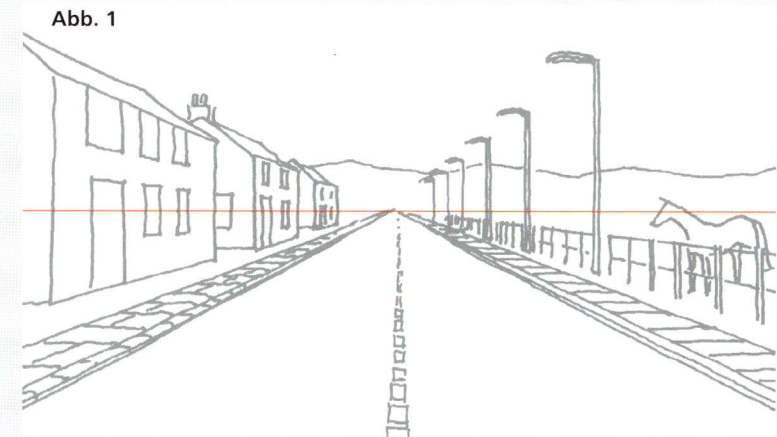

Abb. 1

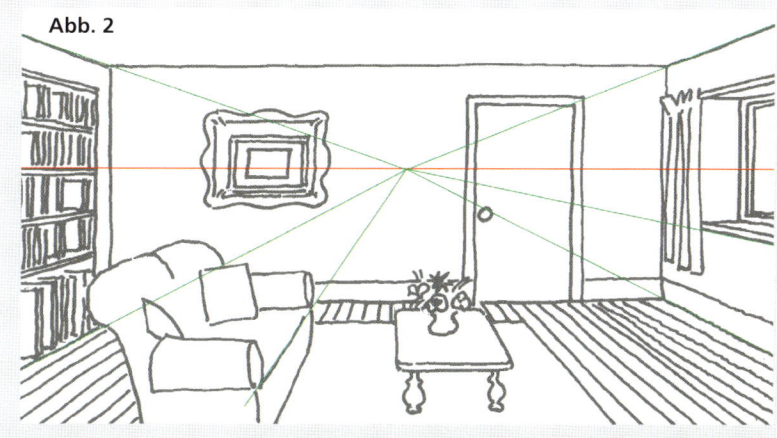

Abb. 2

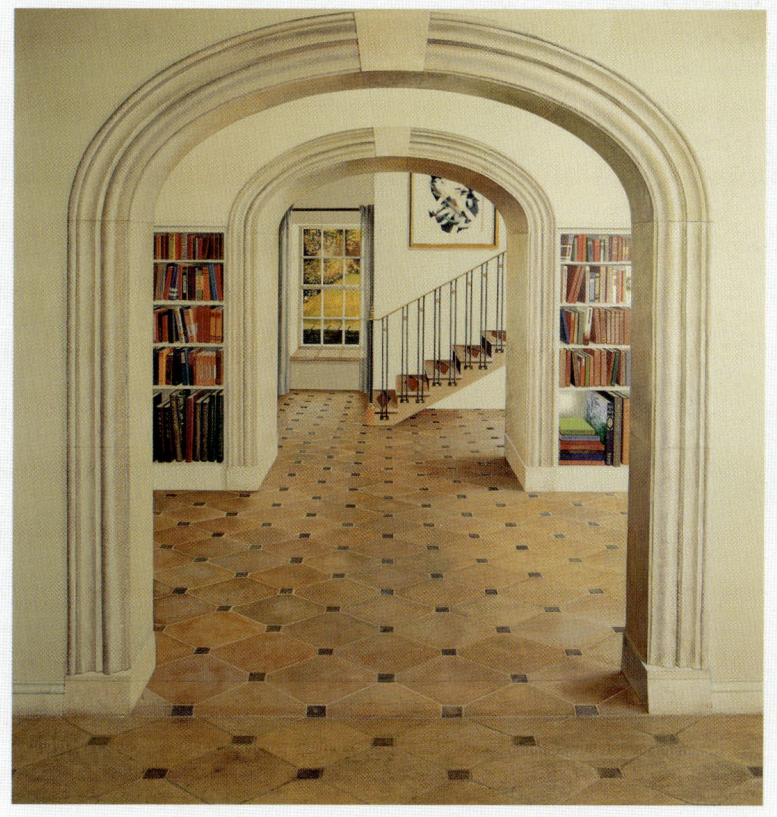

Andere Fluchtpunkte

Jede Gruppe von parallelen Linien hat einen eigenen Fluchtpunkt in einer Zeichnung, ob es sich um Gebäude, Möbel, offene Türen oder andere Elemente handelt. Sie können zwar in verschiedenen Winkeln zum Betrachter stehen, doch liegen die Fluchtpunkte normalerweise auf Augenhöhe. In der Realität kann man sie ermitteln, indem man den Blick auf den zentralen Fluchtpunkt richtet und die gestreckten Arme parallel zu den Seiten des Objektes bis in Augenhöhe hebt (Abbildung 1).

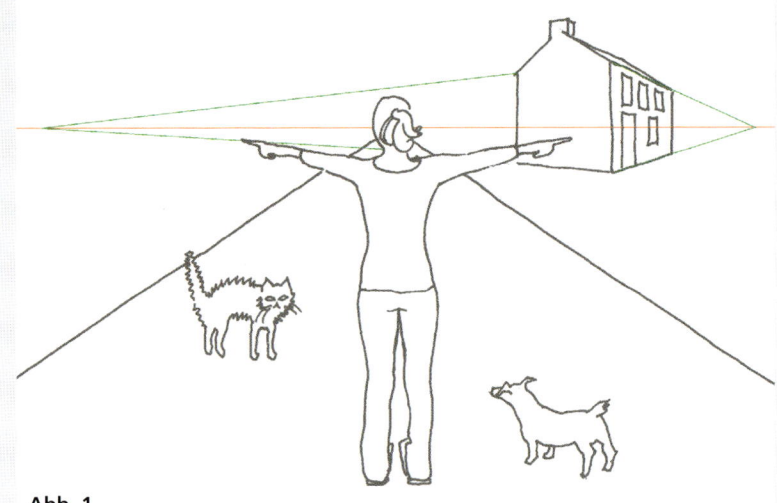

Abb. 1

Senkrechte Linien bleiben senkrecht, sofern die Höhe nicht überzeichnet werden soll oder man ein Objekt aus einem sehr hohen oder niedrigen Blickwinkel darstellt. In diesem Fall liegt ein weiterer Fluchtpunkt beim Aufschauen im Bereich des Himmels (Abbildung 2) oder beim Hinabschauen tief unter der Erde (Abbildung 3). Nähere Einzelheiten zu dieser so genannten Dreipunkt-Perspektive auf Seite 23.

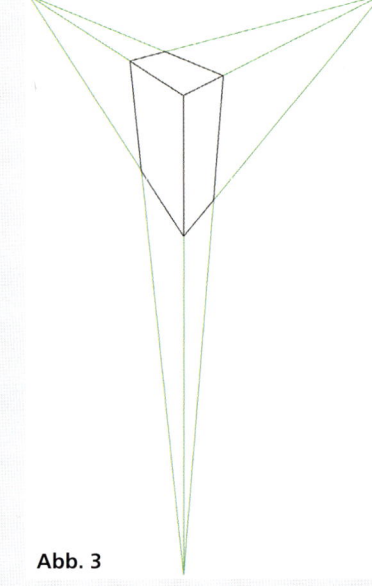

Abb. 2   Abb. 3

Parallele, schräge Linien, etwa die Konturen eines Daches, haben keinen Fluchtpunkt auf Augenhöhe. Schräge Linien auf der gleichen Ebene scheinen in einem Fluchtpunkt auf einer senkrechten Linie zusammenzulaufen, die aus dem Punkt entspringt, in dem die Fluchtlinien der Gebäudeseiten den Horizont kreuzen (Abbildung 4).

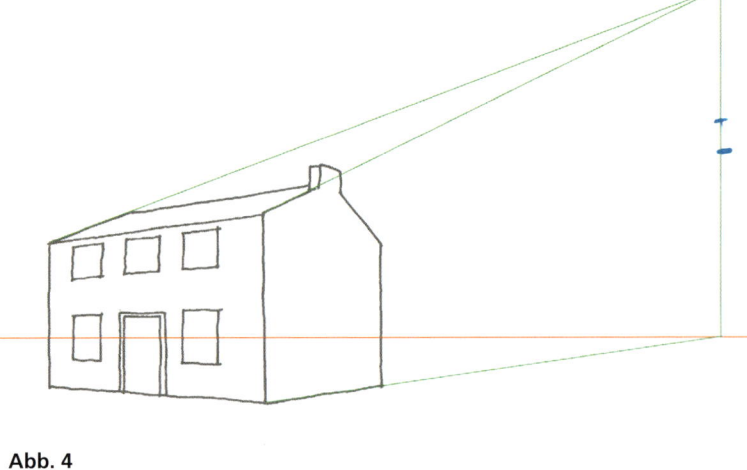

Abb. 4

Grundriss und Aufriss

Der Grundriss umfasst hier die Darstellung des gewünschten Motivs aus der Vogelperspektive, außerdem werden Blickpunkt und Bildebene eingezeichnet. Der Aufriss zeigt die Wand so, wie ein Betrachter sie vom Blickpunkt aus sieht. Beide Elemente werden im gleichen Maßstab gezeichnet, der Grundriss über dem Aufriss (siehe auch Seite 18).

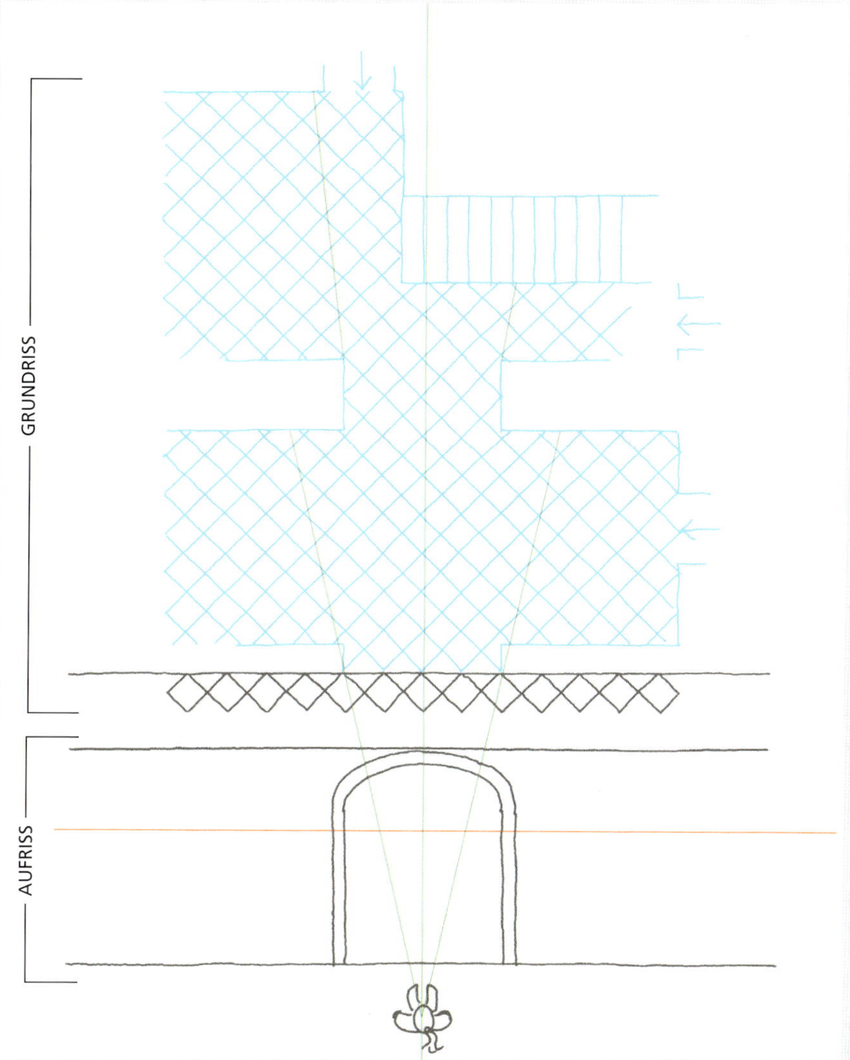

GRUNDRISS

AUFRISS

LEGENDE
- Schwarze Linien: *real existierende Elemente, einschließlich der Ränder der gemalten Öffnung*
- Rote Linien: *Augenhöhe*
- Blaue Linien: *gedachte Elemente*
- Grüne Linien: *wichtige Konstruktionslinien*

Die maßstabsgetreue Zeichnung

Eine akkurate Vorzeichnung sollte maßstabsgetreu sein. Dazu ist ein Maßstabslineal sehr hilfreich (siehe Seite 41), das das Umrechnen der Maße des Originalformats auf ein handliches Papierformat erleichtert. In umgekehrter Weise ist so ein Lineal auch nützlich zum Ausmessen von Strecken auf der Zeichnung, die maßstabsgetreu in Originalgröße auf die Wand übertragen werden sollen. Andere Maße kann man mit einem Bandmaß nehmen, in einigen Fällen kann auch das Augenmaß ausreichen. Ist das Motiv beispielsweise ein Fenster, können Sie dessen Größe auf der Wand zunächst nach Augenmaß festlegen.

Wer kein Maßstabslineal besitzt, muss die Originalgrößen umrechnen, um das Motiv maßstabsgetreu auf dem Papier vorzuzeichnen. Für eine Zeichnung im Maßstab 1:20 werden jeweils 20 cm auf der Wand auf 1 cm in der Zeichnung umgerechnet.

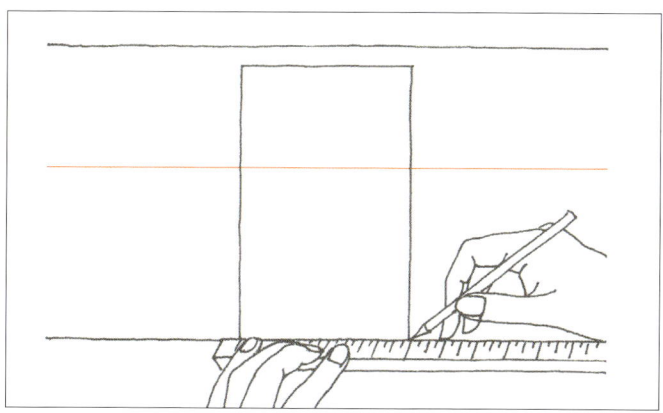

Oben sind die ersten Zeichnungen für das Rundbogen-Motiv (Seite 118) abgebildet. Zunächst wird die Wand maßstabsgetreu auf das Papier gezeichnet, sodass Ober- und Unterkante erkennbar sind. Ziehen Sie eine gerade Linie in Augenhöhe für den Horizont.

Perspektive mit einem Fluchtpunkt

Die Vogelperspektive zeigt, dass wir den Blickwinkel gerade auf das Motiv gerichtet gewählt haben. Alle Linien, die in Blickrichtung liegen (also parallel zu den Füßen des Betrachters), scheinen in einem Punkt mitten auf dem Horizont in Augenhöhe zusammenzulaufen. Dadurch wirken die Ecken der Öffnung sehr überzeugend.

LEGENDE
- Schwarze Linien: *real existierende Elemente, einschließlich der Ränder der gemalten Öffnung*
- Rote Linien: *Augenhöhe*
- Blaue Linien: *gedachte Elemente*
- Grüne Linien: *wichtige Konstruktionslinien*

Diese Linie können Sie – im richtigen Maßstab – von der Grundlinie der Wand aus messen. Ich arbeite meist im Maßstab 1:10 oder auch 1:20. Jetzt kommen die Details an die Reihe. Dabei muss bedacht werden, ob man zu ihnen auf- oder zu ihnen hinabschaut.

Ist die Wand auf dem Papier vorgezeichnet, zeichnen Sie die verschiedenen Elemente auf Transparentpapier, um sie verschieben zu können. Ist eine Öffnung vorhanden, durch die man ein Panorama sieht, beginnen Sie mit dieser.

Sollen Gebäude nah oder fern wirken? Beim Zeichnen eines Gebäudes in größerer Entfernung müssen Sie Ihre Relation dazu im Auge behalten. Betrachten Sie ein Gebäude, das auf gleicher Ebene in der Ferne liegt, so befindet sich der Horizont (Ihre Augenhöhe) etwa auf zwei Dritteln der Höhe des Erdgeschosses. Dieses Wissen hilft bei der Platzierung von Gebäuden.

Arbeit mit Fluchtpunkten

Jetzt kommen die Fluchtpunkte in der Zeichnung zum Tragen. In den Zeichnungen in diesem Buch sind die Fluchtlinien, die als Konstruktionslinien dienen, grün eingezeichnet.

Perspektive mit einem Fluchtpunkt

Dieser Begriff besagt, dass nur ein Fluchtpunkt vorhanden ist. Bei der Malerei von Trompe l'œil reicht das häufig aus. Man wählt also einen Punkt, oft mitten auf dem natürlichen Horizont (in Augenhöhe). Hier laufen alle Linien zusammen, die parallel zu den Füßen des Betrachters liegen und sich auf der Bildebene zu verjüngen scheinen. Das könnten die Ecklinien eines Fensters oder einer Tür sein, aber auch die oberen und unteren Konturen von Büchern in einem Regal (siehe Seite 128).

Dazu zeichnen Sie zuerst die Wand maßstabsgetreu auf das Papier, setzen dann die Horizontlinie ein

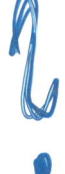

Perspektive mit zwei Fluchtpunkten

Wieder ist im Grundriss (aus der Vogelperspektive) die auf die Mitte gerichtete Blickachse zu sehen. Für die Ecken des Rahmens brauchen wir den zentralen Fluchtpunkt. Der offen stehende Fensterflügel hat jedoch einen eigenen Fluchtpunkt, den man finden kann, indem man den gestreckten Arm parallel zum Fensterflügel auf dem Horizont entlang führt. Der Fluchtpunkt des Fensterflügels liegt diesem gegenüber seitlich von der Mitte auf dem Horizont. Auch die Ober- und Unterkanten der waagerechten Fenstersprossen sind auf diesen Punkt ausgerichtet. Der technische Weg zum Finden solcher Fluchtpunkte ist auf Seite 24 näher erklärt.

und legen einen Fluchtpunkt fest. Mit einem Lineal zeichnen Sie dann die Linien von den Ecken der Öffnung auf den Fluchtpunkt ausgerichtet ein. Sie werden staunen, wie schnell das Motiv dadurch Gestalt annimmt. Es erhält durch diese perspektivischen Linien eine optische Tiefe, die beispielsweise in den Projekten Fenster zur Toskana (Seite 54), Meerblick (Seite 94) und Rundbögen (Seite 118) sehr gut deutlich wird.

Schaut man ein Fenster oder eine Tür in einer Nische an, haben die oberen und unteren Ecken natürlich jeweils einen anderen Winkel zum Fluchtpunkt hin, weil auch ihre Position in Relation zur Augenhöhe eine Rolle spielt. Gerade diese Feinheiten sind für die Illusion sehr wichtig.

Perspektive mit zwei Fluchtpunkten

Eine Zeichnung hat mehr als einen Fluchtpunkt, wenn man Objekte abbildet, die in verschiedenen Winkeln zur Blickrichtung stehen, etwa Gebäude, eine offene Tür wie bei unserem Toskana-Motiv oder ein offenes Fenster wie beim Meerblick. Die Beispielzeichnungen auf Seite 20 und im Kasten verdeutlichen, worauf es dabei ankommt. Auch die Grund- und Aufrisszeichnungen auf dieser Doppelseite zeigen den Unterschied zwischen der Perspektive mit einem und mit zwei Fluchtpunkten.

Perspektive mit drei Fluchtpunkten

Wollen Sie die Höhe eines Gebäudes, zu dem Sie aufschauen, übertreiben, dann führen Sie die Senkrechten in einem Fluchtpunkt hoch am Himmel zusammen.

Andererseits scheint man von sehr weit oben zu schauen, wenn die Senkrechten an einem tief in der Erde liegenden Fluchtpunkt ausgerichtet sind. Ein Beispiel für diese Perspektive mit drei Fluchtpunkten ist auf Seite 20 zu sehen.

Die Projektionsmethode

Obwohl man die meisten Wandbilder mit etwas Verständnis für die Perspektive und mit Augenmaß malen kann, lohnt es sich, für komplexere Motive das Konstruieren einer Projektion aus der Grundrisszeichnung zu üben. (Ein Beispiel sehen Sie auf Seite 20.)

Hier wollte ich auf die schlichte Wand hinter der Spüle in unserer Küche ein offenes Fenster malen, durch das man hinab auf den Strand blickt.

Ich schätzte die Entfernung, in der ich von einem echten Fenster stehen würde, damit die oberen und

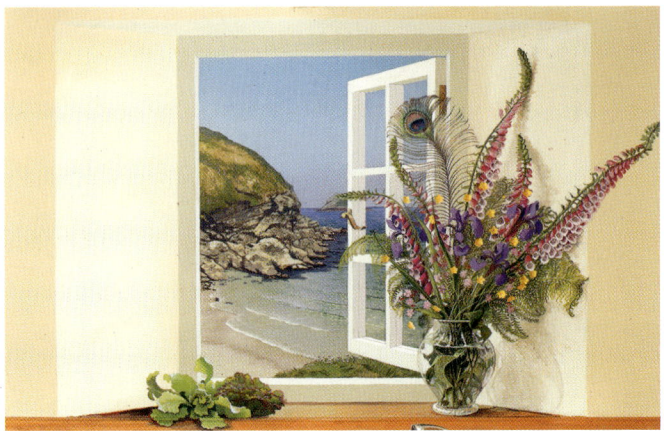

unteren Ecken des Fensters nicht zu scharf umrissen waren. Probieren Sie es aus, um zu sehen, was ich meine. Außerdem legte ich dadurch fest, wie groß der Ausschnitt der „Aussicht" war. Schaut man durch einen transparenten, kopfüber gehaltenen Winkelmesser, kann man sich die Winkel besser vorstellen, die später mit Bleistift auf Papier oder mit Kreide auf der Wand vorgezeichnet werden.

Mit einem echten Fensterflügel probierte ich aus, wie weit mein gemaltes Fenster geöffnet sein sollte. Ich experimentierte mit verschiedenen Blickwinkeln und notierte mir den Abstand zur Bildfläche, der mir am besten erschien (in diesem Fall 3 m). Ich beschloss, das Fenster im Winkel von 70° zu öffnen, weil mir der Anteil der Aussicht so am gelungensten erschien.

Die Projektionsmethode bei anderen Motiven

Wenn wir noch einmal an das Toskana-Motiv (Seite 16) denken, könnten wir jetzt auch die Terrassentüren korrekt malen. Wir zeichnen zuerst einen Grundriss, dazu die Bildebene – also die Wand. Dann folgen die Schritte eins bis drei auf Seite 24–25. Auf dem Grundriss zeichnen wir den Türrahmen und die schräg stehenden Türflügel ein, wobei zuerst der Winkel festgelegt werden muss. Dabei kann die erste „intuitive" Skizze hilfreich sein. Sie werden entdecken, dass die Winkel in den oberen und un-

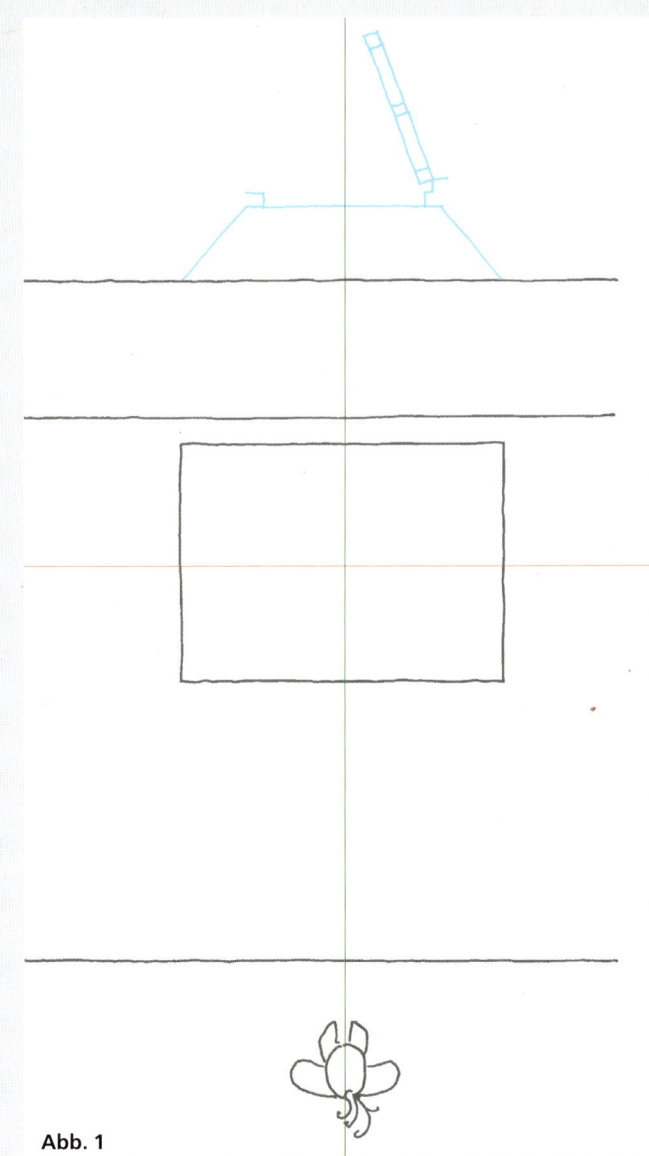

Abb. 1

Zeichnen Sie auf ein Stück Papier geeigneter Größe die Elemente maßstabsgetreu vor, derer Sie sich sicher sind. In den oberen Bereich zeichnen Sie den Grundriss (Vogelperspektive) der Wand mit der gewünschten Öffnung. Das Maß für das Fenster können Sie von einem vorhandenen Fenster im Raum nehmen und maßstabsgetreu verkleinern. Experimentieren Sie mit einem offenen Fenster, ehe Sie den Blickpunkt einzeichnen. Ich habe einen Abstand von 3 m gewählt. Unter den Grundriss zeichnen Sie im gleichen Maßstab den Aufriss der Grundelemente, also Grundlinie, Horizont (Augenhöhe), Breite und Höhe der Öffnung (Abbildung 1). Die Blicklinie verläuft quer durch den Aufriss – denken Sie daran, dass sie zum Grundriss gehört.

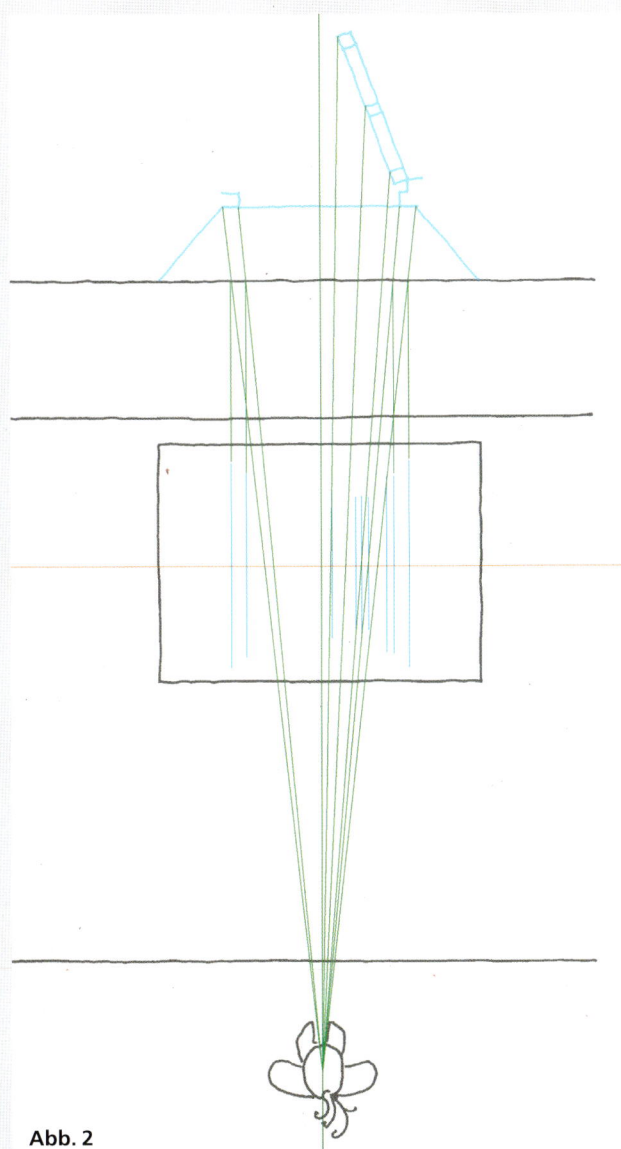

Abb. 2

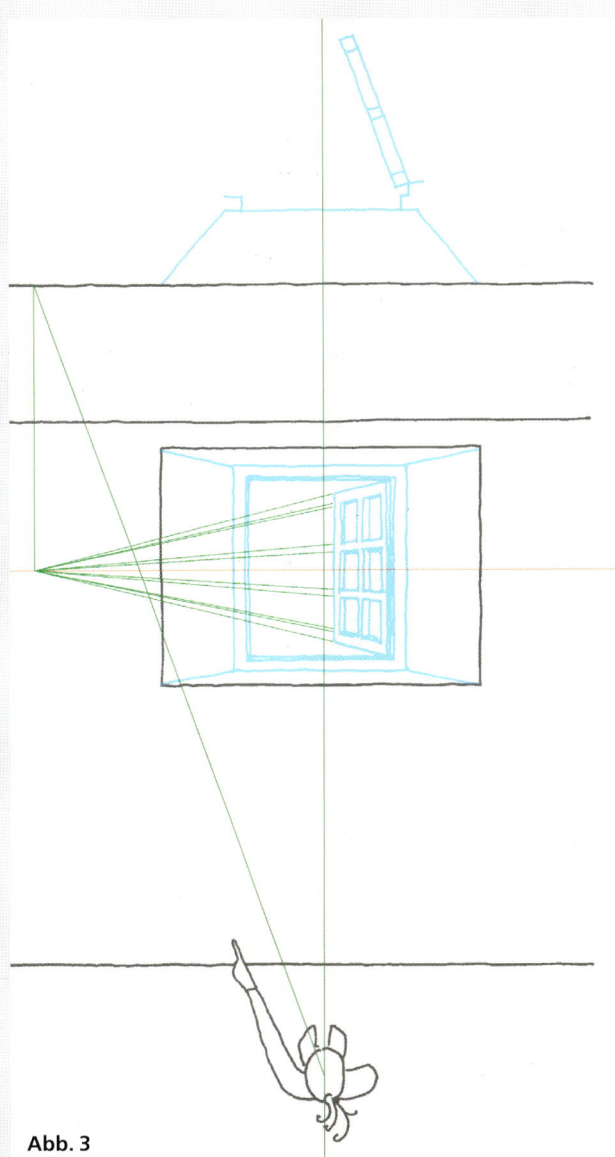

Abb. 3

Jetzt verbinden Sie die wichtigen Punkte des Grundrisses (z.B. Fensterlaibung, Fensterrahmen usw.) mit dem Blickpunkt, wie in der Zeichnung gezeigt. Wo diese Linien die Bildebene kreuzen, zeichnen Sie senkrechte Linien in den Aufriss (Abbildung 2). Dadurch erhalten Sie perspektivisch korrekt die Positionen der verschiedenen Senkrechten im Bild. Sie verschieben sich, wenn man den Blickpunkt verändert.

Der Fluchtpunkt wird jetzt mit dem Arm ermittelt (siehe Seite 20). Zeichnen Sie vom Blickpunkt eine parallele Linie zum offenen Fensterflügel im Grundriss. Ausgehend vom Schnittpunkt dieser Linie mit der Bildachse ziehen Sie eine Senkrechte. Wo diese den Horizont schneidet, liegt der Fluchtpunkt für den Fensterrahmen und die Sprossen.

Für Teile, an denen die Dicke des Fensters erkennbar wird, brauchen Sie einen zweiten Fluchtpunkt, der auf die gleiche Weise ermittelt wird, also durch eine senkrechte Linie von der Bildebene im Grundriss bis zum Horizont im Aufriss.

Um den hinteren Rand der Fensterbank zu finden, verbinden Sie den Blickpunkt mit der entsprechenden Stelle im Grundriss und führen die Linie nach unten bis zur entsprechenden Position auf der Bildebene (Abbildung 3). Ähnlich verfahren Sie bei den Bodenfliesen auf Seite 28.

LEGENDE
- Schwarze Linien: *real existierende Elemente, einschließlich der Ränder der gemalten Öffnung*
- Rote Linien: *Augenhöhe*
- Blaue Linien: *gedachte Elemente*
- Grüne Linien: *wichtige Konstruktionslinien*

teren Ecken von Fensternischen immer spitzer werden, je näher Sie am Fenster stehen. Diese Winkel können Sie messen, indem Sie durch einen transparenten Winkelmesser schauen. Vergleichen Sie das Maß dann mit den Winkeln in Ihrer Skizze. Offene Fenster und Türen sehen weniger dramatisch aus, wenn man weiter entfernt steht. Andererseits kann das bedeuten, dass man dann weniger von der Aussicht erkennt – also mogeln Sie ruhig.

Denken Sie bei offenen Tür- und Fensterflügeln daran, dass zwei Fluchtpunkte erforderlich sind: einer für Ober- und Unterkante und Sprossen sowie ein zweiter für die Außenkanten (siehe Seite 25). Türen werden genau wie das dort beschriebene Fenster konstruiert. Ziehen Sie vom Blickpunkt aus eine Parallele zum Türflügel im Grundriss. Vom Schnittpunkt dieser Parallele mit der Bildebene aus zeichnen Sie eine Senkrechte bis zum Horizont. Weil die Tür eine gewisse Dicke hat (die Sie hoffentlich maßstabsgetreu in Ihre Zeichnung übertragen haben), müssen Sie auch von diesem Punkt aus eine senkrechte Linie bis zum Horizont im Aufriss ziehen. Der erste Fluchtpunkt wird recht nahe an der Tür liegen, meist im Bereich der Zeichnung, während der zweite weiter entfernt und meist außerhalb der Zeichnung liegt. Eventuell müssen Sie sogar ein Stück Papier ankleben, um seine Position anzeichnen zu können.

Ehe Sie die Türen zeichnen, nehmen Sie sich etwas Zeit, die Öffnung zu überdenken – mit anderen Worten, das Loch in der Wand, in dem sich Türen

und Rahmen befinden. Alle Elemente werden wie beschrieben eingezeichnet. Vom hinteren Ende der Nische wird eine Linie zum Blickpunkt gezogen. Wo diese Linie die Bildebene kreuzt, ziehen Sie eine Senkrechte; so können Sie die Hinterkante der Nische durch die Projektion in den Aufriss einzeichnen.

Um die unteren und oberen Ecken darzustellen, wie man sie auch in Wirklichkeit sehen würde, verlängern Sie die Linien bis zu einem Fluchtpunkt mitten im Bildbereich auf dem Horizont. Die Tiefe der perspektivisch gezeichneten Nische erhalten Sie automatisch durch Verbindung der Punkte, wo diese Linien die Senkrechten kreuzen. Ebenso zeichnen Sie auch den Türrahmen, anschließend kommt die Tür selbst an die Reihe.

Die senkrechten Konturen der Türen finden Sie mit der gleichen Methode, also durch eine Linie vom Blickpunkt zur entsprechenden Stelle im Grundriss und dann senkrecht abwärts. Jetzt können Sie die Fluchtpunkte nutzen, um die Tür genau zu zeichnen. Sieht sie seltsam aus, haben Sie den Blickpunkt zu nahe gewählt.

Üben Sie diese Technik, indem Sie Projektionen von einfachen Formen und Bauelementen zeichnen. Sie werden bald Sicherheit gewinnen und dann recht realistische Bilder entwerfen können.

Auf einen Blick

1. Schätzen Sie die Größe des Wandbildes ein und zeichnen Sie in passendem Maßstab einen Grundriss (ideal ist 1:10 oder 1:20). Die wichtigsten Elemente werden eingezeichnet. Markieren Sie auch die Bildebene und führen Sie sie zu den Seiten fort.

2. Unterhalb des Grundrisses zeichnen Sie einen Aufriss. Maßstab und Mittellinie müssen mit dem Grundriss übereinstimmen. Der Aufriss muss die Höhe der Wand und die Größe des Motivs berücksichtigen. Der Horizont wird eingezeichnet und zu den Seiten verlängert.

3. Zeichnen Sie den Blickpunkt ein und ziehen Sie eine Linie für die Blickachse.

4. Verbinden Sie die wichtigsten Punkte des Grundrisses mit dem Blickpunkt und projizieren Sie die Punkte senkrecht nach unten, um ihre Positionen im Aufriss zu finden.

5. Ermitteln Sie die nötigen Fluchtpunkte, indem Sie vom Blickpunkt bis zur Bildachse Parallelen zu den im Grundriss eingezeichneten Kanten ziehen und diese senkrecht nach unten auf den Horizont projizieren.

6. Stellen Sie den Aufriss fertig.

7. Messen Sie die Bezugspunkte in der Zeichnung aus und übertragen Sie sie maßstabsgetreu auf die entsprechenden Positionen auf der Wand.

Häufige Perspektive-Probleme

Mithilfe von Fluchtpunkt und Horizont kann man eine Säule zunächst als Quader darstellen (Abbildung 1). Dann wird der Quader mithilfe von Diagonalen weiter aufgeteilt (Abbildung 2). Ein Kreis, der die vier Seiten jeweils in der Mitte berührt, wird in diese Hilfskonstruktion eingezeichnet. Er entspricht der Ober- und Unterseite der Säule oder eines anderen zylindrischen Gegenstandes.

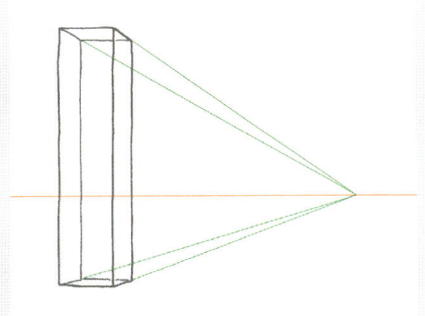

Abb. 1

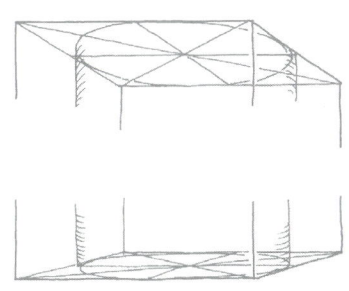

Abb. 2

Um die perspektivische Mitte einer viereckigen Fläche, etwa der Seitenwand eines Gebäudes, zu finden, arbeitet man mit dem Fluchtpunkt und dann mit Diagonalen. Die Fläche wird zuerst halbiert, dann geviertelt und so weiter (Abbildung 3).

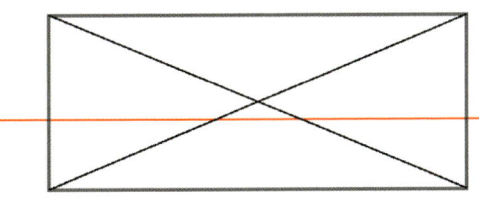

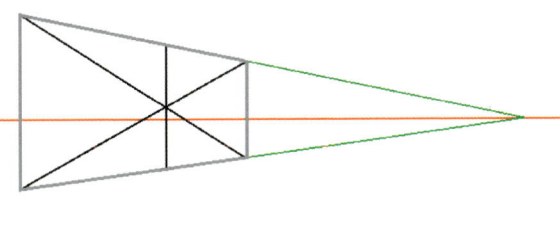

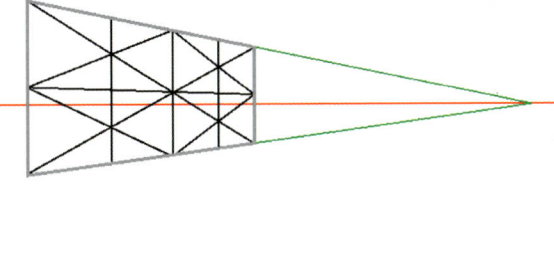

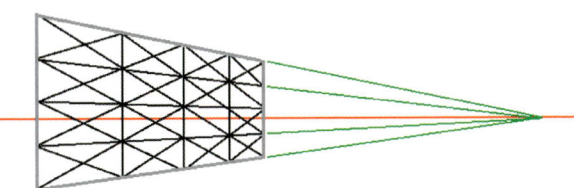

Abb. 3

LEGENDE
- Schwarze Linien: *real existierende Elemente, einschließlich der Ränder der gemalten Öffnung*
- Rote Linien: *Augenhöhe*
- Blaue Linien: *gedachte Elemente*
- Grüne Linien: *wichtige Konstruktionslinien*

Abstände in der Perspektive

Wie erscheinen Abstände in der perspektivischen Darstellung? Diese Frage stellt sich immer, wenn sich Objekte mit regelmäßigen Abständen vom Blickpunkt entfernen, z. B. Bücher in einem Regal, Zaunpfähle oder Bodenfliesen.

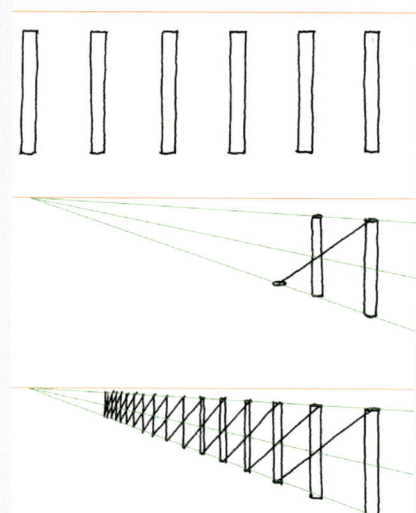

Abb. 1

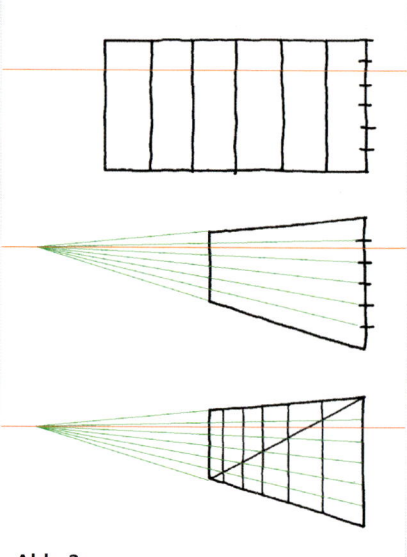

Abb. 2

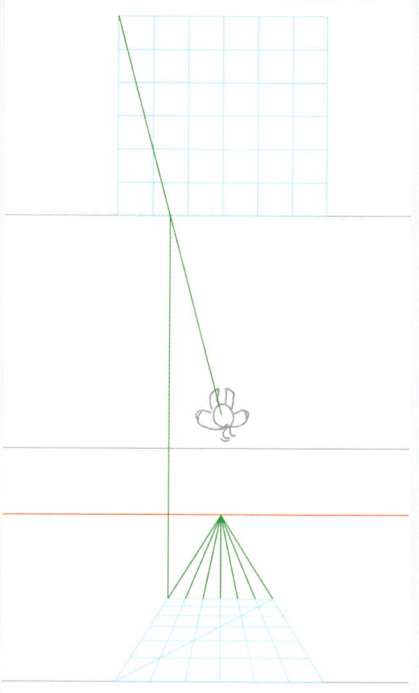

Abb. 3

Diese einfache Übung hilft, jeweils die Position des nächsten Zaunpfahls (oder eines anderen senkrechten Elements) zu finden. Zuerst zeichnen Sie zwei Hilfslinien für die obere und untere Begrenzung, die sich im Fluchtpunkt treffen. Eine dritte Linie führt von der Mitte des ersten Pfostens zum Fluchtpunkt. Jetzt ziehen Sie eine schräge Linie von der Oberseite des ersten Pfostens durch die Mitte des zweiten bis auf die untere Hilfslinie. Der Schnittpunkt der schrägen Linie mit der unteren Hilfslinie ist die Position des nächsten Pfostens (Abbildung 1). Ebenso verfahren Sie, wenn Sie waagerechte Linien zeichnen wollen, die in der Ferne zusammenlaufen.

Ein Rechteck, etwa die Seite eines Gebäudes, kann in eine beliebige Anzahl von waagerechten Segmenten aufgeteilt werden, indem Sie die gleiche Zahl von Senkrechten als Hilfslinien verwenden. Zeichnen Sie eine Diagonale und markieren Sie, wo sie die waagerechten Linien schneidet. Ebenso zeichnet man die Seiten eines Quaders. Wenn die Horizontalen zum Fluchtpunkt geführt werden, sorgt die Diagonale dafür, dass die Abstände der Senkrechten perspektivisch richtig sind.

Das Prinzip ist immer gleich. Teilen Sie die Fläche in gleiche Teile, ziehen Sie eine Diagonale zwischen gegenüber liegenden Ecken. Wo diese die Waagerechten kreuzt, liegen die Positionen der Senkrechten.

Zeichnet man die Horizontalen proportional zu den gewünschten Abständen, lassen sich mit dieser Methode auch unregelmäßige Abstände perspektivisch richtig ermitteln.

Erst durch die waagerechte Teilung und Verlängerung der Punkte zum Fluchtpunkt ergibt sich die Möglichkeit, eine Diagonale als Hilfslinie für die perspektivischen Abstände zu verwenden.

Um Bodenfliesen perspektivisch zu zeichnen, ziehen Sie eine Linie für die Bildebene und darüber einen maßstabsgetreuen Grundriss des Fliesenrasters. Fügen Sie den Blickpunkt (Ihren Standpunkt vor der Wand) hinzu. Darunter zeichnen Sie eine Grundlinie und einen Horizont, der in etwa 1,5 m Höhe liegt. Auf der Grundlinie zeichnen Sie die Fliesen maßstäblich an, die Fugen werden bis zum mittigen Fluchtpunkt verlängert. Zeichnen Sie dann eine Linie (hier grün) vom Blickpunkt zur hinteren Ecke der Fliesenfläche im Grundriss. Vom Schnittpunkt dieser Linie mit der Bildebene ziehen Sie eine senkrechte Linie, die eine der perspektivischen Fluchtlinien im Aufriss schneidet (Abbildung 3). Der Schnittpunkt markiert die Hinterkante der Fliesenfläche im Aufriss bei diesem Blickpunkt und Horizont. Mit den Diagonalen werden die waagerechten Fliesenabstände auf der Fläche eingezeichnet.

LEGENDE
- Schwarze Linien: *real existierende Elemente, einschließlich der Ränder der gemalten Öffnung*
- Rote Linien: *Augenhöhe*
- Blaue Linien: *gedachte Elemente*
- Grüne Linien: *wichtige Konstruktionslinien*

Schatten und Spiegelungen

Schatten

Beim Zeichnen von Schatten sollte man es mit der Perspektive nicht allzu genau nehmen, dennoch spielen sie im Trompe l'œil eine wichtige Rolle. Oft definiert erst der Schatten den Raum um ein Objekt herum.

Die Formen von Schatten lernt man am besten durch Beobachtung kennen (Abbildung 1 und 2). Betrachten Sie die Muster und Formen, die die Sonnenstrahlen auf ihrem Weg um ein Objekt malen. Die Sonnenstrahlen verlaufen fast parallel. Als Maler muss man sich nur bewusst machen, aus welcher Richtung das Licht kommt und welche Schattenform entstehen kann, wenn ein Gegenstand im Weg steht. Natürlich kann man auch Schattenformen genau berechnen, doch das ist kompliziert. Einfacher ist es, Schatten zu beobachten und ein bisschen zu experimentieren.

Spiegelungen

Wie Schatten kann man auch Spiegelungen beobachten und das Gesehene beim Malen umsetzen – mit großartigen Ergebnissen. Wasser reflektiert immer etwas, manchmal nur blauen Himmel, manchmal sieht man Gebäude, Bäume, Boote oder Brücken kopfüber auf seiner Oberfläche.

Ruhiges Wasser zeigt ein scharfes Spiegelbild (Abbildung 3), das allerdings meist leicht verfärbt ist. Unruhiges Wasser löst das Spiegelbild auf (Abbildung 4). Dabei sollte man bedenken, dass die Wellen auf dem Wasser eine dreieckige Form bilden (mehr dazu auf Seite 105). Eine Seite dieser Dreiecke reflektiert den Himmel oder die Landschaft hinter dem Wasser, die andere lässt einen Blick in die Tiefe zu.

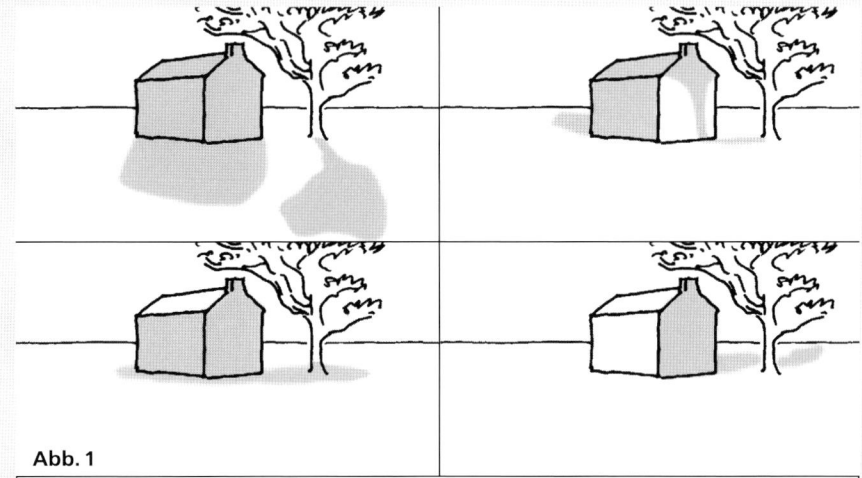

Abb. 1

Schon in der Entwurfsphase sollte man ein Gefühl für die Einfallsrichtung des Lichts entwickeln. Stellen Sie sich vor, das von Ihnen gezeichnete Objekt versperrt den (parallelen) Sonnenstrahlen den Weg (Abbildung 1). Das Zeichnen von Schatten lernt man am besten durch Übung.

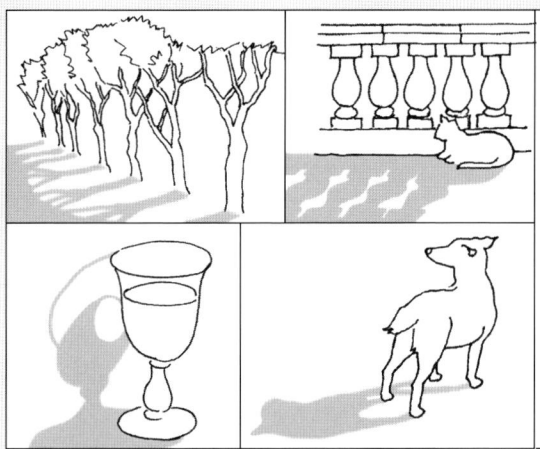

Beobachten Sie die Schatten verschiedener Objekte (Abbildung 2). Wenn Sie ein Gefühl für Schatten entwickelt haben, fällt Ihnen das Malen überzeugender, dreidimensionaler Illusionen leichter.

Abb. 2

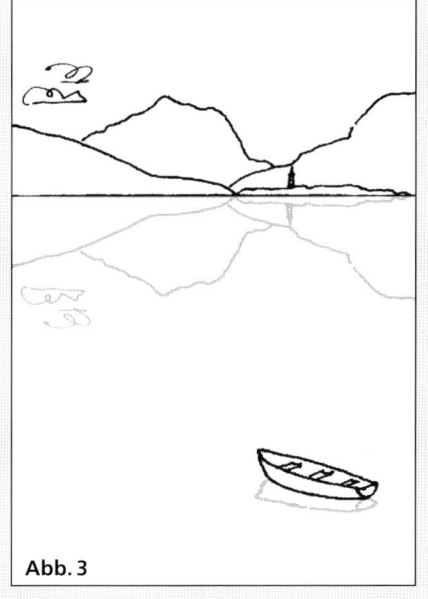

Abb. 3

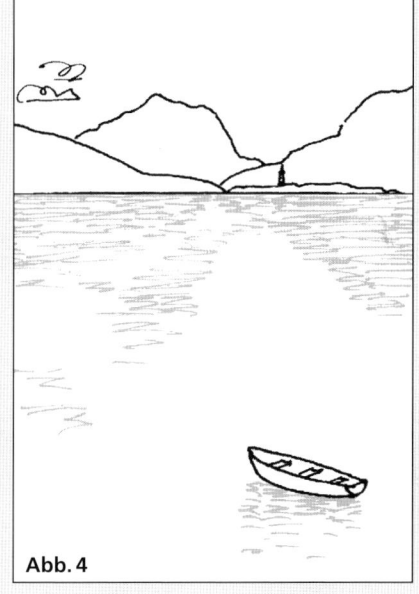

Abb. 4

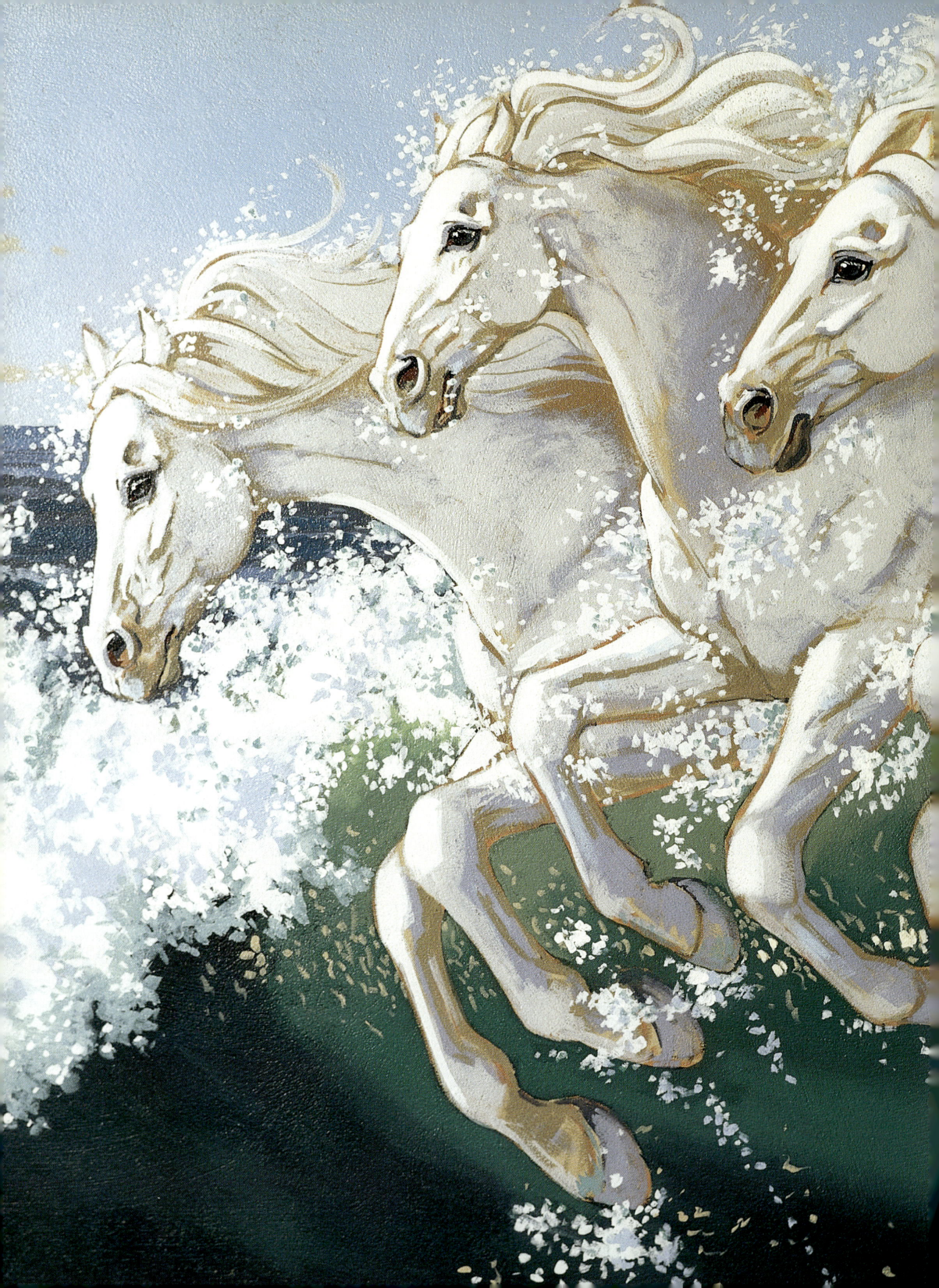

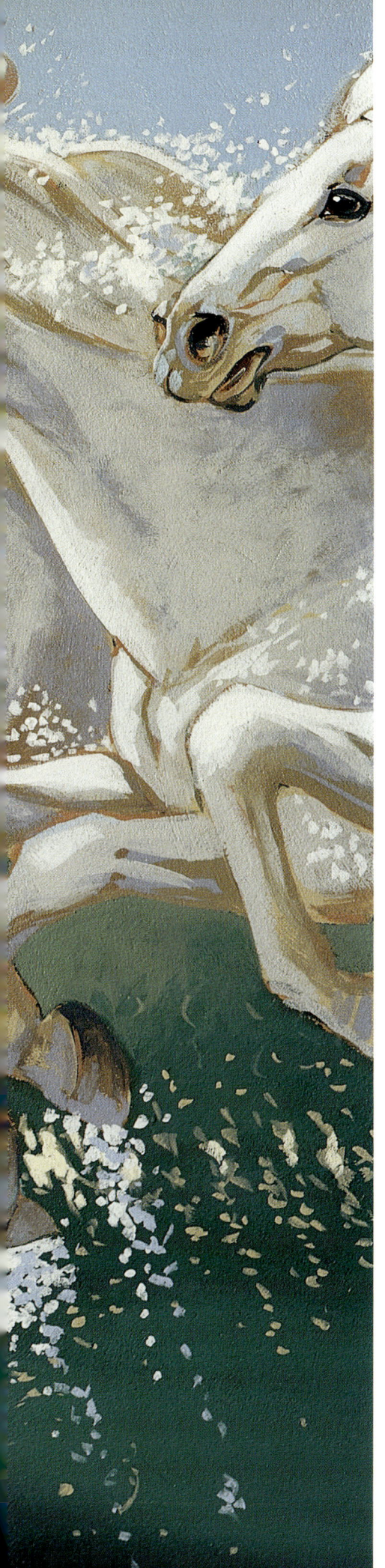

Vorbereitung und Ausrüstung

Fast alle Vorhaben kann man „auf die billige Tour" angehen oder man wendet ein Maximum an Zeit und Geld auf, um das gewünschte Ergebnis zu erzielen. Ich plädiere dafür, vor Beginn eines Projekts die vorhandenen Werkzeuge zu sichten und eventuell zu ergänzen. Bei Farben und Pinseln sollten Sie nicht geizen. Billige Pinsel verlieren schnell die Form oder die Borsten. Verwenden Sie Pinsel und Farben, mit denen Sie gut zurechtkommen. Meiden Sie Utensilien, die Sie einschüchtern. Ich lasse mich oft von sehr teuren Pinseln verführen und benutze sie dann nicht, weil sie ja leiden könnten.

Begutachten Sie die Fläche, auf der Sie malen wollen, und überlegen Sie, wie sie vorbereitet werden muss. Traditionell malt man direkt auf der Wand, Sie können aber auch eine nach Maß zugeschnittene Platte verwenden und später auf der Wand befestigen.

Die Vorbereitung des Malgrundes ist fast so wichtig wie das Malen selbst. Dieses Trompe l'œil wurde auf die Wand einer Schwimmhalle gemalt, die ständigen Spritzern ausgesetzt ist. Darum habe ich reine Acrylfarben verwendet und das fertige Bild mit einer Schicht aus klarem Acryllack zusätzlich geschützt.

Malen auf der Wand

Am besten malt man direkt auf der Wand, die verschönert werden soll. Man hat ein gutes Gefühl für den Raum, seine Proportionen und die Lichtverhältnisse und kann auch die Perspektive recht gut abschätzen.

Vielleicht ist die Wand bereits gestrichen. Die Oberfläche kann rau oder instabil, feucht oder uneben sein, und der Verputz kann abblättern. Die vorher verwendete Farbe verträgt sich möglicherweise nicht mit den Materialien, die Sie für das Trompe l'œil verwenden wollen. Solche Fragen müssen vorab geklärt werden.

Sind Sie hinsichtlich des Untergrundes unsicher, sprechen Sie mit einem professionellen Maler oder sehen Sie sich im Baumarkt um. Beschreiben Sie den Zustand der Wand, die Art der geplanten Behandlung und die gewünschten Farben und lassen Sie sich beraten. Fachleute geben ihr Wissen gern weiter. Letztlich ist es dieses durch Generationen weitergereichte Wissen, das die Welt ebenso in Bewegung hält wie ihre Arbeiten selbst. Täuschen Sie kein Wissen vor, das Sie nicht besitzen, damit schaffen Sie sich nur selbst Probleme.

Der ideale Malgrund wäre eine frisch verputzte Wand. Es kann entweder rosastichiger Gipsputz sein (den ich als Untergrund für Bilder ausgezeichnet finde – siehe Seite 49), aber auch ein grauer Zementputz. Ein Gipsputz ist glatt und darum sanfter zu den Pinseln. Andererseits hat die Wand wenig Textur, was je nach Geschmack und Motiv ein Vorteil oder Nachteil sein kann. Ich arbeite gern auf Zementputz, weil die Oberfläche etwas mehr „Biss" hat.

Arbeiten Sie mit einem Maurer zusammen, bitten Sie um eine glatte, ebene und absolut trockene Fläche. Legen Sie darauf unbedingt Wert. Eine Wand kann von vorn oder hinten feucht sein, und moderne Farben sind letztlich besser für Wände geeignet, die Oberflächeneinflüssen ausgesetzt sind, als für Wände, die versteckte Probleme bergen. Niemand möchte Zeit und Mühe auf ein Bild verwenden, das schon nach kurzer Zeit abblättert. Ein Bild auf einer Außenwand dagegen ist den Einflüssen durch die Elemente ausgesetzt und kann schnell Schaden nehmen, wenn es nicht sachgerecht versiegelt ist. Lassen Sie sich von einem Fachmann beraten und seien Sie mit diesen Arbeiten nicht nachlässig.

Eine Wand, die für ein Wandbild neu verputzt wurde, muss gründlich austrocknen. Das heißt, dass alles Wasser aus dem Verputz verdunsten muss. Nichts ist enttäuschender, als wochenlang auf einer vermeintlich trockenen Oberfläche zu arbeiten und dann einen Riss zu entdecken, der sich von oben bis unten durch das Bild zieht. Das jedoch kann passieren, wenn der Verputz mit einem künstlichen Trocknungsbeschleuniger versetzt oder mit Hitze getrocknet wurde. Lassen Sie dem Verputz einige Wochen Zeit zum Austrocknen, ehe Sie zu malen beginnen. Im Winter ist die Trockenzeit länger als im Sommer. Wenn die Zeit knapp ist, muss die Trocknung eventuell beschleunigt werden.

Wenn nun die Wand richtig verputzt und gut ausgetrocknet ist, muss während des Malens die Raumtemperatur hoch genug sein, damit die Farben sich gut verarbeiten lassen.

Den Malgrund vorbereiten

Leider ist nicht jede Wand frisch verputzt, darum müssen wir uns mit dem arrangieren, was wir vorfinden. Das macht nichts, denn auch auf sehr unregelmäßigen Oberflächen sind reizvolle Effekte möglich. Ist Ihr Malgrund alles andere als perfekt, machen Sie das Beste daraus. Denken Sie an die schönen Fresken, die Sie einmal bewundert haben, oder an wunderbare, uralte Gemälde, deren blasse oder düstere Farben auf der antiken Leinwand Risse bekommen haben. Diese Zeichen des Verfalls erzählen geheimnisvolle Geschichten. Wer sie studiert, kann solche Zeichen für eigene, unverwechselbare Wandbilder nutzen. Machen Sie die unebene Textur zum Bestandteil Ihres Bildes und sehen Sie sie als Geschenk, nicht als Mangel an.

Ist der Verputz lose, kann man ihn mit speziellen Produkten wie Tiefengrund oder Acryl-Versiegelungen stabilisieren. Auch hierzu sollten Sie sich vom Fachmann beraten lassen. Beschreiben Sie den Zustand der Wand ausführlich und grundieren Sie die Fläche mit dem empfohlenen Produkt. Optimale Raumtemperatur und Trocknungszeit entnehmen Sie der Packungsaufschrift.

Ist bereits ein Anstrich vorhanden, sollten Sie über das Material Bescheid wissen. Kalkfarben müssen abgewaschen werden, weil sie sich nicht überstreichen lassen. Am besten weicht man sie vorher mit einem Dampf-Tapetenlöser an. Wasserlösliche Acrylfarben haften nicht auf einem alten Ölfarbanstrich. Sie müssen ihn entweder komplett entfernen oder darauf mit Ölfarben arbeiten. Alternativ muss die Ölfarbe dünn mit PVA- oder Acryllack überstrichen werden, um darauf dann andere Farben zu verwenden.

Die Grundierung

Vor der eigentlichen Malerei muss zuerst eine Grundierung aufgetragen werden. Es gibt Grundierungen auf Ölbasis (dann sollten Sie ein alkaliresistentes

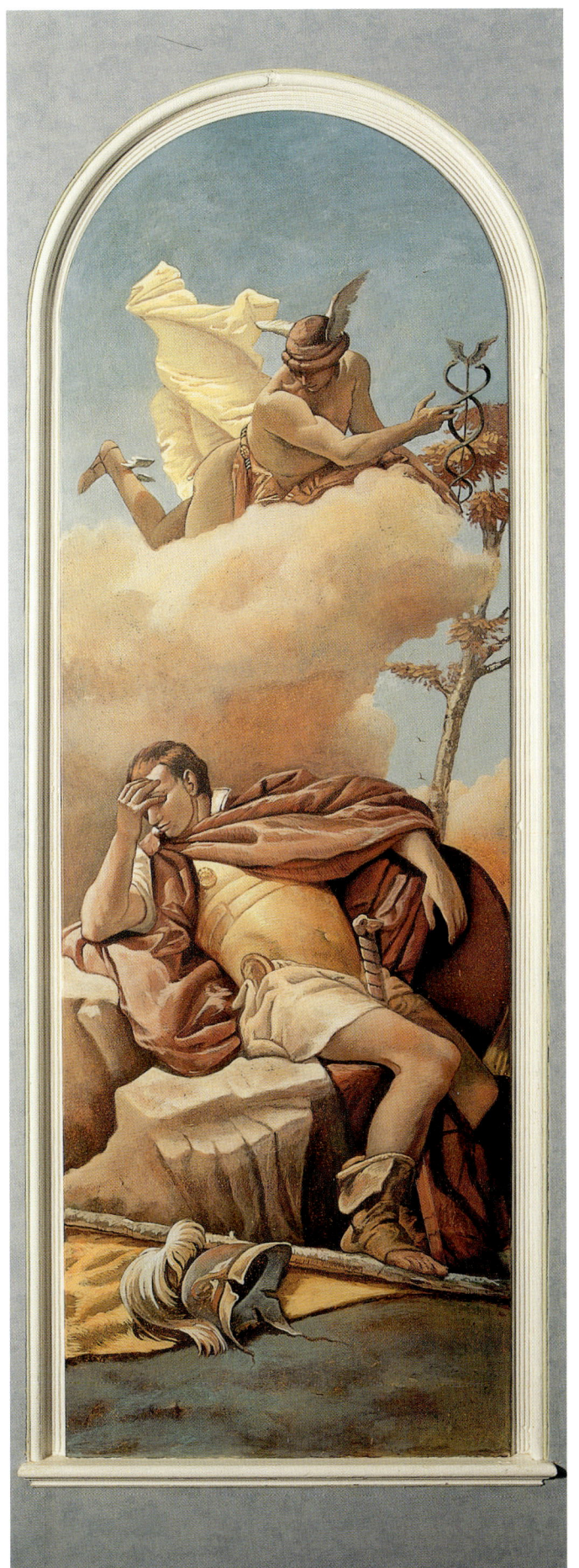

Produkt wählen) sowie Produkte mit und ohne Acryl-pigmente auf Wasserbasis. Da sich das Angebot ständig ändert, sollten Sie sich im Fachhandel beraten lassen.

Ölfarben versiegeln die Wand, während das Mauerwerk durch Acrylfarben atmen kann. Ich rate zwar davon ab, auf Wänden zu malen, die nicht vollständig ausgetrocknet sind, andererseits zeichnen sich Dispersions- und Acrylfarben durch eine gewisse Elastizität aus, die auf zweifelhaften Wänden von Vorteil ist.

Viele Hersteller empfehlen, die Farbe für den ersten Anstrich zu verdünnen. Überschreiten Sie aber niemals das empfohlene Verdünnungsverhältnis, weil sonst die Haftfähigkeit auf dem Untergrund leiden kann.

Meine Lieblingsgrundierung ist Gesso, das man heute nicht mehr aus Hasenhautleim selbst kochen muss, sondern als Fertigprodukt auf Acrylbasis im Fachhandel bekommt. Da es sehr teuer ist, eignet es sich nicht für große Projekte. In diesen Fällen ist Dispersionsfarbe eine gute Alternative.

Grundierung auftragen

Damit die Grundierung gut ausfällt und lange hält, sollten Sie einige Regeln für das Auftragen von Farbe beachten.

Man unterscheidet Farben auf Ölbasis und Farben auf Wasserbasis. Die Typen sind nicht miteinander mischbar. Farben auf Wasserbasis können mit Öl-farben überstrichen werden, nicht jedoch umgekehrt. Ist eine Wand mit Ölfarbe gestrichen, und Sie möchten unbedingt Acrylfarben verwenden, müssen Sie die Fläche gründlich anschleifen, um die Haftung zu verbessern. Tragen Sie beim Anschleifen unbedingt einen Atemschutz, denn alte Ölfarben können giftige Stoffe enthalten. Nach dem Schleifen muss eine geeignete Grundierung aufgetragen werden, auf der Sie malen können.

Auf frisch mit Gips oder Zement verputzten Innen-wänden reicht als Grundierung eine normale Disper-sionsfarbe aus, die im Verhältnis von 3 Teilen Farbe und 1 Teil Wasser verdünnt wird. Auf Seite 49 sehen

Nutzen Sie die vorhandene Wandoberfläche zu Ihrem Vorteil, etwa wenn zum Motiv ein rauer Untergrund gut passt, wie in diesem Fall. Es muss sicher gestellt sein, dass der Untergrund fest und tragfähig ist. Unebenheiten können dem Bild jedoch eine sehr interessante Ausstrahlung geben.

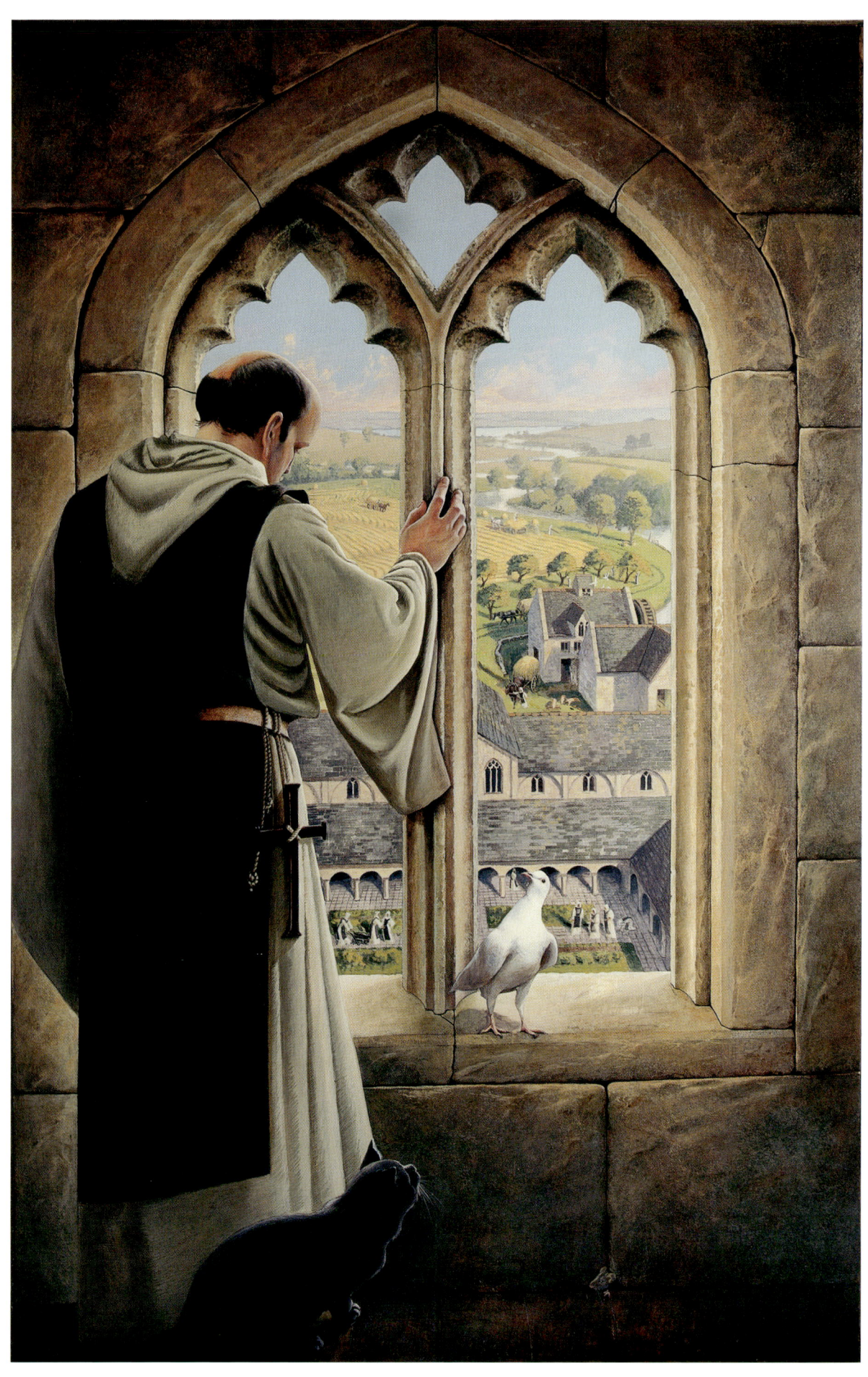

Sie, dass eine Grundierung nicht weiß sein muss, sondern auf die Farbgebung des Motivs abgestimmt werden kann.

Außenwände und Wände in Schwimmhallen grundiert man mit einer Acrylfarbe, die absolut wasserundurchlässig ist.

Malen auf Platten

Wie schon erwähnt, ist es auch möglich, ein Bild auf einer nach Maß zugeschnittenen Platte zu malen, die später an der Wand befestigt wird. Voraussetzung ist natürlich, dass Sie einen geeigneten Raum zum Malen haben.

Das Malen auf einer Platte hat Vor- und Nachteile. Natürlich hat man, weil man „extern" arbeitet, kein so gutes Gefühl für den Raum. Man muss sich daher besonders eingehend mit den Raummaßen und dem Lichteinfall im Raum beschäftigen, weil beides Einfluss auf die Wirkung und den realistischen Effekt des Bildes hat. Für die Perspektive ist vor allem wichtig, dass der Blickpunkt sorgfältig an Ort und Stelle ermittelt wird.

Der Transport großer Platten kann riskant sein. Es gibt aber Firmen, die sich auf das Verpacken und Transportieren solcher Objekte spezialisiert haben, sodass man keine ernsten Sorgen haben muss. Die Größe der Platte spielt aber eine Rolle, wenn sie durch Haus- und Zimmertüren, Treppenhäuser oder um enge Ecken getragen werden muss. Und Sie sollten sich darauf einstellen, eventuelle Transportschäden zu reparieren.

Es gibt verschiedene Methoden, um starre Platten an einer Wand zu befestigen. Man kann versteckte Haken verwenden, die ähnlich wie die Haken und Ösen im Hosenbund funktionieren. Denkbar sind auch versenkte Schrauben, die jedoch übermalt werden müssen, damit sie nicht auffallen. Man kann auch einen sehr starken Kontaktkleber verwenden – wenn man sicher ist, dass das Bild an seinem Platz bleiben soll.

Die Vorteile des Malens auf Platten könnten die Nachteile überwiegen. Sie können das Bild umhängen oder bei einem Umzug mitnehmen, sofern es nicht mit Kontaktkleber befestigt wurde (in diesem Fall reißt man womöglich die Wand ein). Sie haben einen wunderbar trockenen, stabilen Malgrund, der sich gut vorbereiten und grundieren lässt. Der größte Vorteil aber ist, dass Sie beim Malen niemandem im Weg stehen. Soll ein sehr großes Bild aus

mehreren Platten entstehen, müssen die Nahtstellen geschickt ins Motiv integriert werden. Häufig entstehen Wandbilder im Zuge größerer Renovierungsmaßnahmen, und es kann auch den Maler erheblich stören, wenn um ihn herum Klempner und Elektriker ihrer Arbeit nachgehen.

Es gibt verschiedene Materialien, die sich für Platten zum Malen eignen. Ich bevorzuge MDF-Platte, die sehr stabil, starr und robust ist. Es gibt sie in verschiedenen Stärken und Größen, man kann sie sich auch nach Maß zuschneiden lassen. Wer sie selbst sägt, sollte einen Atemschutz tragen, um den dabei entstehenden Staub nicht einzuatmen. MDF-Platte hat aber auch Nachteile. Wenn sie nicht rundum versiegelt ist, verträgt sie keine Feuchtigkeit. Damit sie sich nicht verzieht, muss auch die Rückseite gestrichen werden. Die Plattenecken sind recht stoßempfindlich. Über die Lebensdauer ist noch nichts Genaues bekannt, sie könnte aber begrenzt sein.

Andere tragbare Materialien sind Leinwand und Architektenpapier, das ich persönlich nicht gern verwende, weil es sehr glatt ist. Leinwand wird wie für ein konventionelles Bild gespannt, dann zugeschnitten und mit Kontaktkleber auf der Wand befestigt. Lassen Sie sich das Verkleben im Fachhandel für Künstlerbedarf erklären. Je größer die Leinwand ist, desto anfälliger wird das darauf gemalte Bild für Transportschäden. Normalerweise rollt man die Leinwand zum Transport auf. Auch das Aufkleben großer Leinwandflächen ist schwierig, weil das Material mit zunehmender Größe schwerer und schlaffer wird. Das Aufkleben sollte ein Fachmann übernehmen.

Grundieren von MDF-Platten

MDF-Platten grundiert man am besten mit zwei Schichten Acryl-Gesso. Die erste Schicht wird vor dem Auftragen der zweiten leicht angeschliffen. Dadurch entsteht eine sehr saugfähige Fläche, die man in jeder beliebigen Farbe eintönen kann. Gesso selbst ist auch in verschiedenen Farben erhältlich.

Gesso wird nicht in sauberen, viereckigen Teilflächen aufgetragen, denn man kann schon die Grundierung zum Entwickeln einer Textur nutzen, die dem fertigen Bild mehr Ausdruck verleiht. Führen Sie die Pinselstriche kreuz und quer, kann man das Bild später anschleifen, um die Oberflächenstruktur zu beleben. Beachten Sie beim Verarbeiten von Gesso die Hinweise des Herstellers, um ein optimales Ergebnis zu erhalten. Verdünnen Sie Grundierungen nicht zu stark, weil dadurch ihre Haftung auf dem Malgrund beeinträchtigt werden kann.

Dieses Gemälde eines Mönchs wurde auf einer großen MDF-Platte ausgeführt (nähere Einzelheiten auf Seite 91).

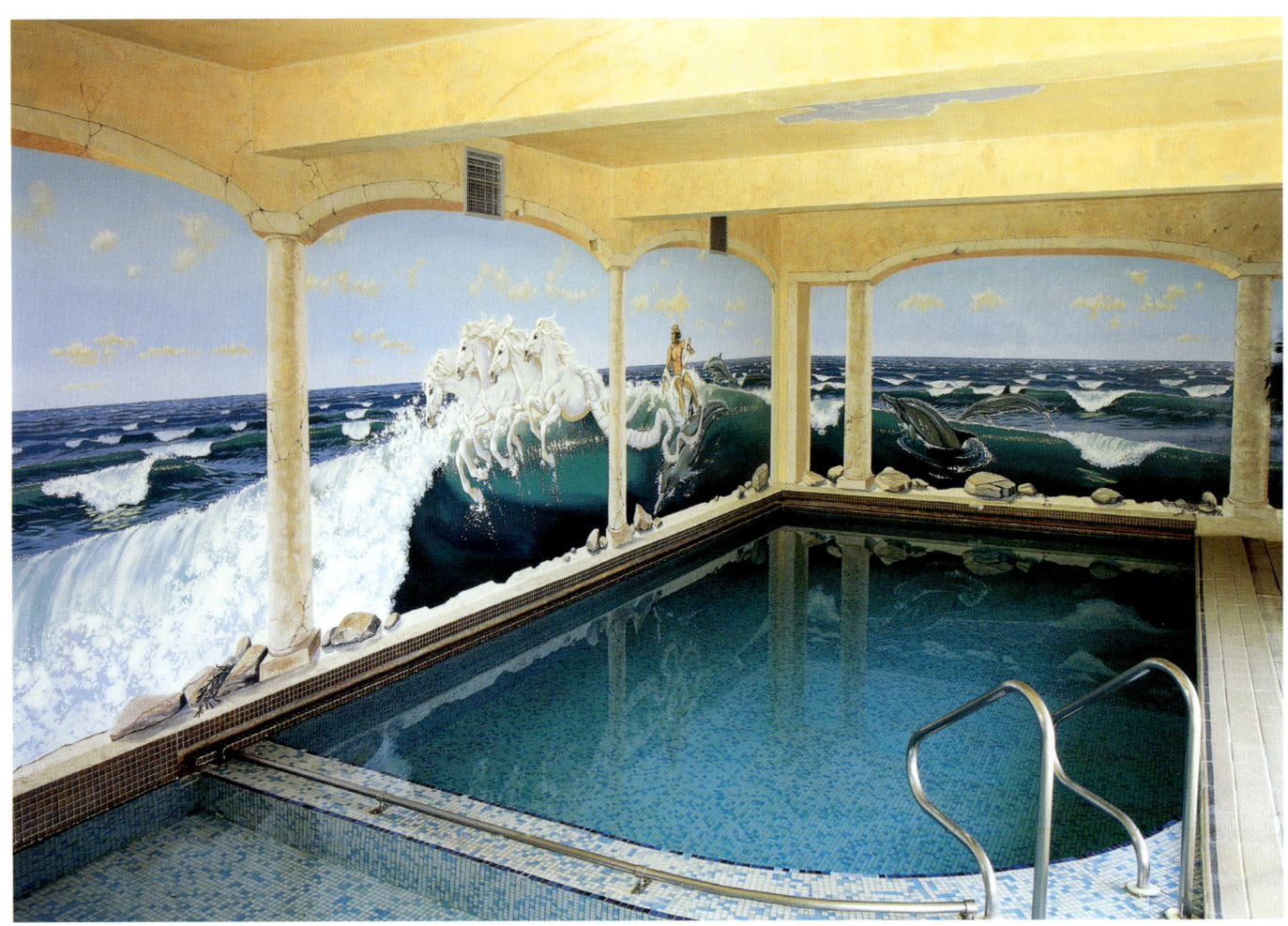

Zum Grundieren eignet sich ein normaler Haushaltspinsel. Ich verwende meist einen Lackpinsel oder einen großen Rundpinsel mit abgerundeter Spitze.

Dieses Trompe l'œil in der Schwimmhalle des Watergate Bay Hotels in Cornwall wurde mit reiner Acrylfarbe ausgeführt, die absolut wasserundurchlässig ist und so den ständigen Spritzern widersteht. Der Untergrund ist ein recht rauer Verputz aus Sand und Zement.

Farben

Mein Favorit in Bezug auf Qualität, Haltbarkeit und Verarbeitbarkeit sind Künstler-Acrylfarben. Sie sind wasserlöslich und überwiegend umweltfreundlich, weil sie kaum giftige Stoffe enthalten. Mir ist sehr daran gelegen, mich (und natürlich andere) vor Gesundheitsschäden durch Chemikalien zu schützen, die man während des Malens unbewusst einatmet oder anderweitig aufnimmt. Es ist bekannt, dass man bei der Verarbeitung verschiedenen Giftstoffen ausgesetzt ist: durch das Einatmen der von den Farben selbst abgegebenen Dämpfe, durch die Dämpfe von Lösungsmitteln wie Verdünnung und Terpentin und auch durch Hautkontakt mit giftigen Partikeln in den Farben. Wer Ölfarben verarbeiten möchte, sollte sich im Fachhandel nach emissionsarmen Produkten erkundigen, die in jüngerer Zeit auf den Markt gekommen sind. Lesen Sie unbedingt die Tubenaufschriften und beachten Sie eventuelle Warnhinweise. Um Ihrer Gesundheit und der Um-

welt willen sollten Sie möglichst nur Produkte mit einem anerkannten Sicherheitssiegel verwenden.

Ich persönlich schätze die amerikanischen Acrylfarben; sie sind zwar teuer, aber durch die intensiven Pigmente auch sehr farbintensiv und lassen sich besonders leicht mischen. Außerdem bleiben sie auf der Palette ungewöhnlich lange „nass".

Es gibt verschiedene Malmittel, die man den Farben beimischt, um beispielsweise die Trocknung zu verlangsamen. Solche Trocknungsverzögerer nennt man auch Retarder. Billige Acrylfarben haben oft eine zähe Konsistenz, verändern nach der Trocknung stark den Farbton und können während des Malens zu schnell auf der Palette antrocknen. Von den billigen Farben verbraucht man zwangsläufig mehr, darum zahlt es sich langfristig aus, etwas teurere Produkte zu wählen. Kaufen Sie zunächst 60-ml-Tuben und wählen Sie größere Gebinde, wenn Sie mehr Sicherheit gewonnen haben. Weiß werden Sie höchstwahrscheinlich in größeren Mengen brauchen.

Gibt es in Ihrem Wohnort keinen gut sortierten Künstlerfachhandel, bestellen Sie Ihren Bedarf per Katalog. Einige größere Versandunternehmen liefern sehr schnell, und die Preise liegen gelegentlich unter denen des niedergelassenen Einzelhandels.

Grundsätzlich sind gute Künstlerfarben zwar ideal für Wandbilder, ich habe aber auch schon andere Produkte verwendet. Die große, mit rauem Sand-Zement-Putz versehene Wand einer Schwimmhalle habe ich beispielsweise mit reinen, haushaltsüblichen Acrylfarben gemalt, die speziell für Feuchträume gedacht sind. Es gibt sogar Spezialfarben für den Unterwasserbereich. Bei manchen Projekten müssen auch Brandschutzbestimmungen berücksichtigt werden. Wenn Sie in einem öffentlichen Raum malen wollen, wenden Sie sich an die zuständige Behörde oder die örtliche Feuerwehr, um sich über die Bestimmungen zu informieren, die recht streng sind und sich häufig ändern. Nehmen Sie vor allem keinen Auftrag an, ohne diese Frage geklärt zu haben, sonst könnten Sie sich erhebliche Probleme einhandeln.

Grundsätzlich vermeide ich zwar konventionelle Ölfarben, doch ist das nicht immer möglich, etwa wenn eine Wand bereits mit Ölfarbe gestrichen ist. In diesem Fall sind Künstler-Ölfarben durchaus geeignet. Wenn man einige Tropfen eines modernen, bleifreien Trocknungsbeschleunigers zum Mischmedium gibt, trocknen die Farben über Nacht. Solche Trocknungsbeschleuniger bekommt man, wie andere Malmittel auch, im Fachhandel für Künstlerbedarf.

Farben verdünnen

In diesem Buch beschreibe ich Techniken der Wandmalerei mit Künstler-Acrylfarben. Sie sind sehr vielseitig und können in dicker oder dünner Schicht aufgetragen werden. Der Pinsel wird in Wasser getaucht, dann wird die Farbe angerührt, bis sie die Konsistenz von dicker Sahne hat. Soll die Farbe mit der Zahnbürste gespritzt werden (siehe Seite 49), muss sie flüssiger sein.

Die Farbe kann so weit verdünnt werden, bis sie gefärbtem Wasser ähnelt. Wer eine Fläche nur zart eintönen möchte, mischt eine winzige Menge Farbe mit einem Mischmedium.

Lackieren

Diese Farben brauchen zwar nicht unbedingt eine Schutzlackierung, doch ich halte viel von einigen Schichten eines geeigneten transparenten, glänzenden oder seidenmatten Lacks. Er gleicht Unterschiede im Glanz der einzelnen Farben aus und verbessert die Gesamtwirkung des Bildes.

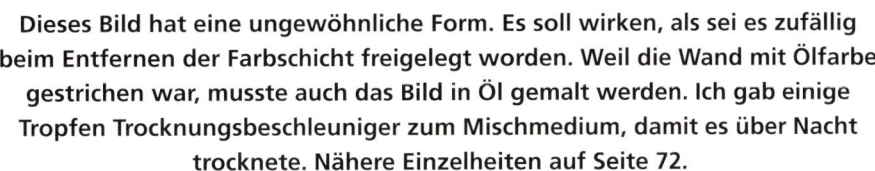

Dieses Bild hat eine ungewöhnliche Form. Es soll wirken, als sei es zufällig beim Entfernen der Farbschicht freigelegt worden. Weil die Wand mit Ölfarbe gestrichen war, musste auch das Bild in Öl gemalt werden. Ich gab einige Tropfen Trocknungsbeschleuniger zum Mischmedium, damit es über Nacht trocknete. Nähere Einzelheiten auf Seite 72.

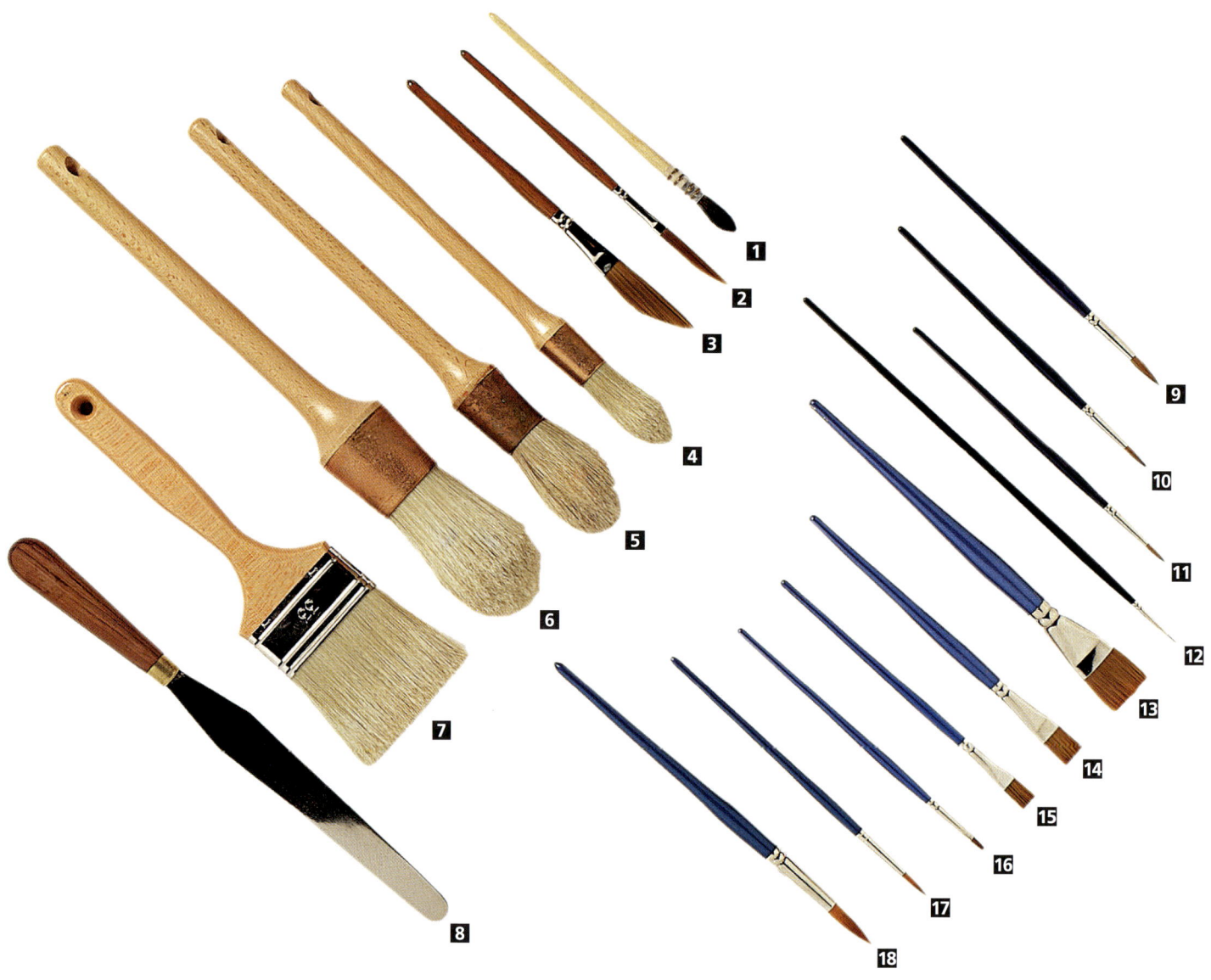

Pinsel

Pinsel sind Geschmackssache. Wenn Sie noch keine Malerfahrung haben, kann ich Ihnen bestenfalls meine Vorlieben nennen und Ihnen zum Experimentieren raten. Sie werden bald herausfinden, welche Pinsel Sie schätzen und welche Sie nur zum Mischen von Farben verwenden mögen. Es lohnt sich immer, anderen Malern über die Schulter zu schauen und alles Mögliche auszuprobieren.

Ich habe auffallend oft Flachpinsel ohne Spitze in der Hand, die eigentlich als Lasurpinsel gedacht sind. Sie sind weich und ausgesprochen vielseitig. Flach geführt kann man mit ihnen schnell größere Flächen bedecken. Und hochkant geführt sind sie äußerst präzise. Ich habe festgestellt, dass ich ein ganzes Wandbild mit relativ wenigen Pinseln malen kann. Zum Bedecken großer Flächen benutze ich

1 Kleiner Dachshaar-Lasurpinsel (ideal für Wolken etc.)
2 Kleiner abgeschrägter Pinsel (für sehr dünne Linien)
3 Breiterer abgeschrägter Pinsel (für dünne Linien)
4, 5, 6 Maler-Rundpinsel aus Schweine-Naturborsten (zum schnellen Füllen von Flächen)
7 Flachpinsel aus Naturborsten (zum Grundieren und Lackieren)
8 Palettenmesser (für viele Zwecke)
9, 10, 11 Marderhaar-Rundpinsel mit Spitze (für Details)
12 Extrafeiner Marderhaar-Rundpinsel mit Spitze (für feinste Details)
13, 14, 15, 16 Flachpinsel mit Synthetikborsten (meine liebsten Allzweckpinsel)
17, 18 Rundpinsel mit Synthetikborsten (ebenfalls gute Allzweckpinsel)

einen dicken Maler-Rundpinsel, dann verwende ich verschiedene kleine Flachpinsel. Die feinsten Details werden mit Marderhaar-Aquarellpinseln und vereinzelte dünne Linien mit abgeschrägten Pinseln hinzugefügt (siehe Seite 99).

Wer an Pinseln spart, der spart allerdings am falschen Ende, denn billige Pinsel verlieren immer Borsten. Ein seriöser Händler wird es Ihnen auch nicht verübeln, wenn Sie im Geschäft an den Borsten eines Pinsels zupfen, den Sie kaufen wollen. Lassen sich die Borsten leicht aus ihrer Halterung ziehen, dann kaufen Sie den Pinsel nicht, denn die Borsten werden sich auf Ihrem Bild verteilen.

Pinsel müssen sofort nach der Arbeit (und zwischendurch) ausgewaschen werden, sonst trocknet die Farbe an und lässt sich nur mit Chemikalien wieder entfernen.

Alternativen zum Pinsel

Ich trage Farbe mit vielen verschiedenen Utensilien auf, etwa Zahnbürsten, Geschirrtüchern, Putzlumpen, Rollen und verschiedenen Natur- und Synthetikschwämmen. Der Einsatz solcher Möglichkeiten wird im Kapitel über Maltechniken genauer erklärt (siehe Seite 44).

Heizkörperrollen (mit langem Griff zum Streichen hinter Heizungen) sind ungemein praktisch, effektiv und obendrein leicht.

Andere praktische Hilfsmittel

Trittleiter: Leisten Sie sich ein gutes, stabiles Modell aus Aluminium. Kommen Sie nicht auf die Idee, Opas alte Leiter aus dem Gartenschuppen zu holen. Leitern können tödlich sein, vor allem, wenn man sich auf seine Arbeit konzentriert. Auch ein niedriger Tritthocker ist praktisch.
Gerüst: Schaffen Sie sich für größere Projekte ein leichtes Modell an, das man schnell zusammenbauen und zerlegen kann. Die Trittfläche muss einen soliden Belag haben. Bretter, die seitlich überstehen, können Unfälle verursachen. Gerüste kann man auch mieten.
Kästen für Farben und Utensilien: Ideal sind Stapelboxen aus Kunststoff.
Sortierkasten: Ich benutze einen Werkzeugkasten mit herausnehmbarem Einsatz und vielen kleinen Unterteilungen für Pinsel, Tuben etc.
Palettenkasten: Ein luftdicht schließender Kasten, in dem eine leicht zu reinigende Acrylpalette aufbewahrt wird. Er hält die Farben auch in längeren Arbeitspausen feucht und geschmeidig und reduziert so die Kosten für Farben erheblich.
Kreideschnur: Im Eisenwarengeschäft bekommt man diese birnenförmigen Stahlhülsen mit einer

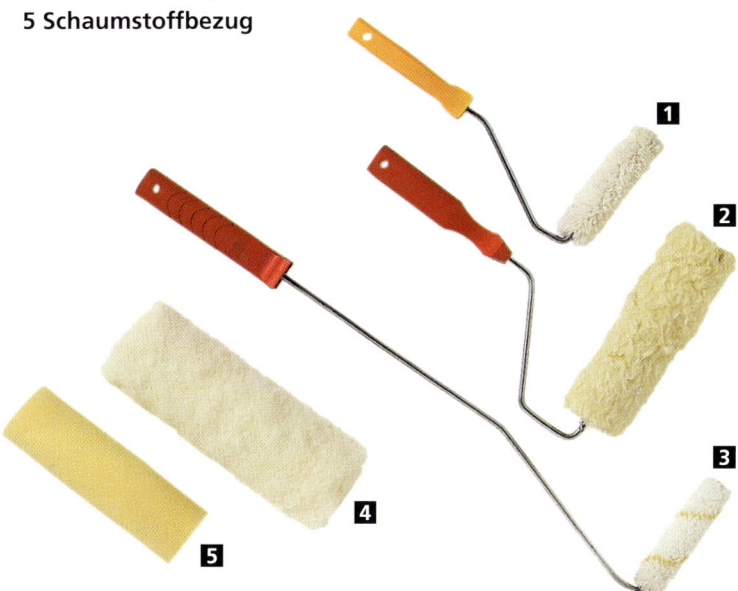

1 Schmale Rolle mit kurzem Griff
2 Breitere, abgenutzte Lammfellrolle
3 Heizkörperrolle
4 Lammfellbezug
5 Schaumstoffbezug

Schnur, die beim Aufrollen mit Kreide eingepudert wird. Wegen des Gewichts der Hülse kann man sie als Lotschnur benutzen, um zu Beginn die Senkrechten anzuzeichnen. Linien, die man von diesen Senkrechten ausgehend im rechten Winkel anzeichnet, sind automatisch waagerecht. Um lange Linien mit Kreide zu markieren, spannt man die Schnur zwischen zwei vorher ausgemessenen Punkten, zieht sie leicht von der Wand ab und lässt sie dann dagegen schnellen, um eine feine Kreidemarkierung zu erhalten. Dieses Werkzeug ist ideal für Horizonte und Wandbilder mit vielen geraden Elementen, etwa Häuser. Bei sehr langen Linien ist ein Helfer nützlich, der das Ende der Schnur hält. Alternativ fixieren Sie sie mit Malerkrepp.

Rechtwinkliges Dreieck: Ich habe in meinem Werkzeugkasten ein Dreieck aus Sperrholz, dessen Schenkel etwa 40 cm lang sind. Die dritte Seite steht im Winkel von 45° zu den Schenkeln. In der Mitte der Fläche ist ein Holzgriff aufgeleimt. Das Dreieck ist unerlässlich zum Anzeichnen von Linien, die exakt horizontal oder vertikal zu einer bereits vorhandenen (mit dem Lot angezeichneten) Linie stehen müssen.
Leiste: Aus einer 90 cm langen, geraden Holzleiste mit quadratischem Querschnitt (2 cm Kantenlänge). Die Kanten sind gebrochen, an einer Seite ist ein Griff angeleimt. Daran lege ich beim Malen gerader Linien den Pinsel an. Unter ein Lineal fließt leicht Farbe. Streicht man von der Leiste weg,

fällt das Ergebnis sauberer aus. Die gebrochenen Holzkanten verhindern ebenfalls, dass man die Farbe verwischt.

Stahlschiene: Das Werkzeug aus einem langen Streifen Edelstahl mit einem Kunststoffgriff verhindert, dass beim Malen von Wandbildern Farbe auf die Fußleisten gelangt. Ein gerades Stück Plexiglas eignet sich ebenso gut.

Zirkel: Ich habe einen großen Zirkel, in den man Kreide einspannt; damit kann man Kreise bis zu 90 cm Radius malen. Ich benutze ihn erstaunlich oft (auch zum Anzeichnen von Ellipsen) und klebe unter die Nadel etwas Malerkrepp, um die Wandfläche nicht zu beschädigen. Erhältlich im Fachhandel für Schulbedarf.

Maßband: Wichtig zum Planen eines Wandbilds und zum Übertragen des Entwurfs auf die Wand.

Overhead-Projektor: Ein kostspieliges Requisit, das nicht unbedingt erforderlich ist. Wer aber oft Wandbilder malt, wird es als Hilfe zum Übertragen der Entwürfe auf die Wand schätzen lernen. Es eignet sich auch zum Korrigieren von Zeichenfehlern und zum Ausprobieren von Ideen, ohne etwas auf die Wand zu malen. Ich verwende einen Projektor, auf den man Folien legt. Man kann Folien zum Durchpausen benutzen, direkt darauf zeichnen und sie sogar bedrucken. Die Größe des Abbildes auf der Wand lässt sich variieren, indem man den Abstand des Projektors von der Wand verändert. Projektoren neigen zum Verzerren, das

1 Selbst gemachtes Sperrholz-Dreieck
2 Selbst gemachte Leiste als Lineal
3 Malerkrepp
4 Stahlschiene
5 Tafelzirkel mit Kreide
6 Kreideschnur

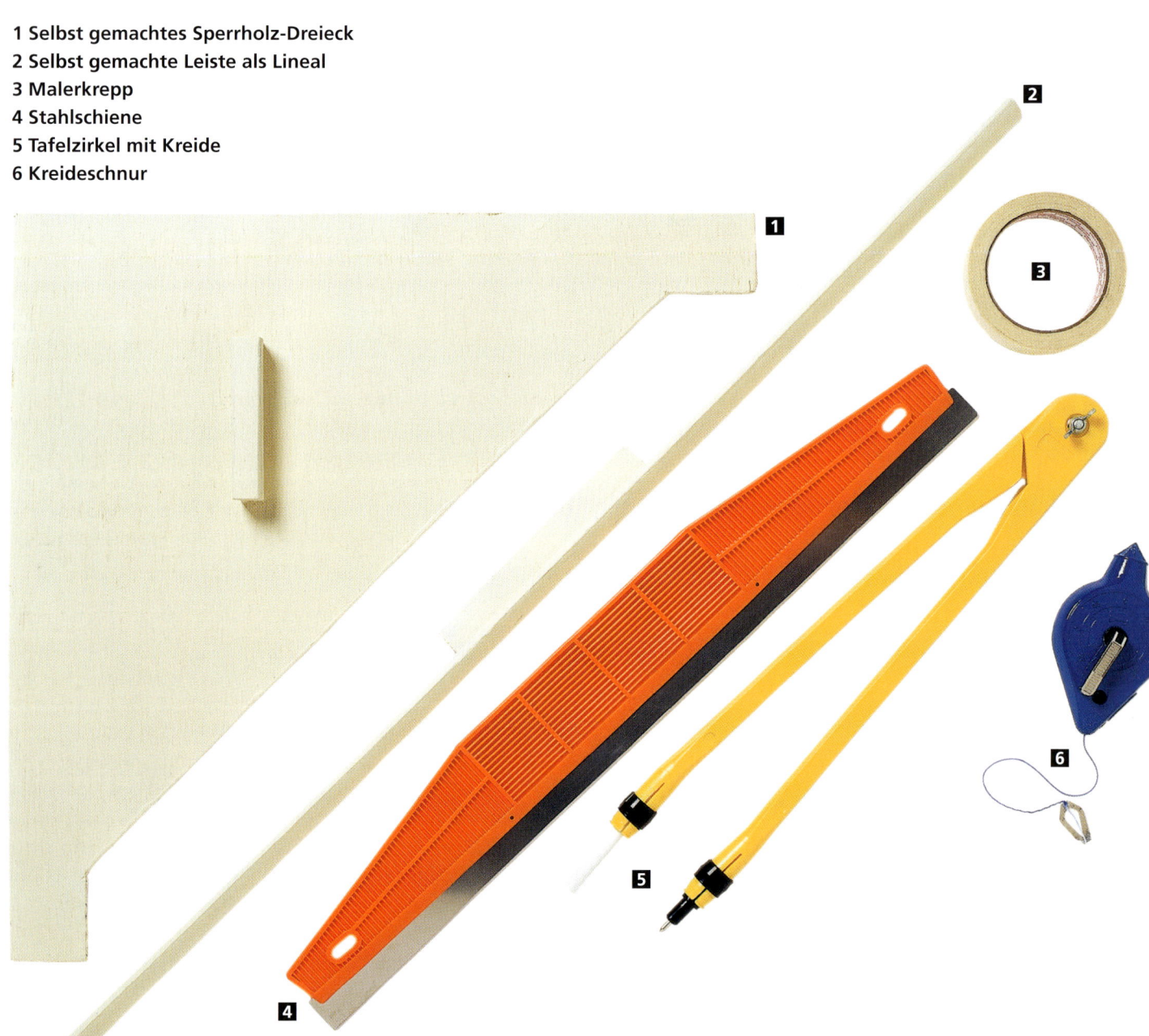

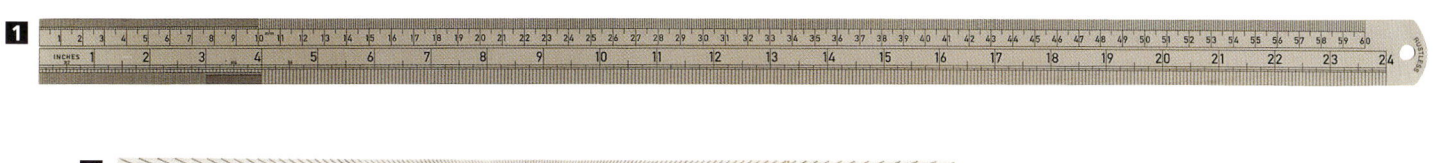

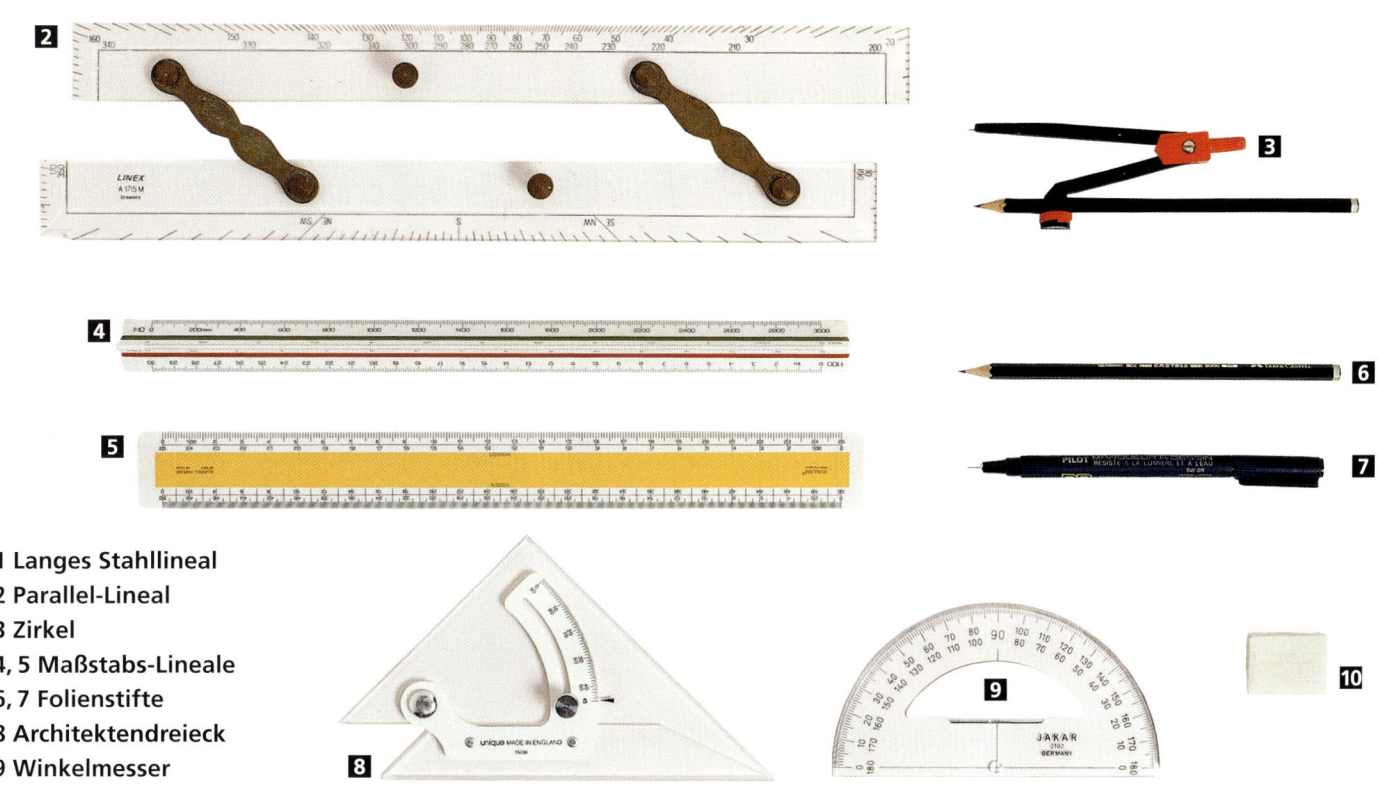

1 Langes Stahllineal
2 Parallel-Lineal
3 Zirkel
4, 5 Maßstabs-Lineale
6, 7 Folienstifte
8 Architektendreieck
9 Winkelmesser
10 Radiergummi

lässt sich aber dadurch reduzieren, dass man das Objektiv mittig auf der Wand ausrichtet. Nähere Informationen auf Seite 51.

Stahllineal: Im Idealfall 1 m lang. Praktisch zum Absetzen kürzerer Maße, nachdem die wichtigsten Markierungen mit Hilfe eines Maßbandes gemacht sind. Auch gut zum Zeichnen gerader Linien.

Maßstabs-Lineal: Ein Lineal als Hilfsmittel zum proportional korrekten Vergrößern von Elementen der Zeichnung, um sie in endgültiger Größe auf der Wand vorzuzeichnen. Haben Sie im Maßstab 1:20 gezeichnet, entspricht 1 cm in der Zeichnung 20 cm auf der Wand. Im Maßstab 1:10 entspricht 1 cm in der Zeichnung folglich 10 cm auf der Wand. Die Arbeit mit dem Maßstabs-Lineal erspart Ihnen viel mühsames Umrechnen. Das Werkzeug eignet sich auch, um Gegenstände in Originalgröße auszumessen und sie dann auf das Format der Zeichnung zu verkleinern.

Winkelmesser: Zum Ausmessen von Winkeln.

Bleistifte: Zum Zeichnen und Skizzieren.

Folienstifte: Wasserlösliche Folienstifte oder Permanentmarker zum Zeichnen auf Overhead-Folien. Verwenden Sie Stifte mit sehr feiner Spitze.

Radiergummi: Zum Ausradieren von Bleistiftstrichen. Achten Sie auf gute Qualität.

Schwämme: Ich verwende Sie zum Gestalten interessanter Texturen, etwa um Farbe wie Stein oder eine andere raue Oberfläche aussehen zu lassen. Naturschwämme sind teuer; pflegen Sie sie gut und lassen Sie niemals Farbe darin antrocknen.

Geschirrtücher/Putzlumpen: Ich benutze gern die derben „Grubenhandtücher", die heute noch in Autowerkstätten Verwendung finden. Wenn Sie einmal ausprobiert haben, wie sich Farben mit Lappen und Tüchern bearbeiten lassen, werden Sie bald unter den verschiedenen Angeboten des Drogeriemarkts Ihre Lieblingslappen finden. Ein erschwinglicher Luxus für Maler.

Putzlappen: Werfen Sie keine alten T-Shirts mehr weg! Schneiden Sie sie in handliche Stücke und bewahren Sie sie als Putzlappen im Werkzeugkasten auf. Auch alte Bettlaken und Tischdecken eignen sich gut. Naturfasern sind besonders saugfähig.

Zahnbürsten: Praktisch zum Sprenkeln verdünnter Farbe (siehe Seite 49). Bewahren Sie verschiedene Zahnbürsten auf, weil sie je nach Typ verschiedene Effekte ergeben.

1 Deckel zum luftdichten Verschließen der Farbbehälter
2 Kleine Plastikgefäße zum Aufbewahren der Farbe
3 Stäbe zum Mischen der Farbe
4 Kleiner Farbeimer

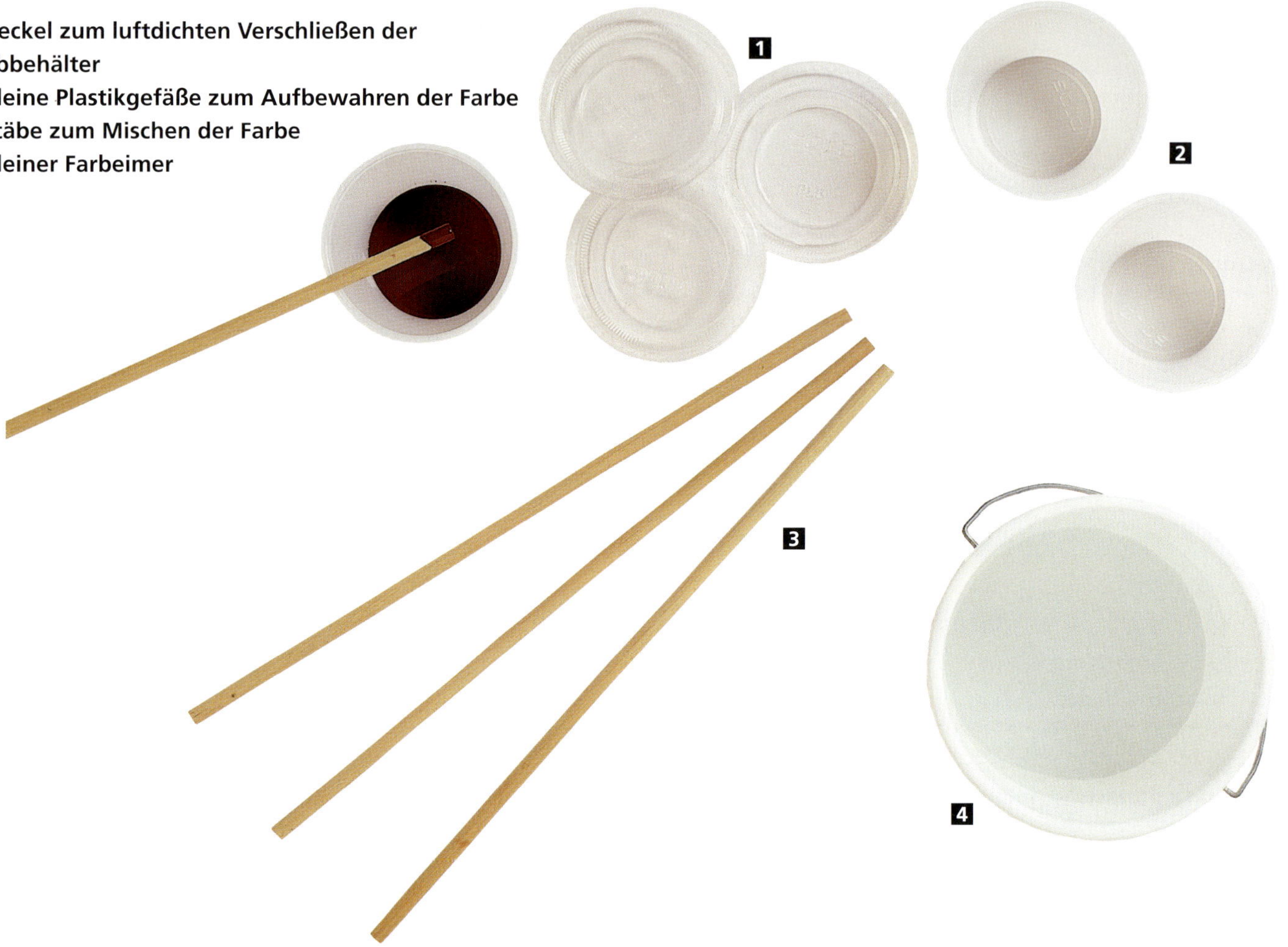

Malerkrepp: Dieses Klebeband gibt es in verschiedenen Breiten. Ich verwende schmales und breites für unterschiedliche Zwecke: vom Fixieren des Endes einer Kreideschnur bis zum Befestigen von Kreide an einem Pinselstiel, um am ausgestreckten Arm etwas anzeichnen zu können. Man kann es auch für seinen eigentlichen Zweck benutzen: zum Abkleben von Bereichen, die vor Farbe geschützt werden sollen. In Kombination mit Zeitungspapier kann man selbst große Flächen abdecken. Es werden auch verschiedene Folien zum Abkleben angeboten. Wer häufig Flächen abdeckt, sollte sich einmal im Fachhandel umsehen. Ich finde beispielsweise transparente Klebefolie, die zum Einschlagen von Schulbüchern gedacht ist, sehr preiswert und verlässlich.
Schere, Teppichmesser und Cutter: Zum Zuschneiden von Schablonen, falls nötig. Die Klingen sollten immer scharf sein.
Schraubendreher: Zum Öffnen von Farbdosen.
Gefäße zum Mischen: An der Salattheke im Supermarkt bekommt man Kunststoffgefäße in verschiedenen Größen, oft auch mit Deckel. Filmdosen, Konservendosen, Joghurtbecher, Eiscremeverpackungen und Marmeladengläser sind weitere

1, 2, 3, 4 Naturschwämme mit unterschiedlichen Poren
5 Autoschwamm
6 Geschirr- und Spültücher

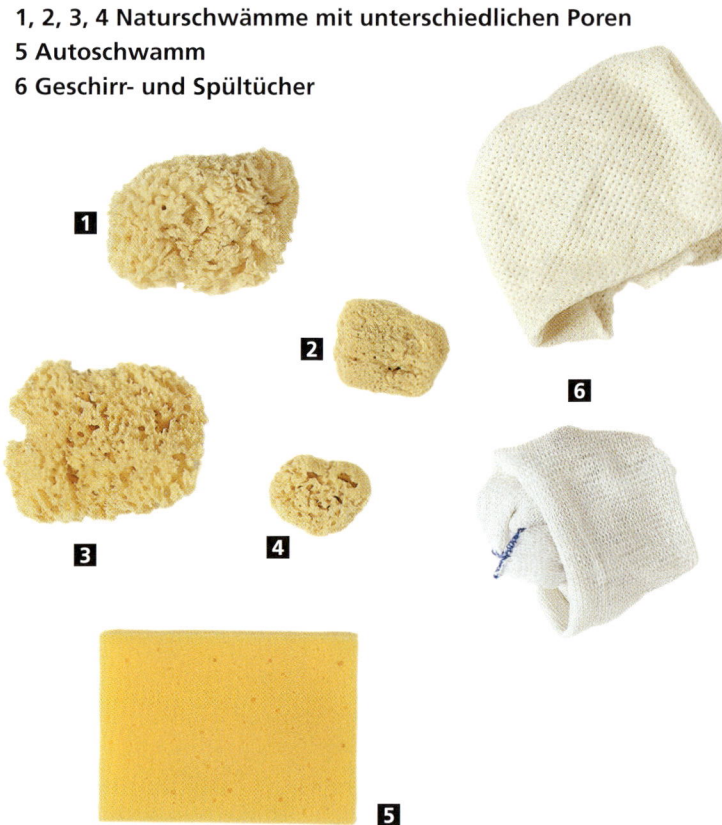

Ausrüstung zum Spritzen

Wer etwas Übung hat, könnte auch Spritztechniken anwenden. Das wichtigste Utensil dafür ist ein Kompressor, der in verschiedenen Größen und Leistungsstufen erhältlich ist. Ich besitze zwei: einen kleinen, der sich ärgerlicherweise nicht selbsttätig abschaltet, wenn er den vollen Druck aufgebaut hat, und ein größeres, aufwändigeres Modell mit einer Leistung von 0,25 m³ pro Minute. Dazu verwende ich verschiedene Spritzpistolen, von einem winzigen Airbrush bis zu einer großen Version zum schnellen Bedecken großer Flächen. Beim großen Kompressor wird der Spritzvorsatz nicht direkt am Farbbehälter befestigt. Das hat zwei Vorteile: Einerseits muss man beim Malen nicht das Gewicht des Farbbehälters halten, andererseits kann man auch Decken spritzen, ohne dass die Farbe am Arm herabfließt.

Bei den meisten Wandbildern benutze ich eine kleine Spritzpistole mit einem Farbbehälter für 0,25 oder 0,5 Liter Farbe. Es ist sehr wichtig, die Bedienungsanleitung genau zu befolgen, denn die Farbe spritzt weiter, als man denkt. Die Spritztechnik eignet sich zum Bedecken großer Flächen, aber auch für sanfte Farbübergänge und für zarte Nebel- oder Dunsteffekte (ein gleichmäßiger Schleier aus winzigen Farbsprenkeln). Dafür arbeitet man mit sehr niedrigem Druck, während für stärkere Deckung der Druck erhöht wird. Das Spritzwerkzeug muss regelmäßig gereinigt werden, damit es nicht verstopft.

Alle wasserlöslichen Farben eignen sich zum Spritzen, wenn man sie auf die Konsistenz von Sahne verdünnt und durch ein feines Sieb gießt.

Arbeitet man mit Kompressor und Spritzpistole bei sehr geringem Druck, entsteht ein Sprenkeleffekt, den man auf die folgende Weise sehr gut nutzen kann. Nachdem der Himmel in verschiedenen geeigneten Mischtönen gemalt ist, wird der Horizont in der Ferne festgelegt, z.B. eine Hügel- oder Bergkette. Dann wird mit dem Farbton, den der Himmel direkt über dem Horizont hat, ein Sprenkelnebel über den Horizont gelegt. Anschließend malen Sie weitere Landschaftselemente wie Bäume oder Berge, die dem Betrachter näher sind und vor den ersten Bergen schärfer erscheinen. Wieder wird ein Sprenkelnebel darüber gelegt. Die Landschaft in der Ferne rückt optisch noch weiter weg, auch die näher liegenden Elemente werden etwas verschleiert.

Wiederholen Sie diesen Vorgang, indem Sie immer neue Ebenen zufügen und mit Sprenkeln überlagern. Bei jedem Arbeitsgang scheinen die fernsten Elemente weiter vom Betrachter weg zu rücken, quasi hinter einem Schleier aus Himmel zu verschwinden. Auf diese Weise erhält das Bild eine wunderbar realistische Perspektive und Tiefe. Wer keine Spritzausrüstung besitzt, kann diese Sprenkel auch ganz vorsichtig mit einer Zahnbürste aufspritzen. Um im Bereich des Himmels weiche Farbübergänge zu erhalten, verdünnen Sie die verwendeten Farbtöne und spritzen überlagernd dünne Schichten auf, bis keine Ansätze mehr zu sehen sind. Mehr zum Thema Himmel auf Seite 48.

Sehr reizvoll sieht der Übergang von Himmel und Landschaft aus, wenn man ihn mit einem feinen Nebel in kontrastierendem Orange oder Rosa überspritzt: Es wirkt wie ein Sonnenstrahl an genau der richtigen Stelle.

---

gute Mischgefäße. Natürlich kann man auch im Künstlerfachhandel spezielle Gefäße kaufen, doch ist das nicht gerade die umweltfreundlichste Lösung.

Rührstäbe: Zum Mischen von Farben verwende ich 30 cm lange Stücke von Rundstäben (wie man sie auch zum Drachenbau verwendet).

Palette: Für kleine Bilder reicht eine normale Palette oder ein Brett aus. Für größere Bilder empfiehlt sich eine große Palette mit Vertiefungen in der Größe von Muffin-Förmchen. Bei noch größeren Dimensionen sollten Sie die Farben in einzelnen, luftdicht schließenden Gefäßen anrühren, etwa leeren Farbdosen.

Palettenmesser: Zum Mischen von Farben auf der Palette.

Frischhaltefolie: Praktisch zum Abdecken von Mischgefäßen und Farben auf der Palette. Alternativ kann man Plastikbeutel verwenden oder den Deckel einer Eiscremeverpackung als Palette benutzen und in Arbeitspausen die Verpackung über die Farben stülpen.

Transparentpapier: Ich verbrauche pro Wandbild meist einen ganzen Block.

Layoutpapier: Preiswertes Papier für Skizzen, mit dem man großzügig umgehen kann. Anderes Schmierpapier eignet sich ebenso.

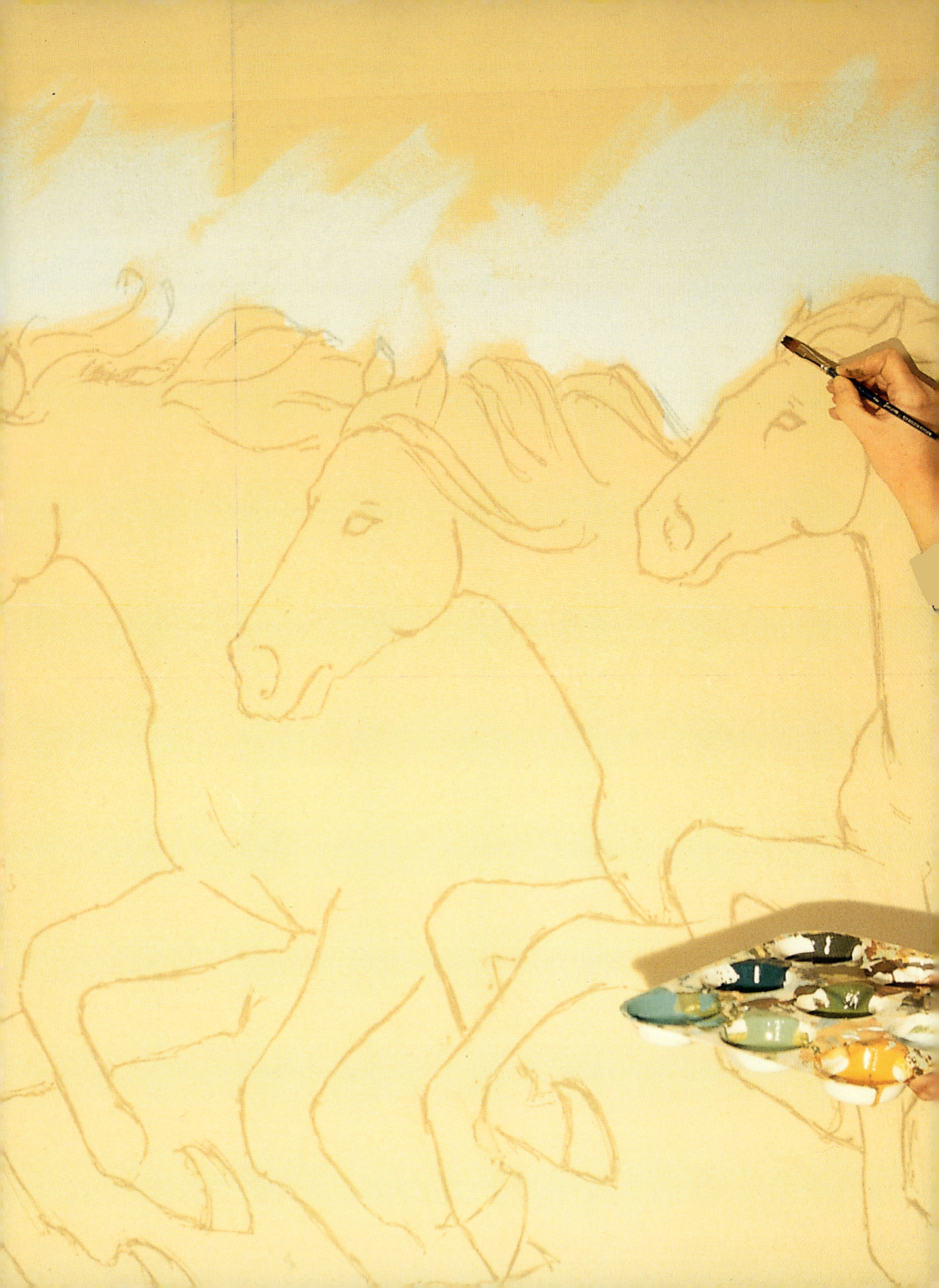

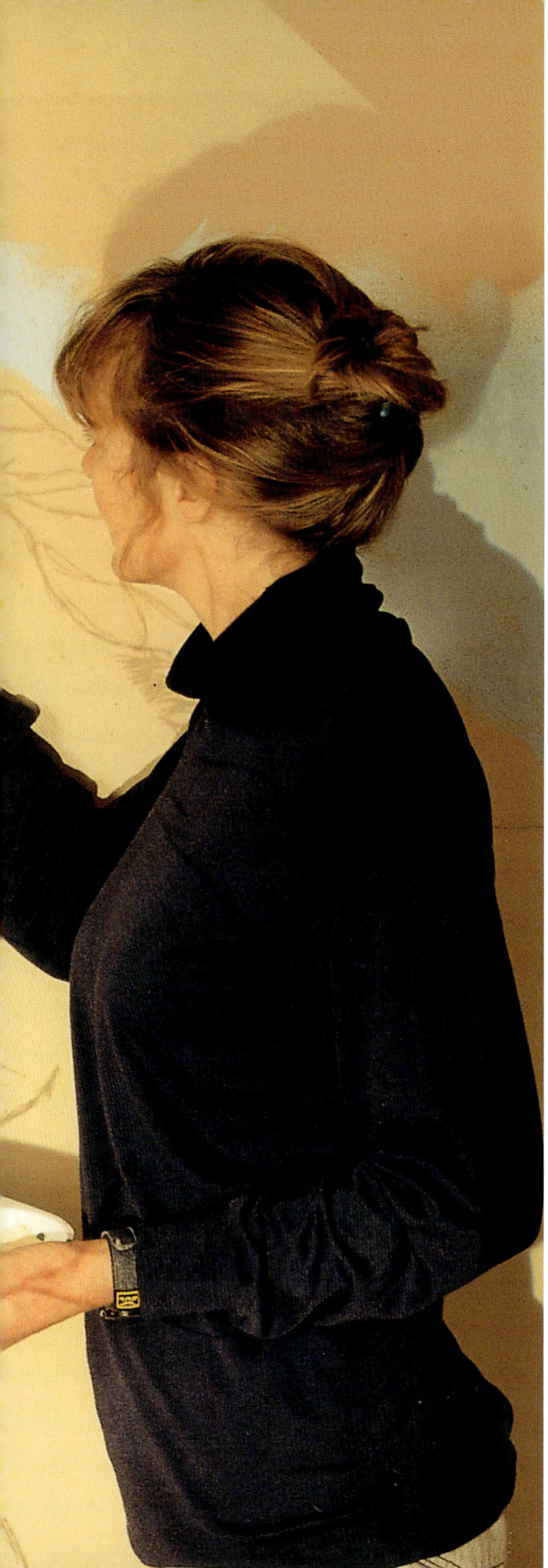

Ein Wand-bild malen

Bereiten Sie sich gründlich vor. Legen Sie Ihre Zeichnungen und Fotos in Sichtweite, aber schützen Sie sie vor Farbklecksen. Durchsichtige Kunststoff-hüllen sind dafür sehr praktisch. Wenn Sie Anregungen aus teuren Büchern verwenden, lassen Sie gute Farbkopien der Bilder machen. Breiten Sie Ihr Bild-material auf einer Seite aus.

Zum Schutz vor Farbflecken wird eine Plane ausgelegt und an den Rändern festgeklebt. Der Vorteil von Plastik-planen ist ihre Wasserundurchlässigkeit, Sie können aber auch alte Laken oder Vorhänge verwenden. Der Platz, an dem Sie Farbe mischen, sollte besonders gut abgedeckt werden. Eine alte Holzplatte oder ein alter Tisch ist als Arbeitsplatz zum Mischen hilfreich.

Für dieses Bild habe ich das Motiv auf die Wand projiziert. Bei sehr starker Vergrößerung können mit einem Overhead-Projektor Verzerrungen auftreten, außerdem kann man das Gefühl für das Gesamtbild verlieren. Wer ohne Projektor arbeitet, sollte das Motiv zuerst in einer blassen Farbe auf der Wand skizzieren, um Größe und Position festzulegen.

Farben verwenden

Legen Sie Ihre Farben so bereit, dass Sie sie immer gut im Blick haben. Es ist lästig, Farben suchen zu müssen, wenn man sich auf das Motiv konzentriert. Mit etwas Erfahrung werden Sie Ihre Lieblingsfarben entdecken, für den Anfang empfehle ich die unten gezeigten Töne. Unabhängig von der Größe des Bildes und dem gewünschten Farbtyp lassen sich mit diesen Tönen vielfältige Nuancen anmischen.

Ich verwende die Farbbezeichnungen, die für die meisten Künstlerfarben üblich sind. Wer andere Farben benutzen möchte, sollte die Farbtöne mit einer Farbkarte vergleichen, statt sich auf die Namen zu verlassen.

Farbkarten

Lernen Sie, Farben genau wahrzunehmen, sowohl in der Realität als auch auf guten Fotodrucken. Wenn Sie ein Foto sehen, dessen Stimmung Ihnen zusagt, schließen Sie die Augen halb und versuchen Sie festzustellen, ob das Bild warme Hintergrundtöne enthält. Damit meine ich, ob warme Farben wie Rosa, Gelb, Orange oder Braun zu finden sind, die Ihnen Anhaltspunkte für den Hintergrund ge-

ben. Sie müssen nicht das gleiche Motiv wie auf dem Foto verwenden, können sich aber an den Farben orientieren. Selbst wenn Sie beim Entwurf von einem bestimmten Foto angeregt wurden, können Sie den Farbausdruck noch verbessern, indem Sie auch andere Fotos betrachten. Wer ein Foto eine Weile betrachtet, wird feststellen, dass er sich der Farben immer bewusster wird.

Jetzt kommen die Farbkarten aus dem Baumarkt ins Spiel. Je mehr Farbtöne sie enthalten, desto besser. Suchen Sie übereinstimmende Töne auf Foto und Farbkarte und markieren Sie sie auf der Farbkarte, um später genau diese Töne anmischen zu können. Kleinere Mengen kann man während der Arbeit mischen und hoffen, dass man den Ton bei Bedarf noch einmal trifft. Für große Bilder sollte man die Farben vorher mischen und in luftdicht schließenden Gefäßen aufbewahren.

Nur Ihre Geduld bestimmt, wie viele Farbtöne Sie anmischen. Grundsätzlich entscheidet aber der Nuancenreichtum der Farben darüber, wie realistisch Ihr Bild wirkt.

Durch diese Technik lernen Sie, Farben isoliert zu sehen und wieder zu erkennen. Wählen Sie zunächst wenige offensichtliche Bereiche aus, etwa

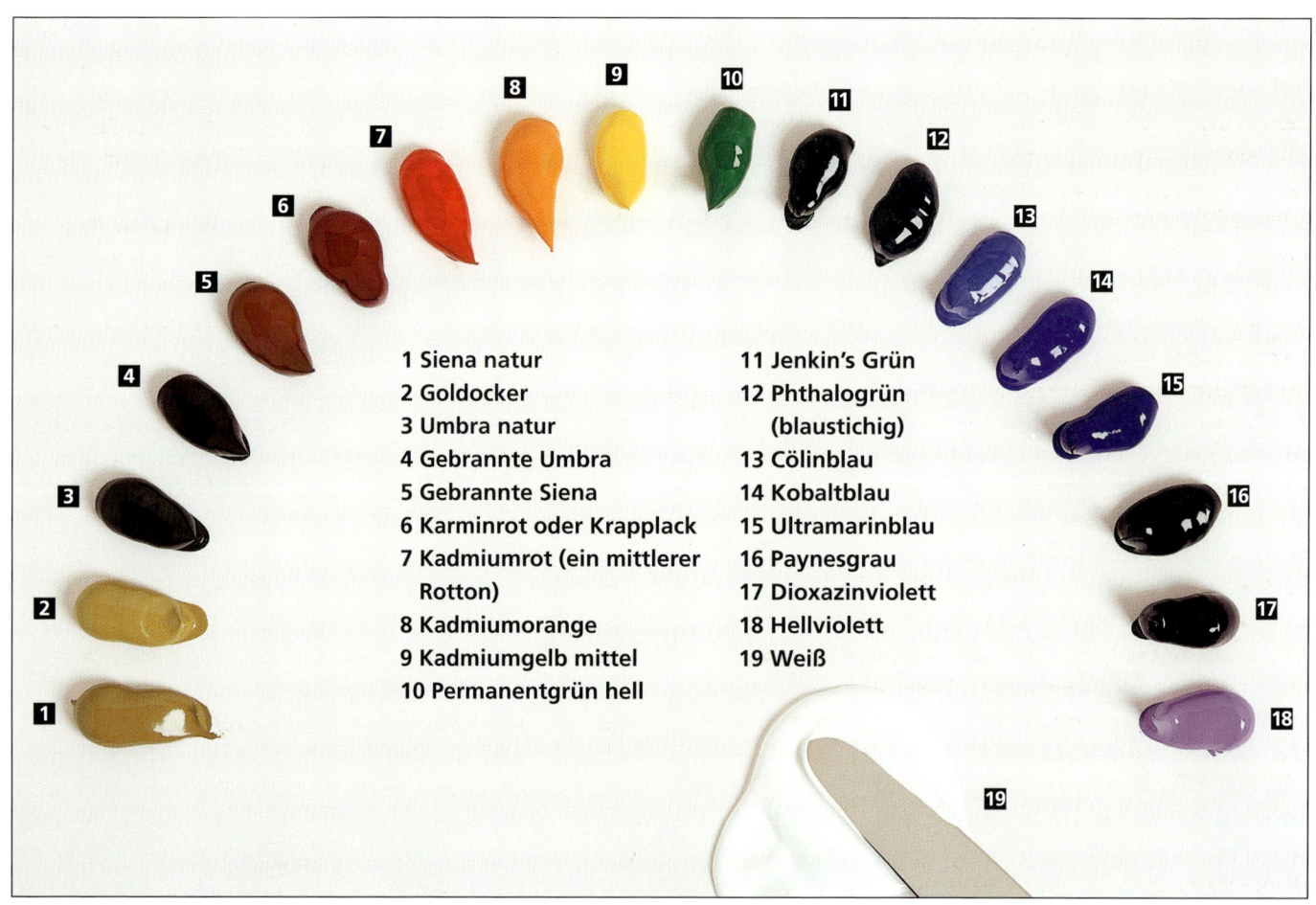

1 Siena natur
2 Goldocker
3 Umbra natur
4 Gebrannte Umbra
5 Gebrannte Siena
6 Karminrot oder Krapplack
7 Kadmiumrot (ein mittlerer Rotton)
8 Kadmiumorange
9 Kadmiumgelb mittel
10 Permanentgrün hell
11 Jenkin's Grün
12 Phthalogrün (blaustichig)
13 Cölinblau
14 Kobaltblau
15 Ultramarinblau
16 Paynesgrau
17 Dioxazinviolett
18 Hellviolett
19 Weiß

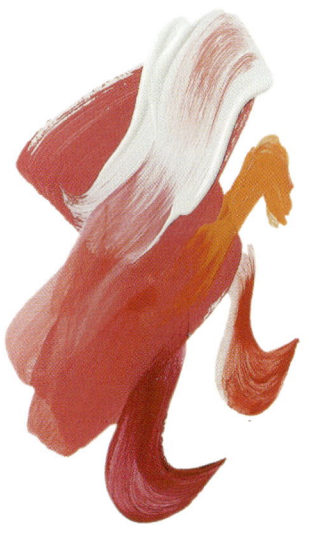
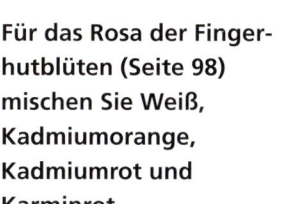
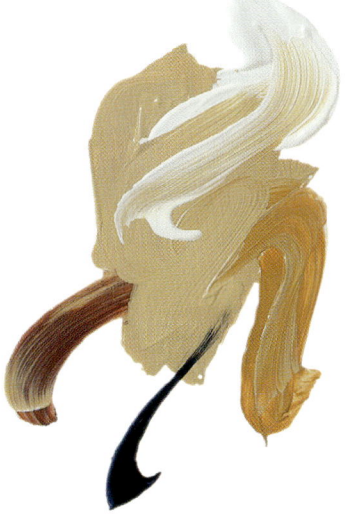
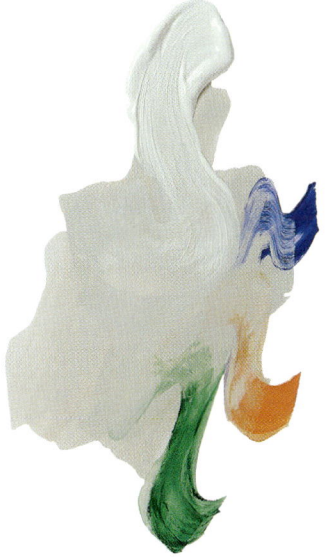
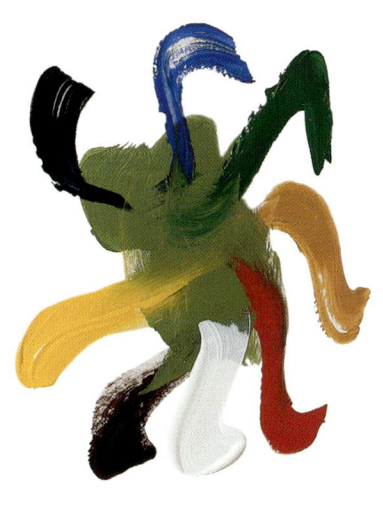

Für das Rosa der Fingerhutblüten (Seite 98) mischen Sie Weiß, Kadmiumorange, Kadmiumrot und Karminrot.

Für das Hellbraun der Säulen (Seite 102) verwenden Sie Weiß, Goldocker, Paynesgrau und gebrannte Siena.

Für den Weißton des Fensterrahmens (Seite 94) mischen Sie Weiß, Kobaltblau, Kadmiumorange und Permanentgrün hell.

Für das Grün der Bäume (Seite 74) benötigen Sie Kobaltblau, Permanentgrün hell, Goldocker, Kadmiumrot, Weiß, Umbra natur, Kadmiumgelb und Paynesgrau.

verschiedene Teile des Himmels. Die Komplexität kommt mit der Übung.

Üben Sie auch, in der Realität Farben differenziert wahrzunehmen. Stellen Sie sich Fragen wie „Welche Farbe hat die Straße vor mir – in der Sonne und im Schatten?" Sie werden überrascht sein! Welche Farbe hat das Gras direkt vor Ihnen und in der Ferne? Wie sieht der Himmel am Horizont und in größerer Höhe aus? Versuchen Sie, die verschiedenen Weißtöne eines Fensterrahmens zu entdecken – an den Ihnen zugewandten Teilen und an der zum Glas gerichteten Seite, auf die das Licht fällt. Sie werden sehen, dass sich die Töne auf beiden Flächen unterscheiden. Indem Sie ein Auge schließen und die Farbkarte in einigem Abstand vor das Gesicht halten, können Sie die exakten Farbtöne finden. Markierungen auf der Farbkarte sollten Sie mit Bleistift anbringen, um sie später ausradieren zu können. Wer keine Farbkarte hat, legt ein Stück transparente Folie auf ein Foto und verändert seine Mischtöne so lange, bis sie auf dem jeweiligen Bereich „verschwinden" – also exakt übereinstimmen.

Achten Sie darauf, das Objekt und die Farbkarte unter möglichst gleichen Lichtverhältnissen zu betrachten. Es fällt schwer, den Ton eines blauen Himmels genau zu bestimmen, wenn man ihn durch ein Fenster sieht. Gehen Sie besser ins Freie, um Himmel und Farbkarte unter gleichen Bedingungen zu sehen. So fällt es Ihnen leichter, vor der eigentlichen Arbeit die genauen Farben für Ihr Bild festzulegen und ihre Wirkung aufeinander zu verstehen.

Wenn Sie sich auf diese Weise mit Farben Ihrer Umgebung beschäftigen, werden Sie sehr schnell ein sicheres Gefühl für Farben entwickeln.

Diese Vorgehensweise mag pedantisch erscheinen, das Malen fällt aber viel leichter, wenn sich auf der Palette die richtigen Farbtöne befinden. Das ist ähnlich wie beim Kochen. Ein gutes Cordon Bleu gelingt auch nur, wenn man alle Zutaten vor der Arbeit bereitstellt. Die Mühe lohnt sich.

Farben mischen

Bevor Sie nicht eine gewisse Sicherheit im Mischen von Farben gewonnen haben, sollten Sie nur kleine Mengen anrühren, um keine Farbe zu verschwenden. Drücken Sie von den Farben, die Sie verwenden, je einen Strang von etwa 1 cm Länge auf den Rand der Palette. Es ist sinnvoll, alle verfügbaren Farben einzusetzen, weil Sie sich dadurch von vornherein angewöhnen, auf feinste Nuancen zu achten. Mit zu wenigen Farben sind differenzierte Mischergebnisse nicht möglich.

Ordnen Sie die Farben in der Reihenfolge des Regenbogens an – Rot, Orange, Gelb, Grün, Blau, Indigo und Violett (siehe Foto Seite 46). Das klingt vielleicht überflüssig, ist aber erstaunlich hilfreich, weil man so die Beziehungen zwischen den Farben besser vor Augen hat. Weitere Farben, die nicht in dieses Spektrum passen, werden an den Enden platziert. Dabei handelt es sich vor allem um Weiß und Brauntöne. Weiß bekommt einen speziellen Platz, weil Sie davon wahrscheinlich mehr als von allen anderen Farben brauchen. Paynesgrau nimmt den Platz von Indigo ein.

Beim Mischen gehen Sie von der Farbe aus, die dem Mischton am nächsten kommt. Für ein Himmelblau wählen Sie einen Blauton, der der Wunschfarbe möglichst ähnelt. Dann überlegen Sie, wie sich der Wunschton vom Grundton unterscheidet. Ist er heller, dunkler, rötlicher, grünlicher? Am besten experimentieren Sie zuerst mit kleinen Farbmengen.

Um den richtigen Farbton zu treffen, werden Sie höchstwahrscheinlich Weiß beimischen müssen. Wenn Sie nun einen winzigen Tupfen auf das vorher ausgesuchte Feld Ihrer Farbkarte setzen, werden Sie feststellen, dass der Mischton noch zu intensiv ist. Experimentieren Sie mit kleinen Zusätzen von gebrannter Siena, Paynesgrau, Phthalogrün oder sogar Magenta, um den Ton zu dämpfen, bis ein Probetupfen auf dem entsprechenden Feld der Farbkarte nicht mehr zu sehen ist. Wenn Sie die Farbkarte schonen wollen, können Sie stattdessen auch eine Klarsichtfolie auf die Farbkarte oder ein Foto legen, von der sich die Farbtupfer leicht abwischen lassen.

Üben Sie das exakte Mischen gründlich. Wenn Sie sich dabei notieren, wie Sie bestimmte Farbtöne erhalten haben, ist das keineswegs Zeitverschwendung. Es wird nicht lange dauern, bis Sie diese Notizen nicht mehr benötigen, sondern die fehlende Zutat in einem Mischton mit sicherem Auge erkennen.

Wenn Sie ein großes Bild malen, nehmen Sie sich die Zeit, vorher alle Farben anzumischen, um später die Arbeit nicht laufend unterbrechen zu müssen. Acrylfarben kann man einige Tage, Wochen oder sogar Monate in luftdicht schließenden Gefäßen aufbewahren. Nehmen Sie während der Arbeit an großen Bildern die Deckel von allen Farbgefäßen ab, um das komplette Spektrum immer vor Augen zu haben. Realistische Mischtöne entstehen oft durch einen winzigen Zusatz einer unerwarteten Farbe.

Blautöne für den Himmel

Auf unseren ersten Kinderbildern sieht man oft oben einen knallblauen Himmel und unten grünes Gras. Die Mitte ist leer – wir haben sie vergessen. Später denken wir daran, den Himmel bis zum Horizont blau zu malen. Bedenken Sie aber, dass ein Betrachter auf der Oberfläche der Landschaft steht und von Himmel umgeben ist. Je weiter entfernt eine Landschaft ist, desto mehr „Himmel" liegt über ihr und beeinflusst auch unsere Wahrnehmung. Am besten kann man sich dieses Phänomen als eine Reihe von Dunstschichten vorstellen, die zwischen Betrachter und Horizont liegen (siehe auch Seite 43).

Vor allem für Wandbilder spielt dieser Aspekt eine wichtige Rolle, denn die Wirkung eines Trompe l'œil beruht ja gerade auf seiner großen optischen Tiefe – die letztlich nicht mehr als ein Spiel mit Farbvariationen ist. Der Himmel scheint über dem Horizont viel dichter (mehr Dunstschichten), im Grunde ist er kräftig Grau mit einem Stich Magenta. Prüfen Sie das einmal mit einer Farbkarte nach. Schaut man weiter nach oben, wird der Himmel immer „dünner" und zeigt verschiedene Schattierungen von Blau. Das liegt daran, dass der Weltraum tiefschwarz ist und der Himmels nur durch die Lichtbrechung in der Erdatmosphäre so wunderschön blau erscheint.

Wenn Sie vier verschiedene Töne des Himmels in der Natur oder auf einem Foto identifizieren und in horizontaler Abfolge in Ihrem Wandbild verwenden, sind Sie auf dem Weg zu einem realistischen Bild schon ein großes Stück weiter.

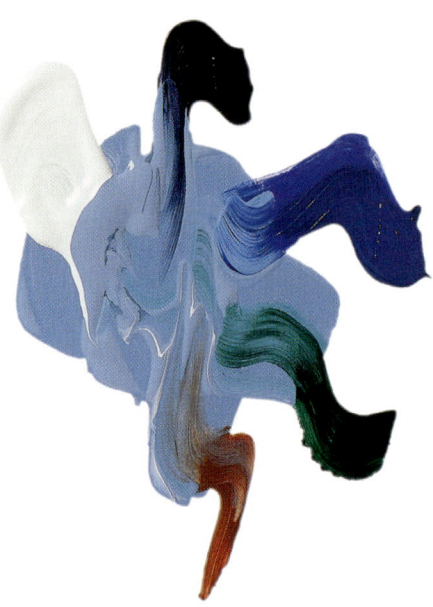

Ein Blauton für den Himmel (siehe Seite 109) aus Weiß, Paynesgrau, Ultramarinblau, Phthalogrün und gebrannter Siena.

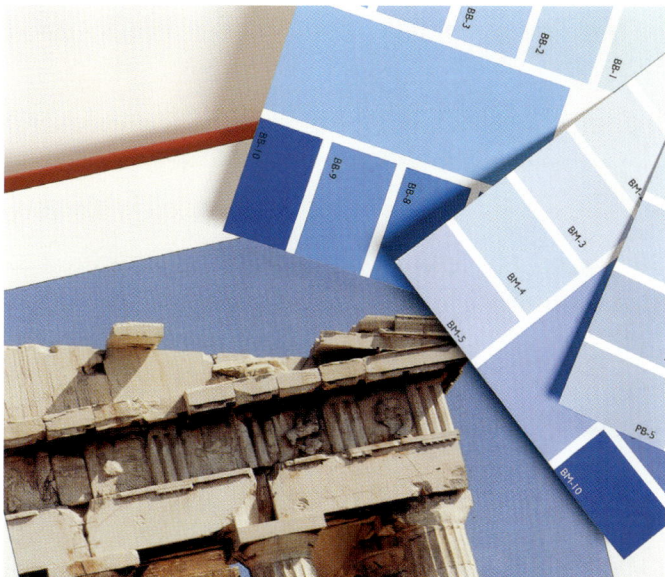

Haben Sie einen Farbton gefunden, der Ihnen zusagt, bestimmen Sie ihn mit Hilfe einer Farbkarte näher. Bleistiftmarkierungen auf der Farbkarte helfen dabei, alle Farben zu definieren, ehe Sie mit dem Malen beginnen.

Sie werden feststellen, dass Sie durchaus nicht nur Blautöne und Weiß zum Mischen benötigen, sondern auch Anteile von Ultramarinblau, dazu vielleicht gebrannte Siena oder Magenta, Phthalogrün oder Paynesgrau und Weiß.

Betrachten Sie auch Elemente unterhalb des Horizonts und stimmen Sie die Mischtöne darauf ab. So erhalten Sie die nötigen Nuancen für realistische, sonnenbeschienene Hügel, weiße Gebäude, gepflügte Felder oder andere Motive. Erst durch genau beobachtete und reproduzierte Himmelstöne springen dem Betrachter weiße Gebäude – oder Wäschestücke auf der Leine – wirklich ins Auge.

Ich habe viele Bilder gesehen, die Sonnenschein zeigen sollten, aber völlig missglückt waren, weil der Himmel zu hell und zu strahlend war und dem Sonnenlicht keinen „Platz" ließ. Sonnenschein kommt erst durch Kontrast zur Geltung. Nur wenn der Himmel die richtigen Farbtöne hat (die überraschend matt und dunkel sind), können Gebäude strahlen oder Bäume im Licht leuchten. Erstaunlicherweise scheint dadurch auch der Himmel strahlend blau, obwohl er es nicht ist. Das intensive Himmelblau in meinen Wandbildern ist oft gelobt worden, doch in Wirklichkeit ist es nur eine Illusion.

Den Hintergrund malen

Normalerweise grundiere ich die Fläche, die bemalt werden soll, mit einer Hintergrundfarbe. Dadurch wird das sterile Weiß des Vorstrichs durch einen an-

genehmeren Ton ersetzt, der mich weniger einschüchtert. Ein anderer Vorteil des Arbeitens auf einer farbig grundierten Fläche besteht darin, dass man helle Bereiche besser sieht und so leichter ein gutes Gefühl für das Gesamtbild bekommt. Später schimmert diese Grundierung stellenweise durch das Motiv und erhöht die Leuchtkraft des Bildes. Darum ist die Auswahl der Hintergrundfarbe sehr wichtig.

Den Hintergrund lasieren

Eine Lasur ist eine sehr stark mit Wasser verdünnte, flüssige Farbe. Nehmen Sie mit einem verdünnten, warmen Farbton Ihrer Wahl die Wand in Angriff. Genießen Sie es, toben Sie sich aus. Produzieren Sie mit dem dicksten Pinsel, den Sie besitzen, Texturen und Muster – vor allem in Bereichen, die nicht zu ruhig aussehen sollen (Abb. 1). Ich verwende einen 2-cm-Maler-Rundpinsel mit Schweinsborsten.

Betupfen Sie die Fläche mit einem Schwamm oder einem Lappen. Verwischen Sie die Farbe. Tragen Sie sie auf und wischen Sie sie wieder ab. Lassen Sie die Fläche ein Eigenleben entwickeln (Abb. 2).

Von Rembrandts Gemälden wird gesagt, dass jeder Quadratzentimeter ein abstraktes Bild ist. Das ist unser Ziel: Die Fläche, auf der wir malen wollen, soll lebendig werden. Probieren Sie das Sprenkeln mit einer Zahnbürste (Abb. 3).

Sie könnten eine Farbe aufsprenkeln, sie mit einem Lappen abtupfen (Abb. 4) und eine zweite in einem verwandten Ton darüber auftragen.

Sie könnten auch Kontrastfarben verwenden, etwa Rosa- und Brauntöne oder Braun- und Gelbtöne. Tragen Sie mehrere transparente Lasuren

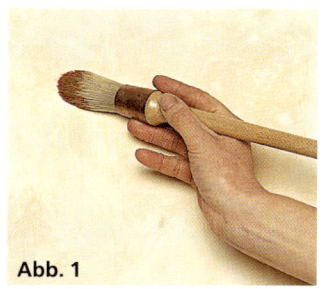

Abb. 1

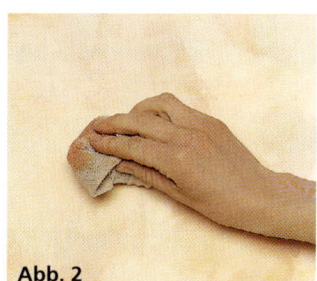

Abb. 2

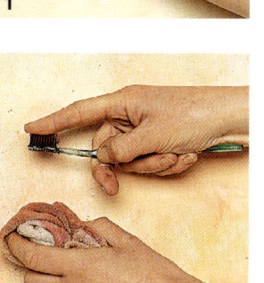

Abb. 3

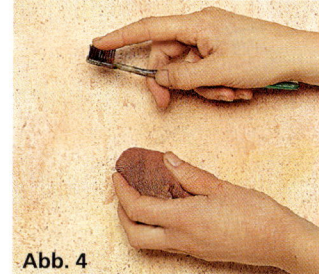

Abb. 4

übereinander auf. Schleifen Sie die Fläche mit feinem Sandpapier ab, um die darunter liegenden Schichten freizulegen. Auch dadurch wirkt die Fläche lebendiger.

Arbeiten Sie eine Schicht in Rolltechnik (Farbe auftragen, dann mit einem fest zusammengerollten, saugfähigen Lappen darüber rollen, um sie teilweise abzunehmen). Sprenkeln Sie darüber einen zweiten Ton mit einer Zahnbürste und tupfen Sie einen dritten mit einem Lappen auf. Die Fläche sollte gleichmäßig eingetönt sein. Doch keine Sorge, wenn das nicht gelingt, denn später wird der Hintergrund ja mit dem eigentlichen Motiv übermalt. Diese Vorarbeit hilft aber, sich mit der Fläche anzufreunden.

Ein so strukturierter Hintergrund besitzt von Natur aus optische Tiefe und wirkt bei genauer Betrachtung so interessant, dass er auch für sich sprechen könnte. Manches Mal habe ich nach dem Grundieren innegehalten, weil ich faszinierende Effekte entdeckt habe, die sich als eigenständige Wanddekoration eignen würden. Wer weniger mutig ist, kann die Grundierungstechniken auch zuerst auf einer Holzplatte ausprobieren und sich dann an die Wand wagen.

Im Idealfall produzieren Sie eine strukturierte, aber einheitliche Fläche, auf der nun das Motiv gemalt wird. Sie könnten nun die „Innenraum"-Teile noch mit einer dunkleren und die „Außen-bereich"-Teile mit einer helleren Lasur vorbereiten. Dadurch wirken Motivbereiche im Freien gleich viel heller.

Das Motiv auf die Wand übertragen

Jetzt soll der Entwurf auf die Wand übertragen werden. Die Position für einen Rundbogen, eine Tür oder eine lebensgroße Person findet man oft intuitiv. Es ist aber schwierig, bei dieser Größe die Form exakt zu treffen. Hier ist etwas Hilfe notwendig.

Rastermethode

Wer keinen Overhead-Projektor besitzt und sich das Umrechnen des Maßstabs ersparen will (siehe

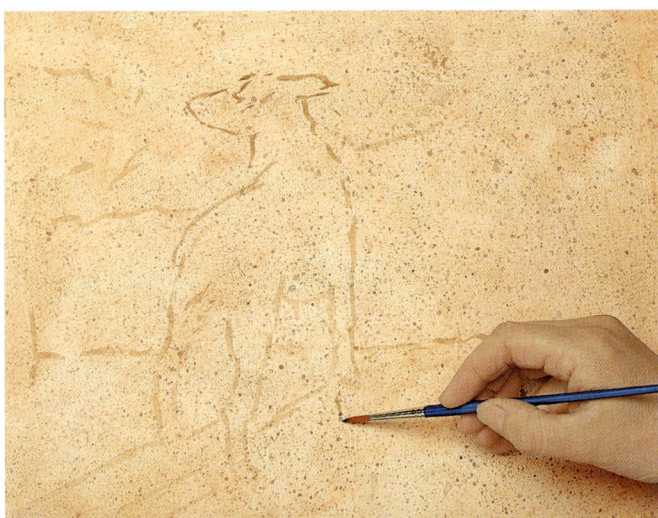

Mit leichter Hand und stark verdünnter Farbe vorgezeichnete Konturen lassen sich leicht abwischen. Sie sind oft nicht akkurat, helfen aber, ein Gefühl für den Bildaufbau zu bekommen, und erleichtern das genauere Vorzeichnen von Details mit anderen Techniken. Fehler sind kein Problem, weil sie später übermalt werden.

Zeichnen Sie um Ihren Entwurf einen Rahmen in den Proportionen des endgültigen Motivs. Soll Ihr Vogel beispielsweise 30 cm hoch sein und ist Ihr Entwurf 7,5 cm hoch und 10 cm breit, müssen die Maße des Entwurfs vervierfacht werden, um die gewünschte Größe auf der Wand zu erhalten (also 30 cm x 40 cm). Teilen Sie den Rahmen im Entwurf und auf der Wand in gleicher Weise auf. Die Diagonalen helfen, die Mitte zu finden. Dann wird je eine waagerechte und senkrechte Linie durch die Mitte gezogen. Die so entstandenen Rechtecke werden weiter aufgeteilt.

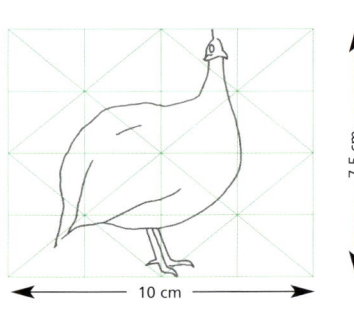

Jetzt können Sie die Konturen Feld für Feld übertragen. Zum Schluss Kreidespuren mit einem feuchten Tuch abwischen.

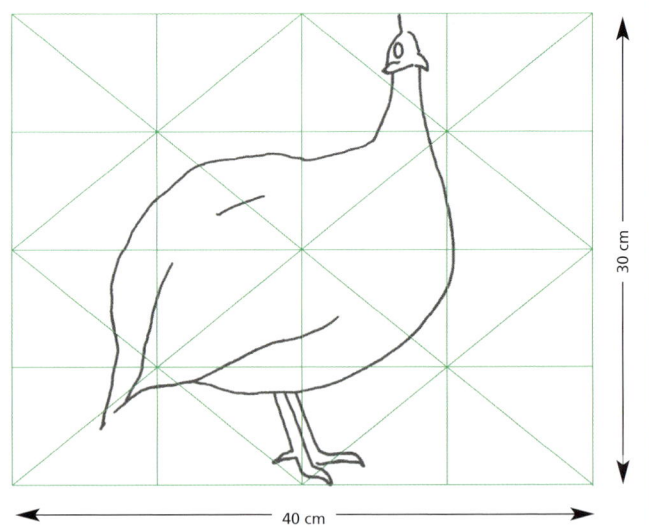

Seite 21), kann die Rastermethode einsetzen. Das Raster auf der Wand wird mit der Kreideschnur markiert. Farbige Kreide ist auf dem Hintergrund meist besser zu sehen – ich bevorzuge ein leuchtendes Blau.

Das Kreideraster erleichtert die Orientierung auf der Wandfläche und kann später leicht abgewischt werden. Zeichnen Sie die Konturen mit verdünnter Farbe in einem ähnlichen Ton wie der Hintergrund, sodass nur blasse Linien sichtbar werden.

Zeichnen Sie um Ihren Entwurf einen Rahmen, der den Proportionen der Wandfläche entspricht. Ist die Wandfläche 5 × 2.5 m groß, stehen die Seiten also im Verhältnis 2:1. Benutzen Sie gegebenenfalls einen Taschenrechner. Um die Entwurfszeichnung nicht zu verderben, legen Sie Transparentpapier darüber und zeichnen das Raster darauf.

Nun werden von Ecke zu Ecke die Diagonalen gezogen. Dadurch ermitteln Sie die Mitte des Motivs in der Zeichnung und auf der Wand. Ziehen Sie je eine waagerechte und senkrechte Linie durch die Mitte (parallel zum oberen und seitlichen Motivrahmen). Das Motiv ist jetzt in vier Rechtecke unterteilt, durch die jeweils eine Diagonale verläuft. Zeichnen Sie in jedes Rechteck die zweite Diagonale ein, um dessen Mitte zu finden. Dann verbinden Sie die Mittelpunkte mit senkrechten und waagerechten Linien und erhalten 16 Rechtecke, jedes mit einer Diagonalen. Sie können nun alle Felder oder nur diejenigen mit besonders vielen Details nach dem gleichen Prinzip weiter unterteilen. Bei dieser Methode entfällt sogar das Ausmessen der einzelnen Rasterfelder.

Sofern Sie beim Ausmessen der Proportionen der Wandfläche keinen Fehler gemacht haben, können Sie nun ein entsprechendes Raster auf der Wand vorzeichnen. Am einfachsten gelingt das mit einer Kreideschnur, alternativ verwenden Sie eine lange Leiste und Kreide. Die erste Senkrechte sollten Sie unbedingt mit einem Lot anzeichnen, weil vor allem in älteren Häusern die Wände selten gerade sind und man sich nicht nach Zimmerecken richten sollte.

Dann werden die Konturelemente aus jedem Dreieck oder Rechteck des Entwurfes ins entsprechende Feld auf der Wand übertragen. Sind sehr viele Felder vorhanden, sollten Sie sie auf der Zeichnung und der Wand nummerieren.

Zeichnen Sie die Motivkonturen mit einem dünnen Pinsel und stark verdünnter Farbe in einem Ton, der dem Hintergrund ähnelt (aber nicht gleicht). Arbeiten Sie mit leichter Hand. Dicke Pinselstriche in kräftigen Farben sind im Fall eines Fehlers oder einer späteren Veränderung schwieriger zu verstecken.

Wenn sich die Konturenfarbe nur wenig vom Hintergrund unterscheidet, fallen Abweichungen weniger auf. Zarte Konturen reichen für eine erste Begutachtung des Gesamtbildes aus, lassen sich aber noch leicht verändern.

Diese Konturen in zarter Farbe können auch leicht übermalt werden. Intensivere Farben werden später eingesetzt.

Vorzeichnen mit dem Overhead-Projektor

Wer einen Overhead-Projektor bekommen kann, sollte ihn ausprobieren. Zeichnen Sie Ihren Entwurf möglichst detailgenau auf eine Folie, die dann auf die Trägerplatte des Projektors gelegt wird. Wie auf Seite 41 erklärt, können Sie Elemente von verschiedenen Fotos und Zeichnungen durchpausen und mit mehreren Folien arbeiten. In diesem Fall müssen Sie eventuell während des Übertragens die Entfernung des Projektors zur Wand verändern.

Bei gedämpftem Licht fällt es leichter, die erste Freihandskizze außer Acht zu lassen und dennoch ausreichend zu erkennen. Beim Festlegen der Größe

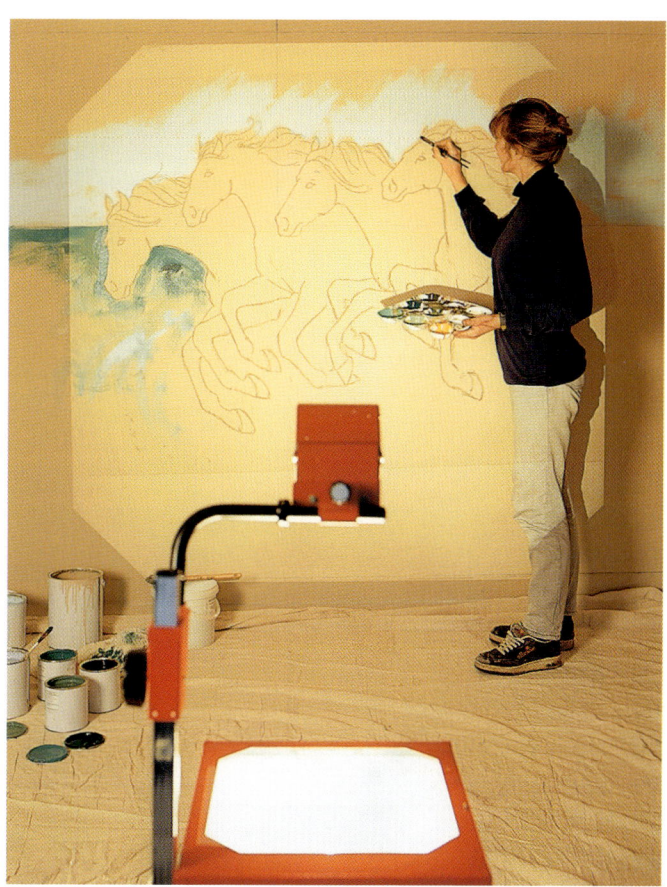

Verlieren Sie bei der Arbeit mit dem Overhead-Projektor nicht das Gefühl für das Gesamtbild und achten Sie auf eventuelle Verzerrungen. Die Linse sollte mittig auf die Wandfläche gerichtet sein.

des Motivs und des natürlichen Bildaufbaus ist sie hilfreicher als der Projektor. Sie können jetzt noch mit den Positionen der Elemente experimentieren oder sogar an den Zeichentisch zurückkehren. Es ist keine Katastrophe, wenn sich der erste Entwurf als ungünstig erweist.

Um Verzerrungen zu vermeiden, sollte die Linse des Projektors auf die Mitte der zu bemalenden Wandfläche gerichtet sein. Sie benötigen dafür einen geeigneten Tisch, damit das Bild nicht schief wird oder sich zu den Seiten verbreitert. Geringe Verzerrungen treten dennoch auf, die sich beim Vorzeichnen aber ausgleichen lassen. Riskant ist die Projektion nur bei Gebäudemotiven, darum übertrage ich bei solchen Bildern die Maße aus der Zeichnung auf die Wand oder setze die Rastermethode ein.

Wie bei der Rastermethode werden auch beim Projizieren die Konturen mit einer zarten Farbe aufgetragen, die sich aber leicht vom Ton der Freihandzeichnung unterscheiden muss. Die Freihandskizze dient als Leitlinie, die durch die Projektion bestätigt werden sollte. Lassen Sie sich von überflüssigen Konturen nicht irritieren – sie werden später übermalt. Um eine verlässliche Vorzeichnung zu erhalten, schalten Sie den Projektor häufig aus und beurteilen das Resultat auf der Wand.

Farbflächen markieren

Einzelne Flächen können nun erstmals eingefärbt werden. Der Himmel muss wahrscheinlich mehrmals übermalt werden, es macht also Sinn, recht früh damit zu beginnen. Die Farbe wird mit Wasser oder einem Malmittel auf die Konsistenz von dicker Sahne verdünnt – nicht zu pastös und nicht zu flüssig. Es verlangt etwas Erfahrung, die nötige Menge für mehrere Farbschichten einzuschätzen, doch Sie sollten es versuchen. Es kann dabei von Vorteil sein, wenn sich die Schichten im Ton leicht unterscheiden, weil die Fläche dadurch sanfter und lebendiger wirkt. Auf einem farbig vorbehandelten Hintergrund kommt die Farbe des Himmels viel besser zur Geltung als auf einer weißen Grundierung.

Ziehen Sie die verschiedenen Töne des Himmels mit einem breiten Flachpinsel ineinander und tupfen Sie die Fläche mit einem Tuch ab. Es ist kein Problem, wenn das nicht im ersten Anlauf gelingt, denn Acrylfarbe trocknet sehr schnell. Durch das Abtupfen der frisch aufgetragenen Farbe mit einem sauberen, feuchten Geschirrtuch lassen sich die Übergänge sehr gut verwischen. Stimmen Sie die Größe des Pinsels auf das Format der Fläche ab. Sie werden sehen, dass mehrere dünne Farbschich-

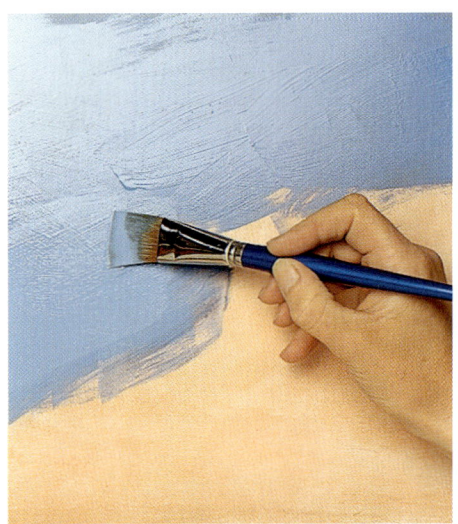

Der Himmel sollte möglichst früh in sorgfältig ausgewählten und gemischten Farbtönen gemalt werden. Es ist aufregend, die Entwicklung des Himmels auf dem warmen, etwas unregelmäßigen Hintergrund zu beobachten.

ten, durch die vielleicht noch der Hintergrund zart schimmert, viel lebendiger wirken als eine dicke Schicht.

Bauen Sie mit leichter Hand das Motiv auf der Wand auf und bedenken Sie bei jeder Schicht, dass es nicht die letzte ist. Noch darf das Bild Skizzencharakter haben. Allmählich werden Sie an Sicherheit gewinnen und Details schrittweise ausarbeiten. Das Bild soll sich entwickeln.

Erwarten Sie nicht auf Anhieb ein perfektes Ergebnis. Ein Trompe l'œil wirkt erst, wenn alle Elemente fertig sind und die Illusion durch das Zusammenspiel der Farben entsteht. Nur durch die Beziehungen der Farben zueinander entstehen Effekte von Licht und Schatten, Wärme und Kühle. Unabhängig vom Motiv ist ein Trompe l'œil erst überzeugend, wenn alle Farben in der richtigen Form und Menge integriert sind.

Effekte mit Schleifpapier

Sieht ein Teil Ihres Bildes zu plakativ oder schlicht langweilig aus, schleifen Sie ihn kräftig mit Sandpapier ab. Das Ergebnis lässt sich nicht vorhersehen, es entsteht aber eine neue Oberfläche, die sich vorteilhaft nutzen lässt. Auch Lichteffekte lassen sich mit Schleifpapier herausarbeiten, indem man die Farbe eventuell bis auf die weiße Grundierung abträgt. Es kann auch interessant aussehen, die frisch geschliffenen Stellen mit einer Lasur zu überstreichen. Diese Schleif-Lasurtechnik eignet sich vor allem zum Malen rauer Steinflächen.

Ausarbeitung des Motivs beim Malen

Glückliche Zufälle kommen häufiger vor. Und Fehler besitzen die Fähigkeit, sich zu attraktiven und bedeutungsvollen Details zu entwickeln – darum dürfen sie passieren. Lassen Sie sich vom ursprünglichen Entwurf nicht zu sehr einengen. Es ist nur natürlich, wenn Sie während der Arbeit weitere kreative Einfälle haben und sich Ideen im Lauf der Zeit verändern. Ich bemerke oft, dass sich beim Malen neue Details in ein Bild einschleichen und seinen Charakter und seine Ausstrahlung bereichern. Wenn Sie größere Veränderungen erwägen, sollten Sie zuerst auf Papier experimentieren – am besten auf einer Kopie des ursprünglichen Entwurfes. Ohne Berücksichtigung von Entwurf und Perspektive sind solche Veränderungen direkt auf der Wand riskant.

Versuchen Sie, das gesamte Bild gleichmäßig zu entwickeln. Arbeiten Sie nicht einzelne Bereiche detailliert aus, während Sie andere vernachlässigen. Dadurch wird das Resultat leicht unausgewogen. Besser ist es, mit leichter Hand zu beginnen und sich allmählich den Details zu widmen.

Licht und Schatten

Im Kapitel über Entwurf und Perspektive (siehe Seite 15 und 29) geht es auch um Lichtquellen. Behalten Sie die Lichtquelle beim Malen stets im Blick, damit das Licht auf alle Elemente von der gleichen Seite fällt. Alle Formen sehen dreidimensional aus, wenn die Lichteinfallsrichtung deutlich wird. Im Trompe l'œil wird dabei übertrieben, um optische Tiefe vorzutäuschen.

Schattenbereiche sollten frühzeitig gekennzeichnet werden, möglichst schon im Entwurf. In Bezug auf die Farben sind Schatten generell kühl, und kühle Farben erhält man durch Beimischung von Blau. Wenn Ihre Farbwahrnehmung schärfer wird, lernen Sie auch Lichtreflexe im Schatten zu erkennen. Dieser Aspekt ist etwas schwieriger, mit Übung und Konzentration können Sie aber die Tiefe eines Motivs verstärken, indem Sie auf die kühle Farbe von Schattenbereichen einen wärmeren Ton mit der Zahnbürste sprenkeln oder mit einem Tuch auftupfen.

Verwenden Sie eine Farbkarte, um den Blauanteil in Schattenbereichen zu erkennen. Schon beim Grundieren des Hintergrundes helfen bläuliche Anteile im Kontrast zu warmen Tönen (z. B. Gelb, Goldocker, Rot oder Karminrot), Licht und Schatten zu unterscheiden. Gerade diese Schatteneffekte erzeugen die dreidimensionale Tiefe, durch die ein Trompe l'œil überzeugend wirkt.

Allmählich entwickelt sich das Bild. Wenn Sie ausreichend Geduld aufbringen und auch schwierigere Phasen durchstehen (die selbst Könnern immer wieder begegnen), werden Sie am Ende mit Ihrem fertigen Werk rundum zufrieden sein.

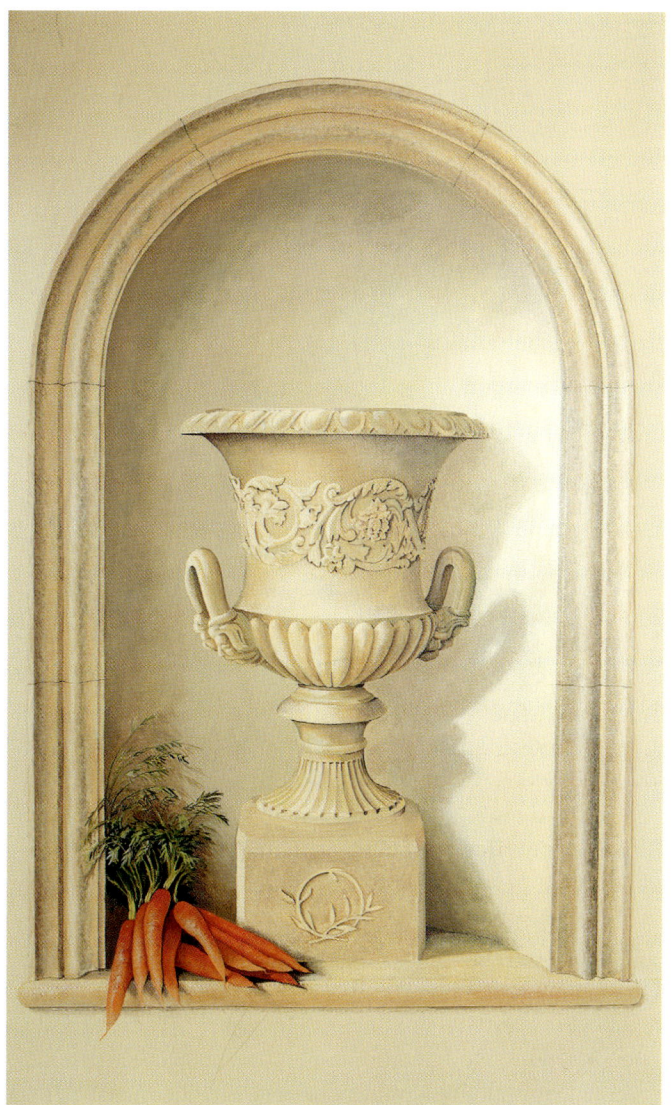

Die Illusion von Tiefe entsteht durch Licht- und Schatteneffekte, die man am besten durch eine Kombination aus geschickter Formgebung und sorgfältiger Farbwahl erzielt.

Der letzte Schliff

Bei den letzten Arbeitsschritten geht es um die feinen Details, die oft aus einem Wandbild erst ein richtiges Kunstwerk machen. Der Betrachter konzentriert sich automatisch auf interessante und schön ausgeführte Bereiche und übersieht größere Flächen, auf denen wenig geschieht. Sie sollten aber schon im Entwurf bedenken, dass alle Elemente auf der Wand viel größer ausfallen. Bemühen Sie sich, große Leerflächen zu vermeiden.

Fenster zur Toskana

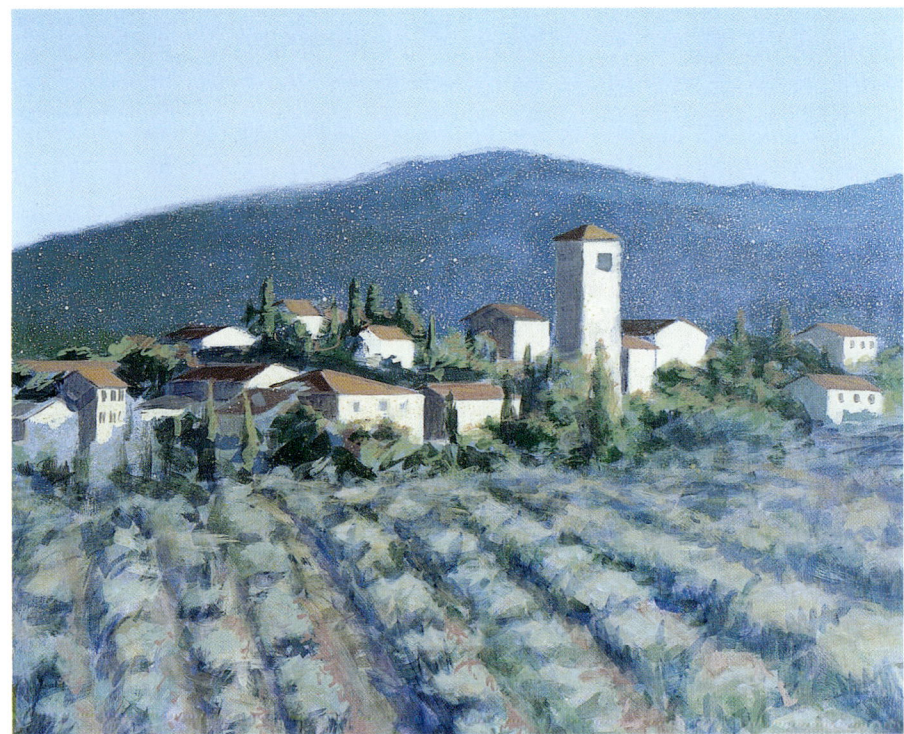

Dieses Bild ist eine Auftragsarbeit für eine normale Küche, die durch eine Öffnung in eine andere Zeit und eine ferne Landschaft belebt werden sollte. In den langen, nasskalten Wintermonaten können die Bewohner nun den Blick in die Toskanalandschaft schweifen lassen und sich an die Sommerferien erinnern.

Für den Entwurf der Landschaft habe ich Fotos aus Reiseprospekten verschiedener Orte verwendet. Der Pfau gehört mir – und er schleicht sich häufiger in meine Bilder ein. Ich finde ihn unwiderstehlich, weil er dem Motiv etwas Exotisches verleiht. Die Auftraggeber waren begeistert, als ich vorschlug, auch ihren Hund in das Bild mit aufzunehmen.

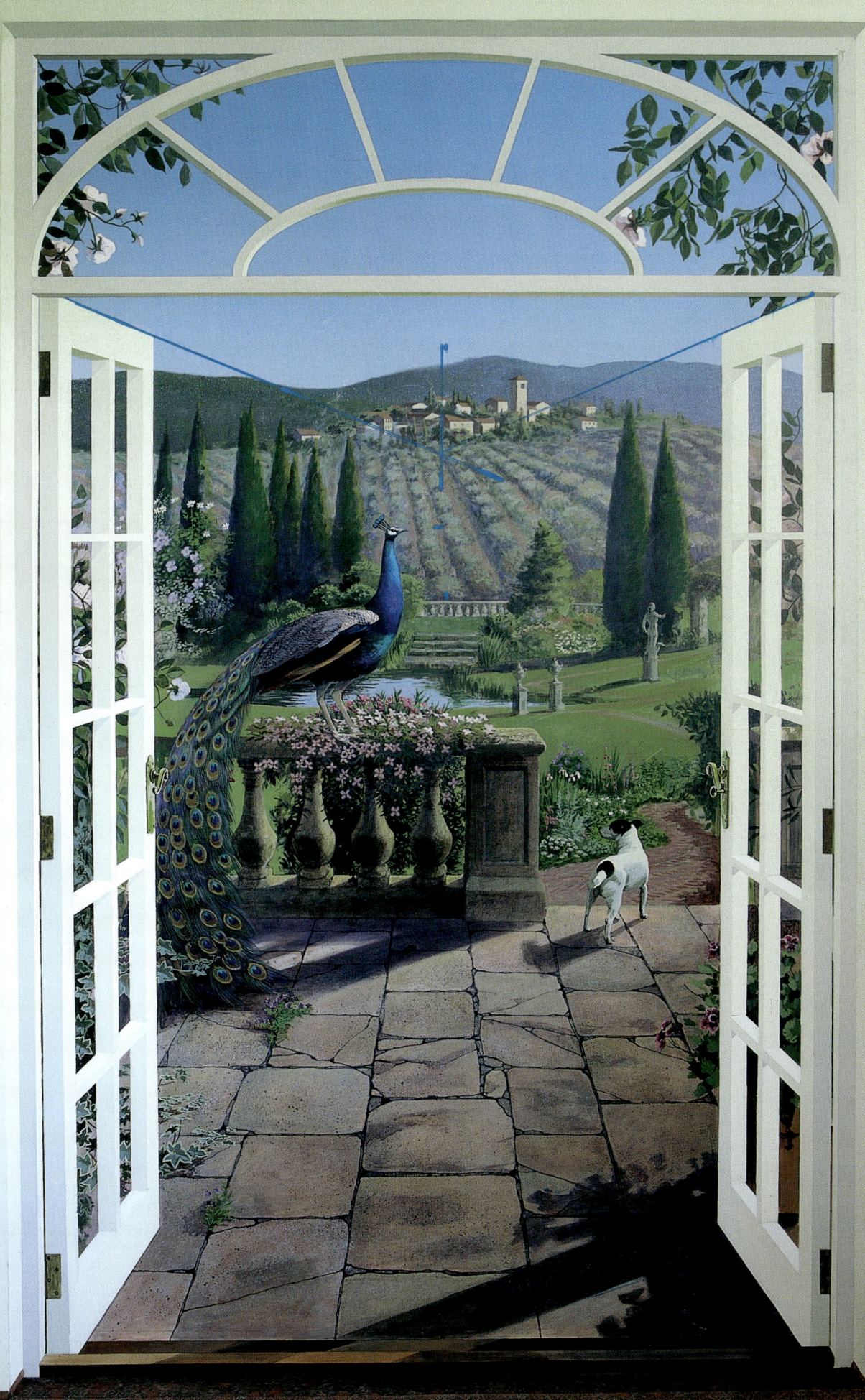

Der Steinboden

Die richtige Perspektive ist bei diesem Boden besonders wichtig, weil er den Blick in die Ferne lenken soll. Näheres zu diesem Thema finden Sie im Kapitel über Entwurf und Perspektive (siehe Seite 28).

Da die Arbeit an diesem detailreichen Trompe l'œil mehrere Wochen in Anspruch nahm, malte ich es auf einer großen MDF-Platte in meinem Atelier, um die Küche nicht zu lange zu blockieren. Als das Bild fertig war, wurde es flächenbündig in eine vorbereitete Vertiefung in der Wand eingelassen. Dann musste noch vor Ort der Boden im Bild an den vorhandenen Küchenboden angepasst werden. Informationen zum Malen auf Platten finden Sie auf Seite 35.

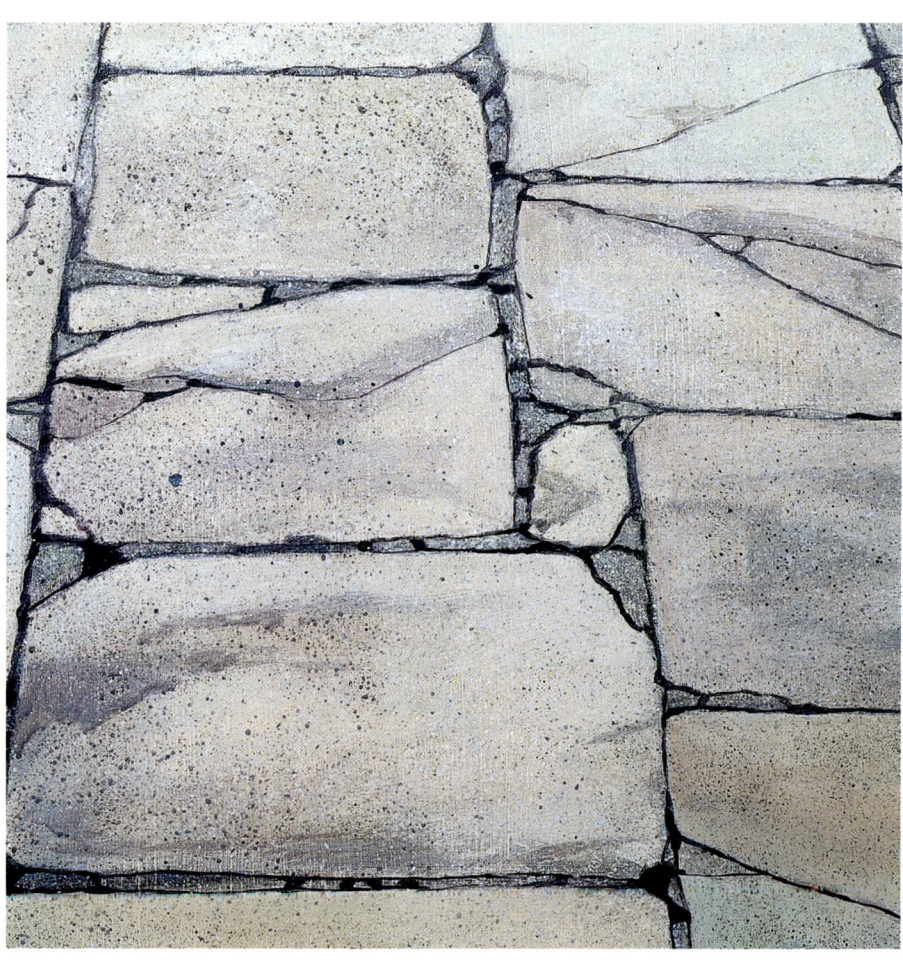

Farben	Werkzeug
Gebrannte Siena	Großer Maler-Rundpinsel mit Schweinsborsten
Kadmiumrot	
Goldocker	Weicher Lappen
Kadmiumgelb	Zahnbürste
Paynesgrau	Flachpinsel, 1 cm breit
Weiß	Mittelfeines Sandpapier
Umbra natur	
Veronesergrün	Feiner, spitzer Pinsel
Purpurviolett	

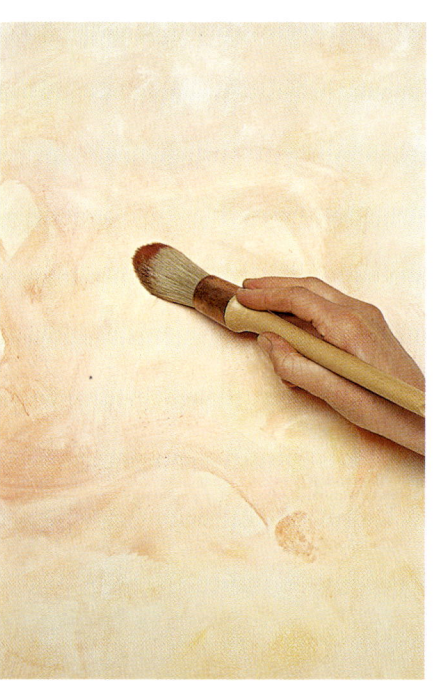

1 Zuerst die Fläche mit einer zarten Lasur aus gebrannter Siena, Kadmiumrot, Goldocker und Kadmiumgelb grundieren. Die Lasur wird zügig mit dem dicken Rundpinsel auf die Fläche aufgetragen.

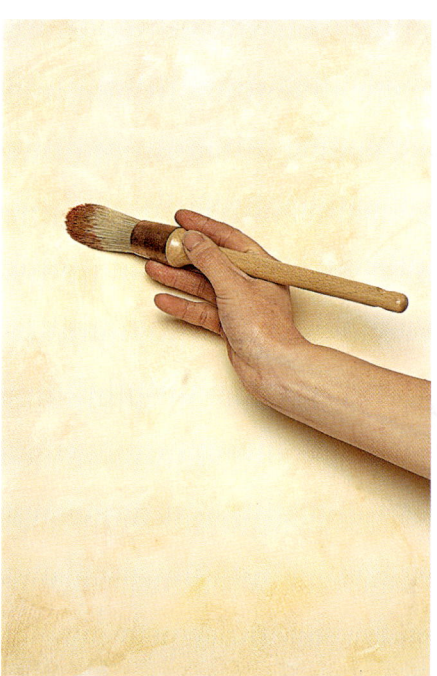

2 Mit dem gleichen Pinsel alle Farben in lockeren, kreisenden Bewegungen vermischen. Spielen Sie ruhig mit der Farbe.

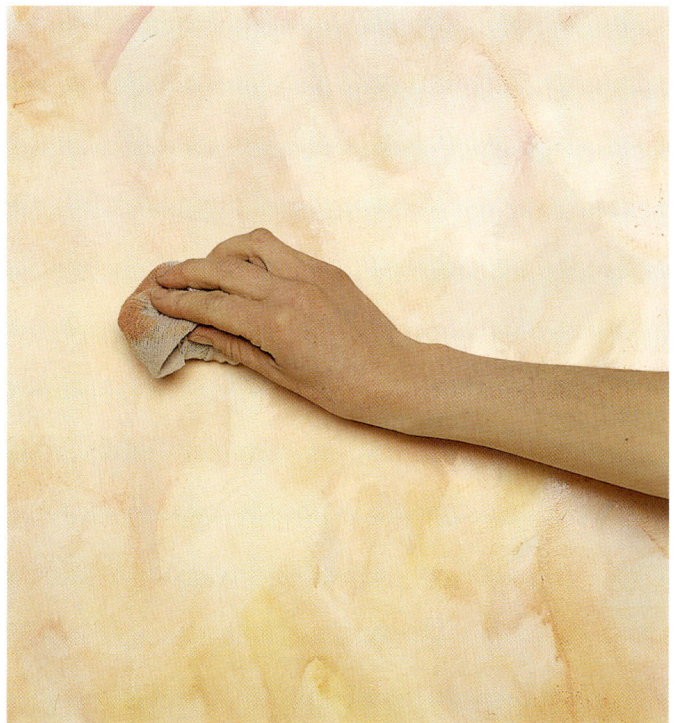

3 Einen weichen, sauberen Lappen zusammenfalten und anfeuchten. Die noch feuchte Farboberfläche damit abtupfen. Dadurch werden Pinselstriche verwischt und die Hintergrundfarben gut vermischt. Die Grundierung trocknen lassen.

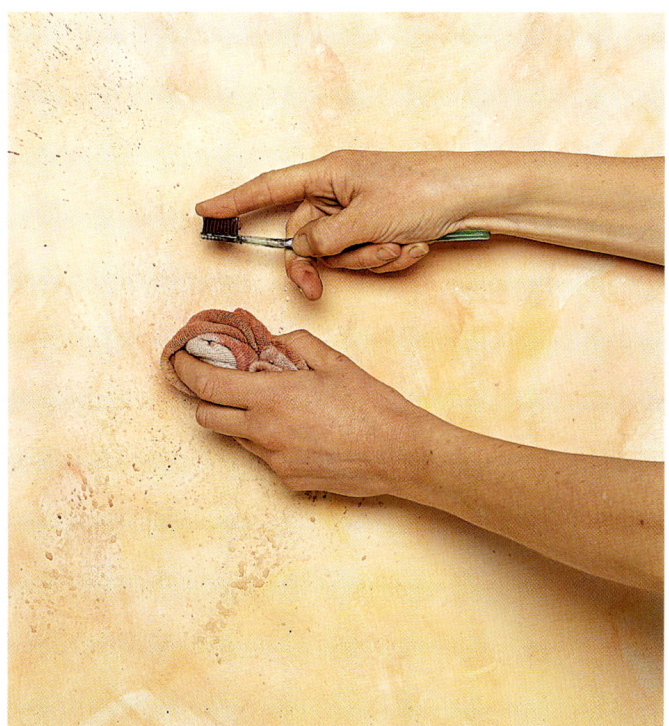

4 Mit einer Zahnbürste einige Kontrastfarben auf die trockene Lasur sprenkeln und sofort mit einem Lappen abtupfen, um die Farben zu verwischen und eine interessantere Textur zu erhalten.

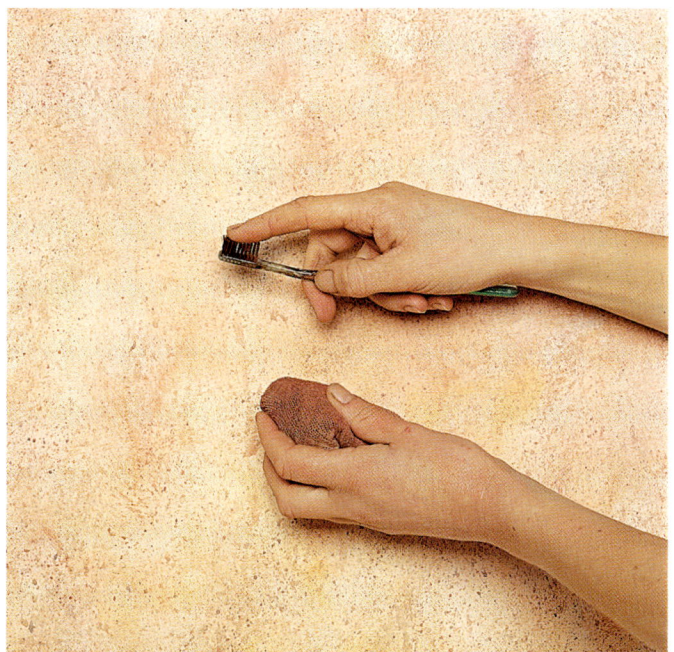

5 Den vorigen Arbeitsschritt mehrmals wiederholen, um Farbe und Textur aufzubauen und einen grobkörnigen Effekt zu erhalten. Dieser Vorgang ist recht langwierig, weil die Farbe zwischendurch trocknen muss. Mit einem Föhn lässt sich die Trocknung beschleunigen.

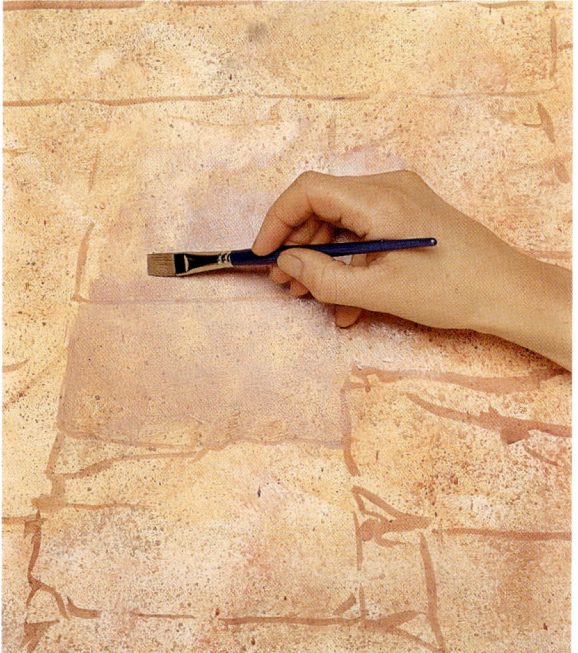

6 Die Umrisse der Platten werden mit dünnen Linien vorgezeichnet, dann werden die Flächen farbig ausgefüllt. Alle in Blickrichtung verlaufenden Linien müssen auf den zentralen Fluchtpunkt ausgerichtet sein. Verwenden Sie verschiedene warme Grautöne, die aus gebrannter Siena, Paynesgrau, Weiß und Goldocker gemischt werden.

Der Steinboden

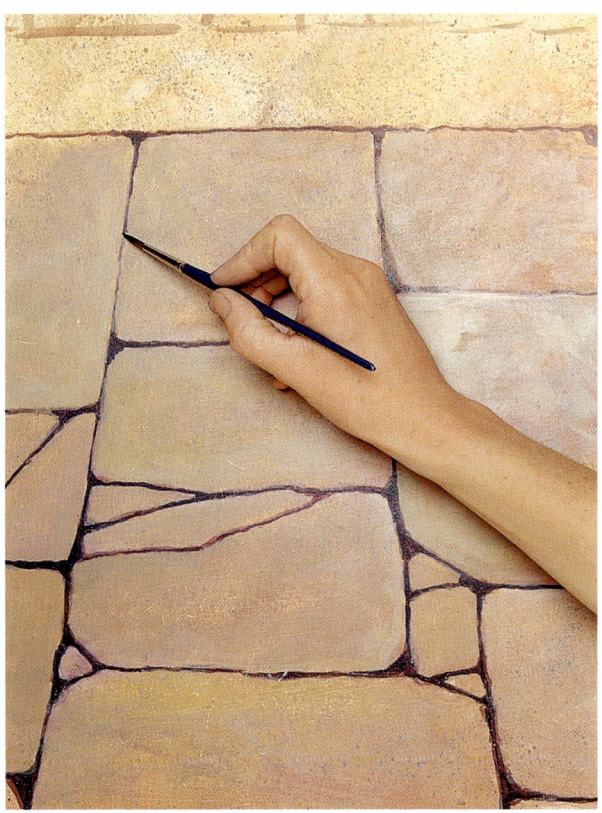

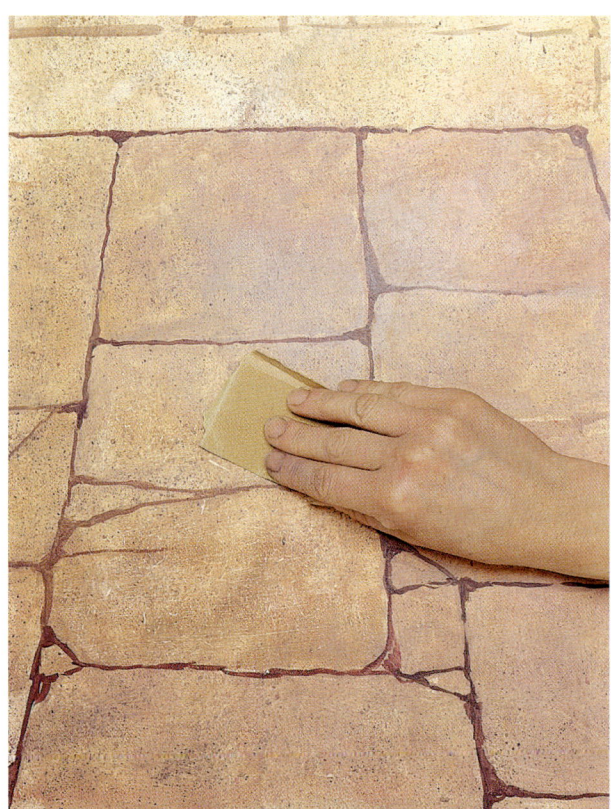

7 Mit einem feinen Aquarellpinsel und einer Mischung aus Paynesgrau und Umbra natur werden zwischen den Platten Risse aufgemalt. Dabei soll die Strichstärke bewusst variiert werden.

8 Sobald die Farbe trocken ist, wird die Fläche mit einem kleinen Stück mittelfeinem Sandpapier abgeschliffen. So fällt die Textur lebhafter aus. Drücken Sie dabei nicht zu stark auf, sonst entfernen Sie die Farbschichten und legen die Wand frei.

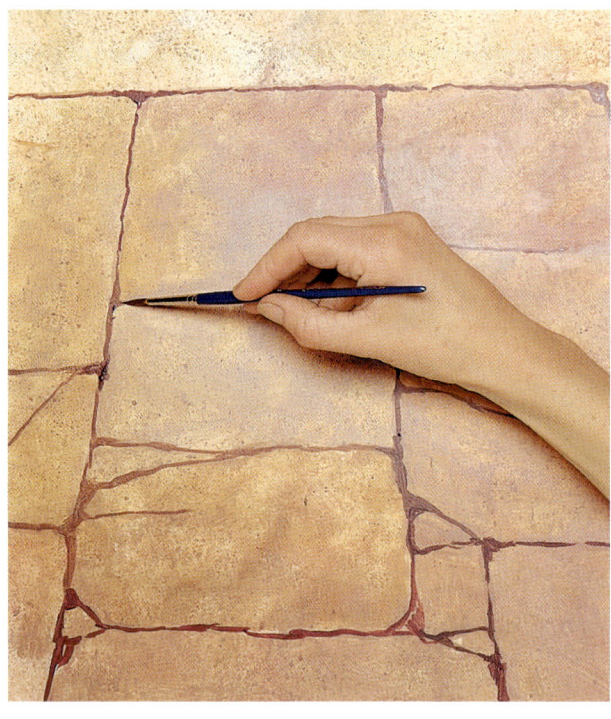

9 Es schadet nicht, wenn einige Linien abgeschliffen werden. Malen Sie sie einfach in dunkleren Tönen noch einmal nach, etwa mit einer Mischung aus Veronesergrün und Purpurviolett. Streben Sie nicht im ersten Arbeitsgang ein perfektes Ergebnis an, sondern bauen Sie mehrere Farbschichten so auf, dass jede Platte einen etwas anderen Ton erhält als die benachbarte.

Die Balustrade
SCHRITT FÜR SCHRITT

Wenn sich Elemente regelmäßig wiederholen, sollte man eine Schablone anfertigen, damit Formen und Abstände gleichmäßig ausfallen. Die Schablone kann man aufbewahren und für ähnliche Elemente in anderen Bildern nochmals verwenden.

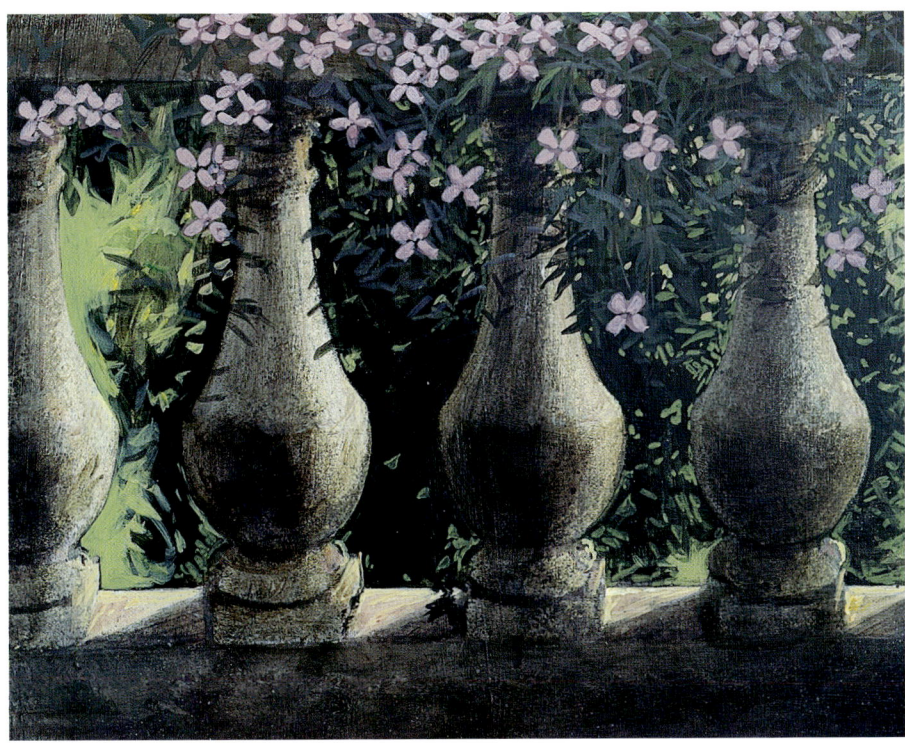

Farben	Werkzeug
Umbra natur	Transparentpapier
Paynesgrau	
Weiß	Harte und weiche Bleistifte
Goldocker	Lineal
Gebrannte Siena	Cutter und Schneidematte
Veronesergrün	
Permanentgrün hell	Schablonenkarton (Fachhandel)
Purpurviolett	Malerkrepp
Ultramarinblau	Naturschwämme
Kadmiumrot	Flachpinsel, 1 cm breit
	Feiner, spitzer Pinsel
	Feines Schleifpapier

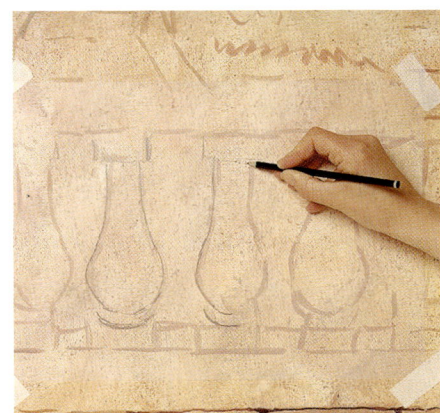

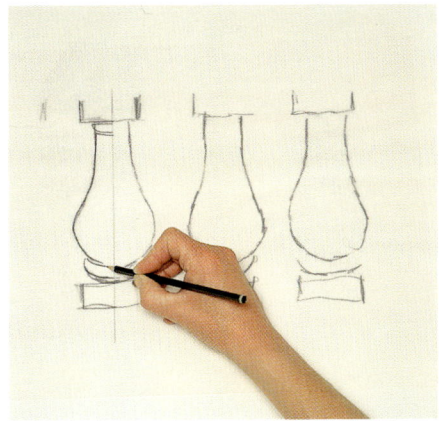

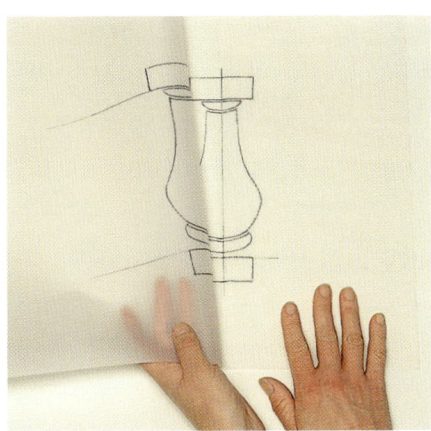

1 Auf die skizzierte Balustrade ein Stück Transparentpapier legen und mit Malerkrepp fixieren. Die Konturen durchpausen, um die ungefähre Form und die Größe des Originals abzunehmen. Prüfen Sie nach Augenmaß, ob die unteren Rundungen vom Blickpunkt aus gefällig aussehen.

2 Die Konturen einer Pfeilerhälfte nochmals auf ein Stück Transparentpapier durchpausen, dann mit einem Lineal in der Mitte eine feine Linie ziehen. Das Papier auf dieser Linie falten und die zweite Hälfte des Pfeilers von der ersten abpausen, um eine symmetrische Form zu erhalten.

3 Jetzt das Papier in der Mitte zwischen zwei Pfeilern falten und den ersten Pfeiler noch einmal abpausen. So erhalten Sie zwei identische Pfeiler.

Die Balustrade

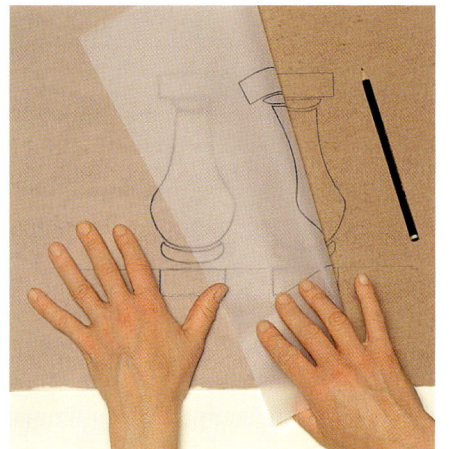

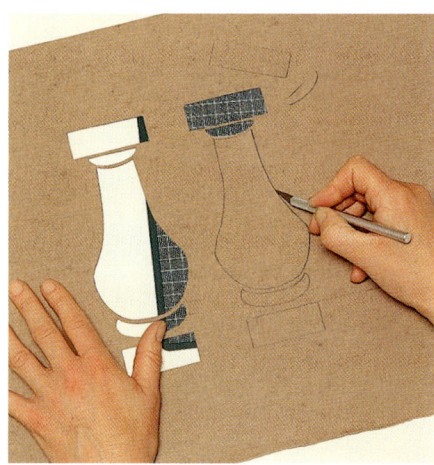

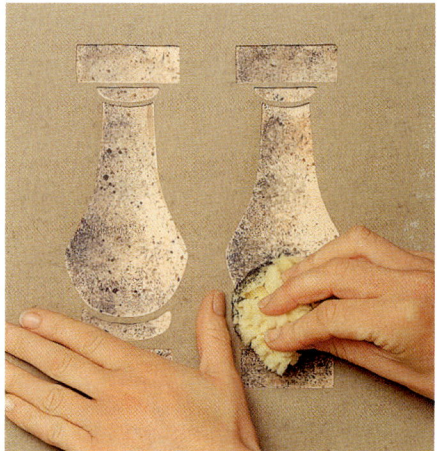

4 Auf der Rückseite des Transparentpapiers alle Konturen mit einem weichen Bleistift nachfahren. Auf dem Schablonenkarton mit dem Lineal eine gerade Linie ziehen, das Transparentpapier mit der Vorderseite nach oben daran ausrichten und die Konturen mit einem harten Bleistift nachziehen. Dadurch wird das Graphit von der Rückseite auf den Karton übertragen.

5 Mit einem Cutter die beiden Pfeiler aus dem Schablonenkarton ausschneiden. Den Karton bei Bedarf auf handliche Größe zuschneiden, aber ausreichend Rand stehen lassen, sodass die Formen zusammengehalten werden.

6 Die Schablone mit Malerkrepp auf der Wand fixieren. Eine Kreidelinie ist zur waagerechten Ausrichtung der Schablone sinnvoll. Dann durch die Ausschnitte der Schablone mit einem grobporigen Schwamm eine Mischung aus Umbra natur, Paynesgrau und Weiß in die Schattenbereiche der Pfeiler tupfen.

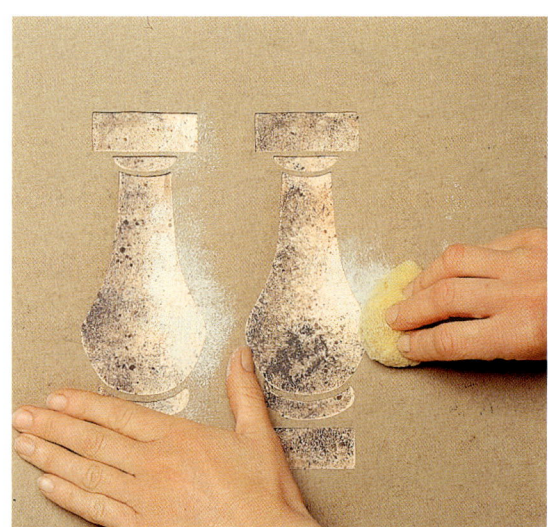

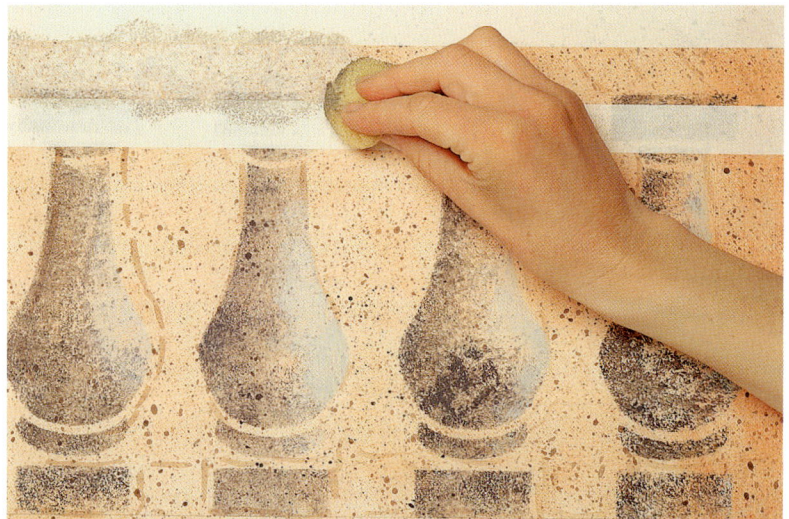

7 Auf die helleren Bereiche wird mit einem feinporigen Schwamm eine Mischung aus Weiß, Paynesgrau und Goldocker getupft.

8 Das Klebeband entfernen. Die Schablone um einen Pfeiler verschieben, sorgfältig an der Hilfslinie ausrichten und festkleben. So erhalten Sie gleichmäßige Abstände. Kleben Sie die Köpfe und Füße der Pfeiler mit Malerkrepp ab und betupfen Sie die so entstehenden Streifen in dem helleren Ton. Dann das Klebeband abziehen und umsetzen, um die Schattenseiten der Köpfe im dunkleren Ton zu betupfen. Verwenden Sie unterschiedlich grobe Schwämme und behalten Sie die Lichteinfallsrichtung im Auge.

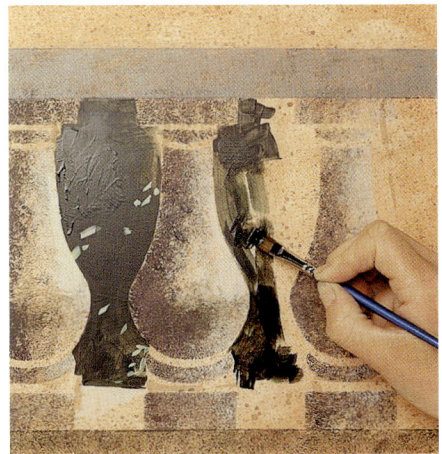

9 Sagen Ihnen die Konturen der Pfeiler zu, kann der Hintergrund zwischen ihnen ausgemalt werden. Verwenden Sie dazu einen 1 cm breiten Flachpinsel und eine Mischung aus gebrannter Siena und Veronesergrün.

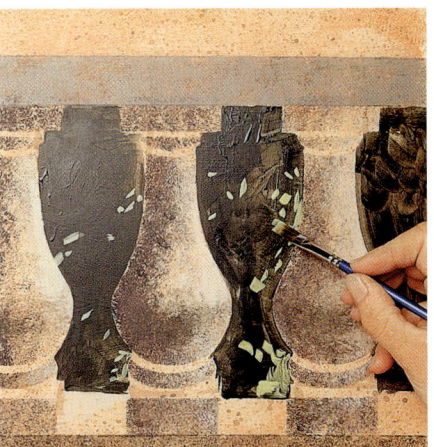

10 Die hellgrünen Details werden mit einem 1 cm breiten Flachpinsel und einer Mischung aus Permanentgrün hell, Weiß, Veronesergrün, Goldocker und Purpurviolett zugefügt. Sie werden feststellen, dass die Pfeiler durch die Verwendung solcher Kontraste mehr Tiefe erhalten.

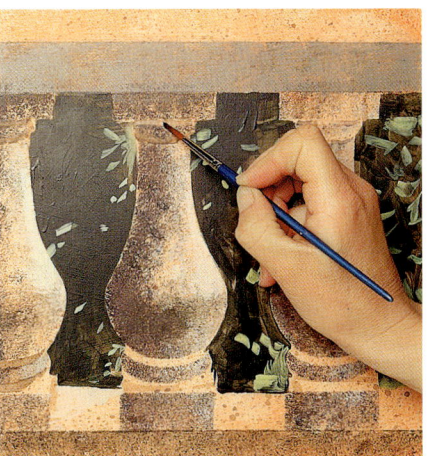

11 Mit einem feinen, spitzen Pinsel fügen Sie nun die fehlenden Schattendetails in einer Mischung aus Paynesgrau und Umbra natur hinzu.

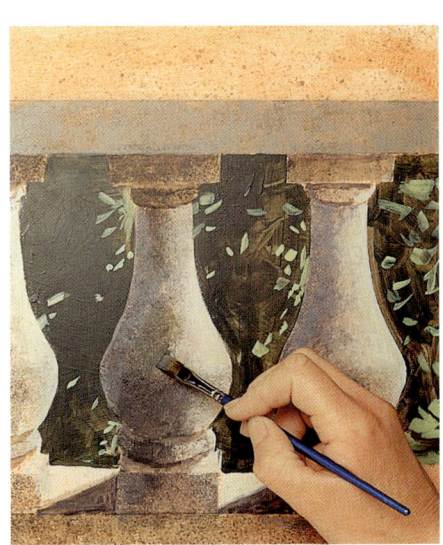

12 Jetzt bekommt der Stein seine raue Textur. Dazu können Sie die Schablone wieder auflegen und Kontrastfarben aufsprenkeln oder die Farbe anschleifen und mit verschiedenen Farben und Pinseln überlasieren.

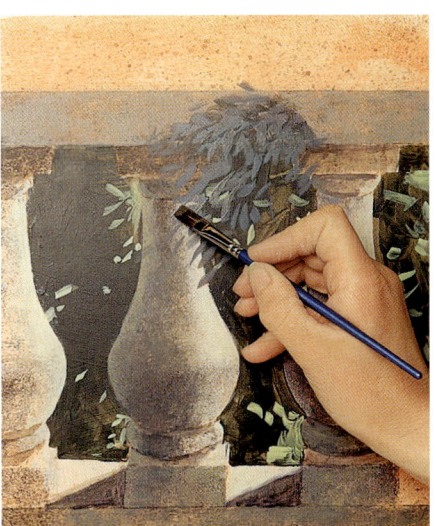

13 Danach wird mit einem 1 cm breiten Flachpinsel das Laub gemalt, das über die Brüstung fällt. Dazu verwenden Sie eine Mischung aus Paynesgrau, Umbra natur, Ultramarinblau, Veronesergrün und Goldocker.

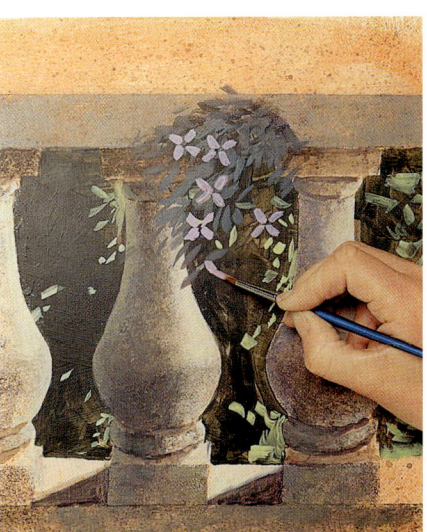

14 Die Blüten werden mit einem feinen, spitzen Pinsel und einer Mischung aus Purpurviolett, Kadmiumrot und Weiß aufgemalt. Bedenken Sie, dass sie im Schatten liegen, weil das Licht von der anderen Seite der Balustrade einfällt.

Der Hund

SCHRITT FÜR SCHRITT

Bei der Planung dieses Details war meine Kamera ein wichtiges Werkzeug. Ich fotografierte den Hund schräg von oben, wie er auch im Bild erscheinen sollte, und gab mir mit Kamerablickpunkt und Position des Hundes große Mühe, um die Augenhöhe des Bildes zu treffen. Es sollte aussehen, als blicke er in den Garten hinaus. Ich achtete auch darauf, dass beim Fotografieren das Licht von der richtigen Seite kam, sodass ich mich beim Malen der Schatten am Foto orientieren konnte.

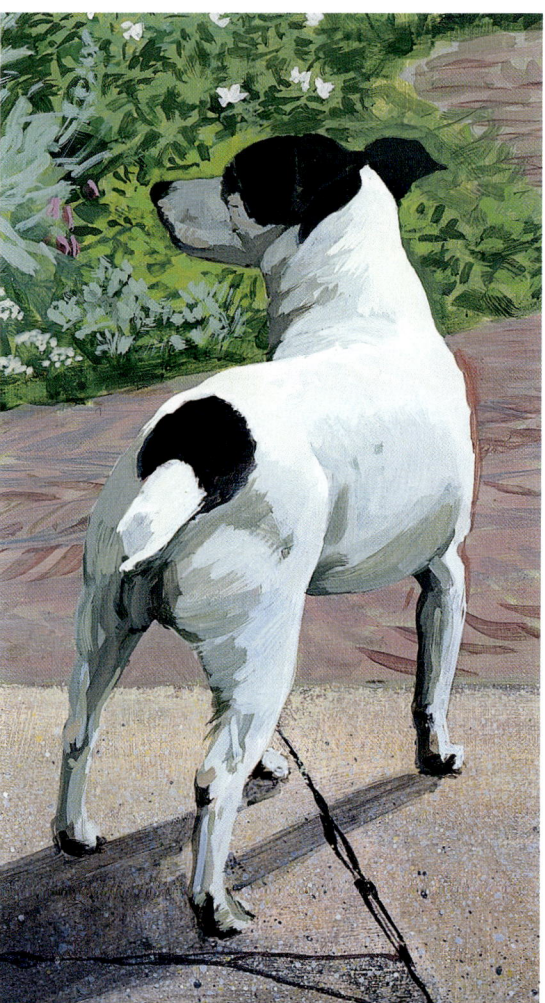

Farben

Gesamte Farbpalette (siehe Seite 46)

Werkzeug

Feiner, spitzer Pinsel
Flachpinsel, 8 mm breit

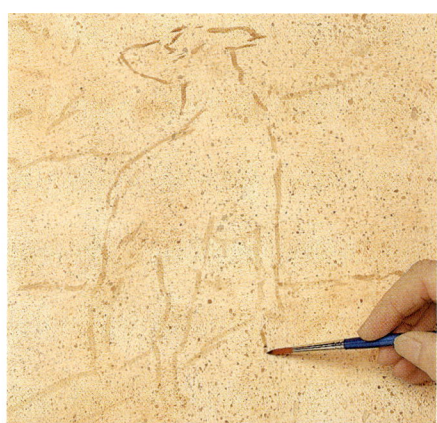

1 Zuerst wird die Kontur unter Verwendung der Vorlage mit einem feinen Pinsel und einer nur wenig vom Hintergrundton abweichenden (aber trotzdem sichtbaren) Farbe skizziert. Sie können aus freier Hand arbeiten, einen Overhead-Projektor verwenden oder mit der Rastermethode arbeiten (siehe Seite 50).

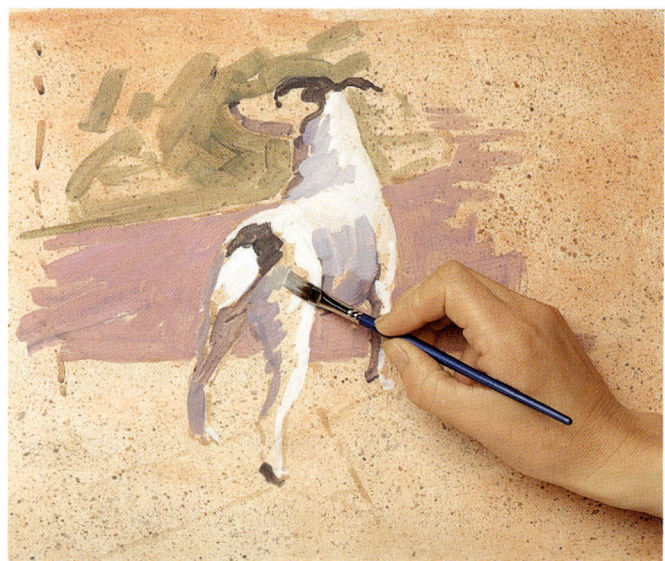

2 Die Flächen werden locker mit allen verfügbaren Farben und einem 8 mm breiten Flachpinsel ausgefüllt. Definieren Sie zuerst die Licht- und Schattenbereiche, dann deuten Sie einige Details an. Für die hellen Fellflächen habe ich Paynesgrau, Weiß und Goldocker verwendet, für die dunkleren Paynesgrau, Umbra natur und Weiß.

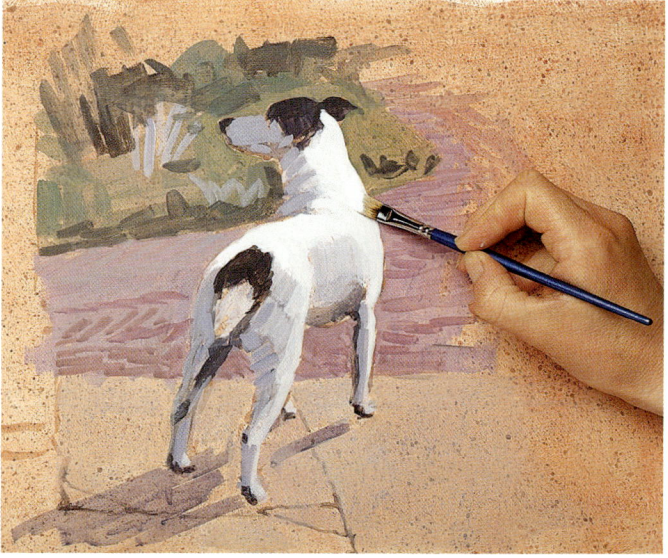

3 Da die Terrassentüren als Hauptelement das Bild überstrahlen sollen, dürfen andere Elemente nicht zu hell ausfallen. Darum wird das „Weiß" des Hundefells zwar mit etwas Paynesgrau und Goldocker gedämpft, wirkt aber trotzdem weiß. Details werden mit einem kleineren Pinsel eingefügt. Dann arbeiten Sie vom Licht zum Schatten und wieder zurück, um die Rundungen zu modellieren.

Das toskanische Dorf
SCHRITT FÜR SCHRITT

Ein passendes Foto eines Bergdorfes fand ich in einem Reiseprospekt. Wer hinsichtlich des Aufbaus solcher Elemente unsicher ist, kann sie auf eine Folie abpausen und auf die Wand projizieren. Der Vorteil von Entwürfen auf Folie ist, dass man die Elemente noch verschieben kann, bis die Position optimal ist.

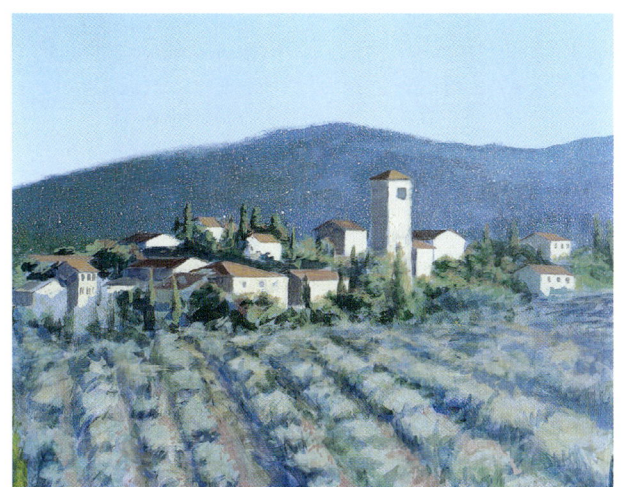

Farben

Gesamte Farbpalette (siehe Seite 46)

Werkzeug

Feiner, spitzer Pinsel

Flachpinsel, 8 mm

Zahnbürste

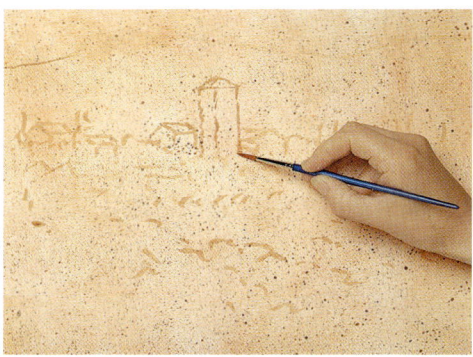

1 Anhand der Vorlage zeichnen Sie die ungefähre Kontur vor und deuten einige Dächer an. Um Details müssen Sie sich jetzt noch nicht kümmern. Zunächst geht es darum, die genaue Position des Dorfes in der Landschaft festzulegen.

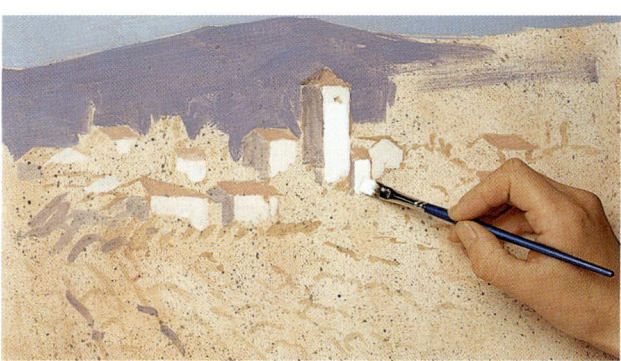

2 Mit der kompletten Farbpalette werden jetzt die Flächen ausgefüllt (Himmel siehe Seite 109). Der Himmel muss viel dunkler und matter ausfallen, als Sie sich vorstellen, damit die Gebäude in der Sonne leuchten. Wählen Sie Ihre Hauptfarben mit Hilfe einer Farbkarte aus (siehe Seite 46).

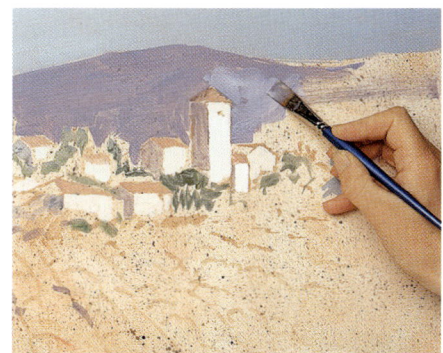

3 Betonen Sie die Licht- und Schattenbereiche unter Berücksichtigung der Lichteinfallsrichtung. Dadurch sehen die Gebäude trotz ihrer schlichten Form dreidimensional aus. Das Gleiche gilt für die Bäume und Sträucher, die Lücken ausfüllen. Verwenden Sie für diesen Arbeitsschritt einen 8 mm breiten Flachpinsel.

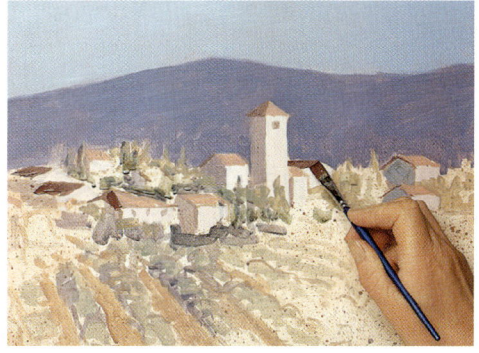

4 Arbeiten Sie die Schattenbereiche klarer heraus, indem Sie Paynesgrau und Ultramarinblau in die Farben mischen. Stellen Sie sich warme und kühle Farben – Sonne und Schatten – vor und arbeiten Sie sich vom einen zum anderen voran. Dadurch wirken die schlichten Formen auch ohne aufwändige Details viel lebendiger.

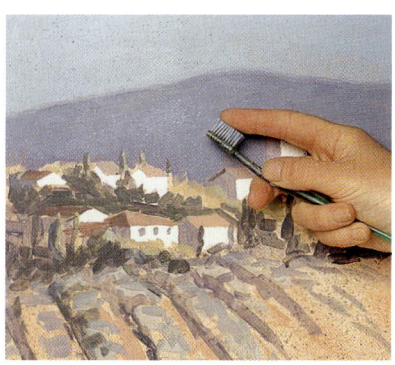

5 Sprenkeln Sie mit einer Zahnbürste etwas von den Himmelstönen auf Hügel und Dorf, um die Konturen weicher zu zeichnen.

Tigerkatze

Warum keine Katze auf die Wand malen, die in die Badewanne starrt, als lauere sie auf einen Fisch? Solche witzigen Bilder meinte ich, als ich im Vorwort (siehe Seite 6) von visuellen Späßen schrieb. Besonders schmeichelte mir, dass sich nicht nur die Menschen in unserem Haus für die Katze interessierten. Auch Hunde sehen gelegentlich zweimal hin, ehe sie feststellen, dass sie nicht nach Katze riecht und sich nicht bewegt.

Als ich die Katze fotografierte, hatte ich die Idee für das Trompe l'œil bereits im Kopf. Darum achtete ich darauf, sie im richtigen Blickwinkel aufzunehmen, um das Foto später als Vorlage verwenden zu können. Das Bild selbst wurde an einem Tag fertig gestellt. Bei solchen schnellen Projekten muss man darauf achten, dass jede Farbschicht vor dem Auftragen der nächsten trocken ist, sonst besteht die Gefahr, dass die untere Schicht angelöst wird. Der dreidimensionale Effekt wird verstärkt, indem die Schwanzspitze auf die hölzerne Badewanneneinfassung ragt. Solche kleinen Projekte sind ideal für Anfänger, weil in kurzer Zeit beachtliche Ergebnisse möglich sind.

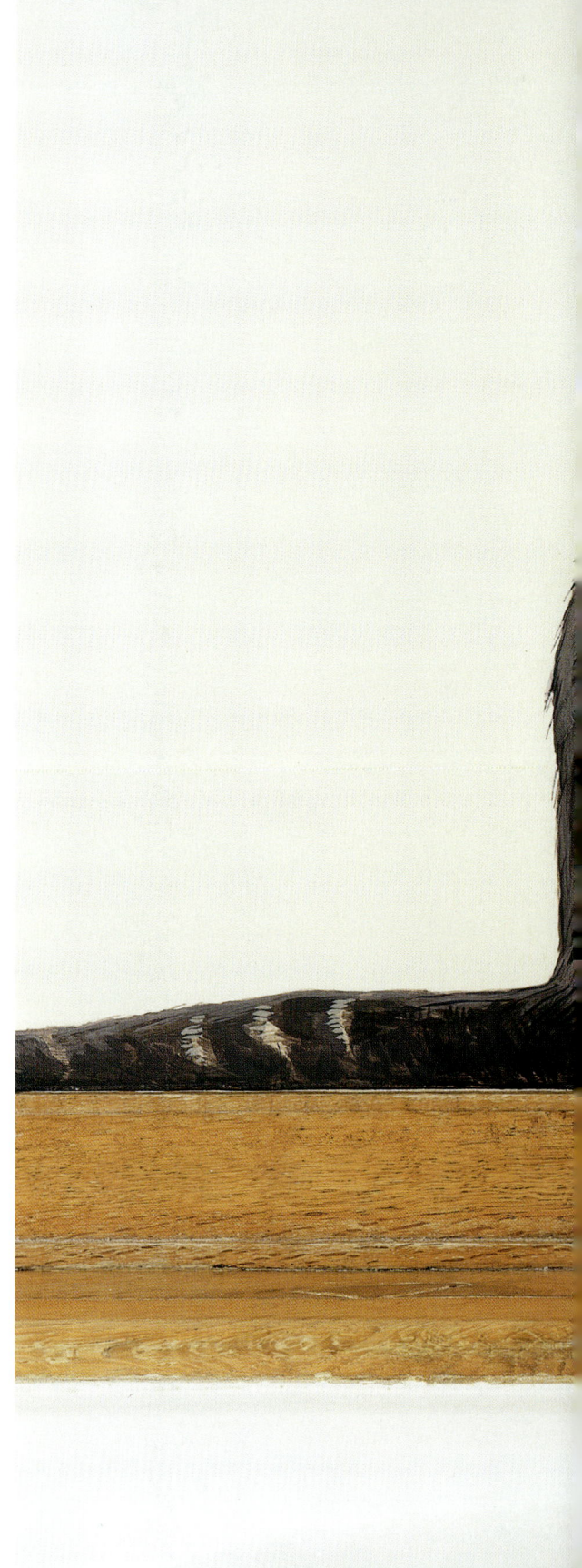

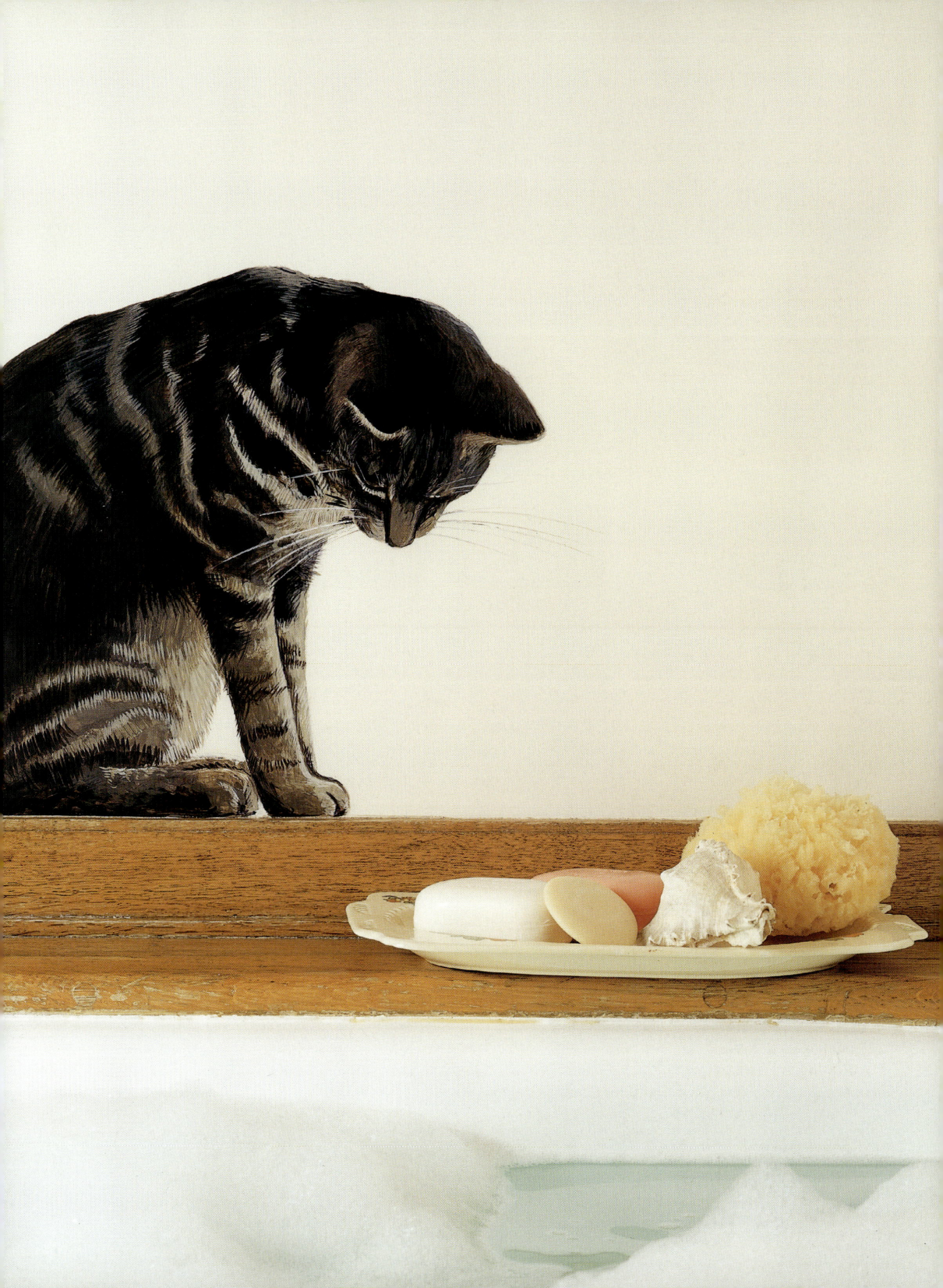

Die Katze malen

Die Konturen der Katze werden mit Bleistift oder verdünnter Farbe auf der Wand vorgezeichnet. Das gelingt leicht mit einem Overhead-Projektor (siehe Seite 51). Sie können das Motiv auch mit der Rastermethode auf Originalformat vergrößern, auf Transparentpapier durchpausen und dann auf die Wand kopieren (siehe Seite 50).

Farben	Werkzeug
Paynesgrau	Bleistift
Weiß	Feiner, spitzer Pinsel
Umbra natur	Flachpinsel, 1 cm breit
Gebrannte Siena	
Goldocker	
Kadmiumorange	
Cölinblau	
Violett	

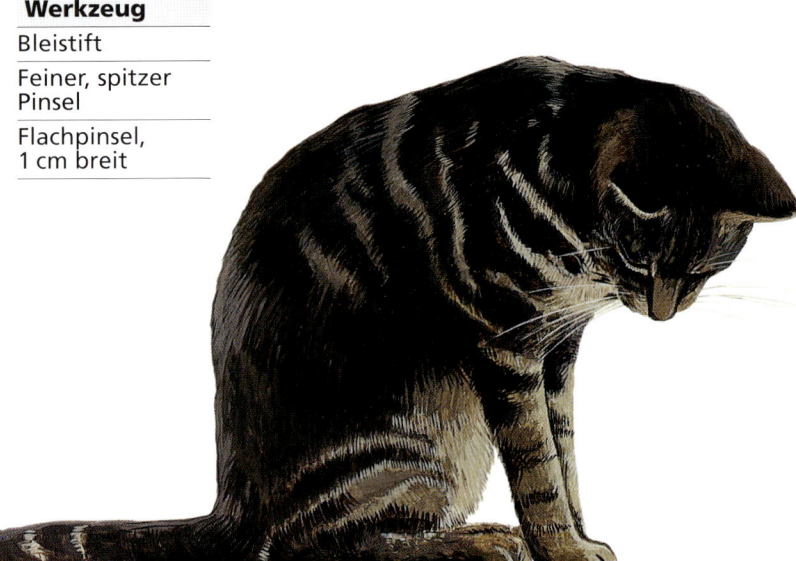

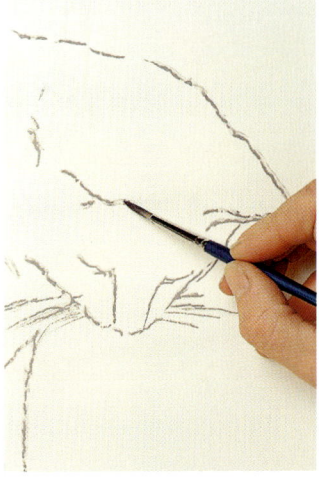

1 Zuerst die vorgezeichneten Bleistiftlinien mit einer verdünnten Mischung aus Paynesgrau und Weiß nachziehen. Sie dienen nur als Hilfslinien und sollen recht blass sein, damit sie das Bild später nicht dominieren.

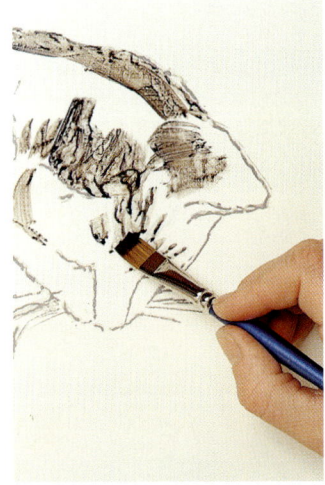

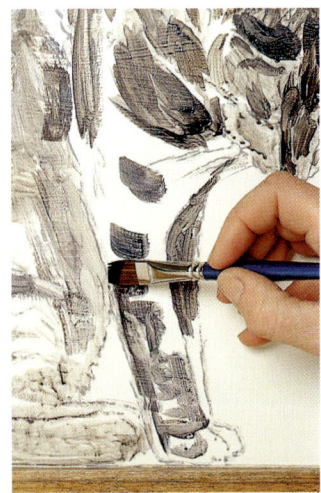

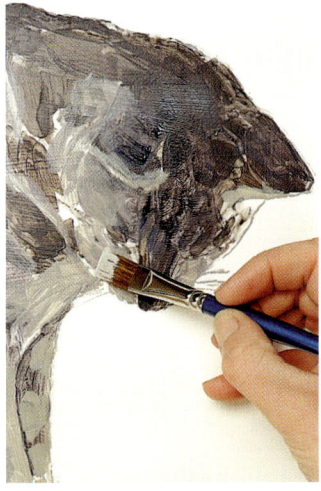

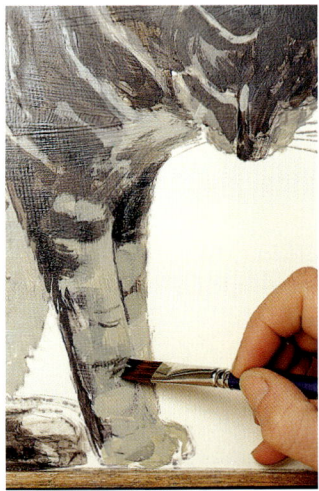

2 Mit einem Flachpinsel werden die größeren Farbflächen mit einer Mischung aus Paynesgrau, Weiß, Umbra natur und gebrannter Siena ausgefüllt.

3 Mit den gleichen vier Farben malen Sie auch das restliche Katzenfell. Für die dunkleren Fellbereiche und die Schatten benutzen Sie eine Mischung aus Paynesgrau und Umbra natur.

4 Für die helleren Fellbereiche und die Streifen benötigen Sie eine Mischung aus etwas Goldocker, Paynesgrau und Weiß. Vermischen Sie die Farben beim Malen behutsam, aber verwischen Sie sie nicht.

5 Füllen Sie die gesamte Fläche recht grob aus. Durch einen Hauch Kadmiumorange wirkt das Grau wärmer. Mit den Übergängen zwischen den Farbbereichen brauchen Sie sich noch nicht zu beschäftigen.

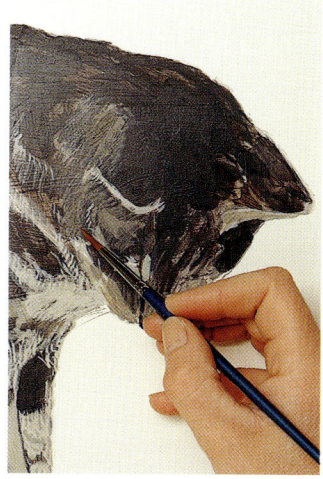

6 Ist die Fläche komplett ausgefüllt, wird die Fellstruktur mit einem feinen, spitzen Pinsel ausgearbeitet. Ehe Sie damit beginnen, muss die erste Farbschicht trocken sein, sonst löst sie sich wieder ab. Für die helleren Streifen mischen Sie Paynesgrau mit etwas Weiß und Umbra natur.

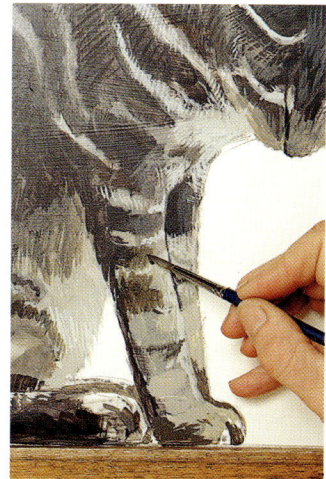

7 Allmählich arbeiten Sie die Details mit den gleichen Farben und dem feinen Pinsel weiter aus. Mischen Sie nach Bedarf mehr Weiß unter und orientieren Sie sich an der Fotovorlage, wie die Farbübergänge zwischen hellen und dunklen Fellbereichen aussehen.

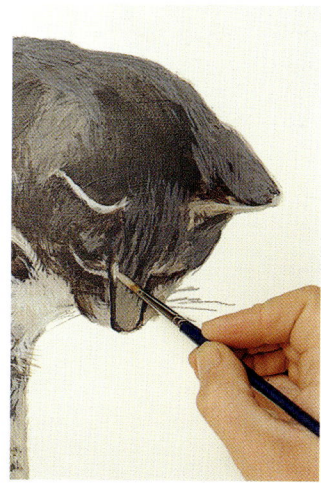

8 Die Gesichtsdetails werden mit einem hellen Mischton aus Weiß, Paynesgrau und Umbra natur aufgemalt, für die dunkleren Linien um Augen und Nase verwenden Sie den gleichen Mischton mit geringerem Weißanteil.

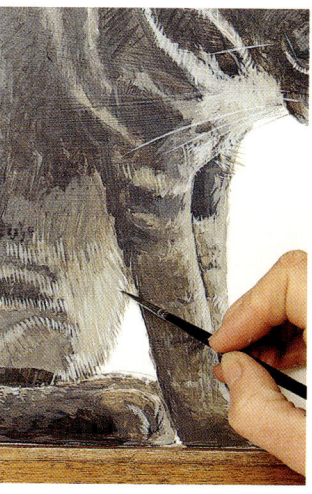

9 Mit einem feinen Pinsel und einer hellen Mischung der drei Farben wird das Fell am Bauch der Katze ausgearbeitet. Es bildet häufig kleine Büschel, die Sie mit Gruppen von Pinselstrichen andeuten können.

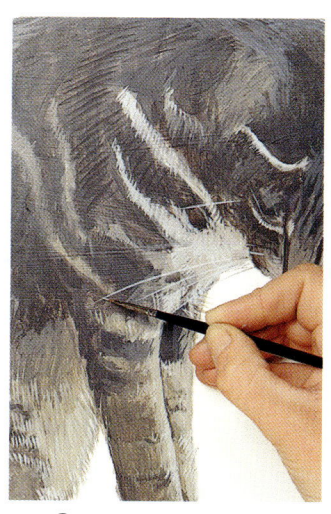

10 Die Barthaare im Gesicht malen Sie mit einem feinen Marderhaarpinsel und einer verdünnten Mischung aus Paynesgrau und Weiß. Ziehen Sie diese Linien in einem Strich durch, so erhalten Sie klare ungebrochene Barthaare.

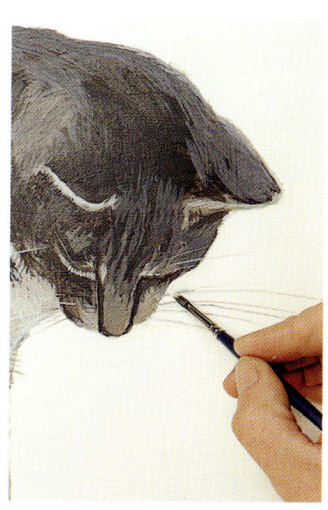

11 Bei den Barthaaren auf der linken Seite des Katzenkopfes muss darauf geachtet werden, dass sie in Form und Länge denen auf der rechten Seite entsprechen.

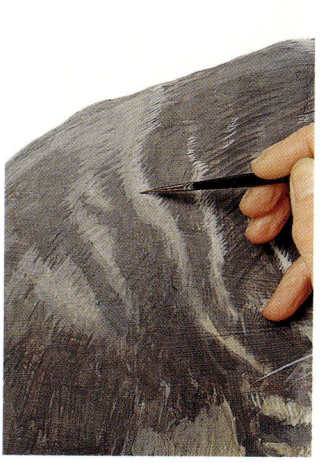

12 Nun kommt die Feinarbeit an die Reihe. Je mehr Zeit Sie sich dafür nehmen, desto realistischer wird die Katze aussehen. Mit kurzen Pinselstrichen wird das Fell fein ausgearbeitet.

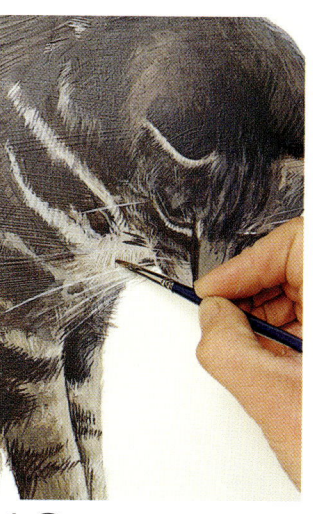

13 Treten Sie zurück, begutachten Sie Ihr Werk und korrigieren Sie, sofern nötig. Damit die Konturen glatt und sauber aussehen, werden sie zuletzt mit der Original-Wandfarbe nachgezogen.

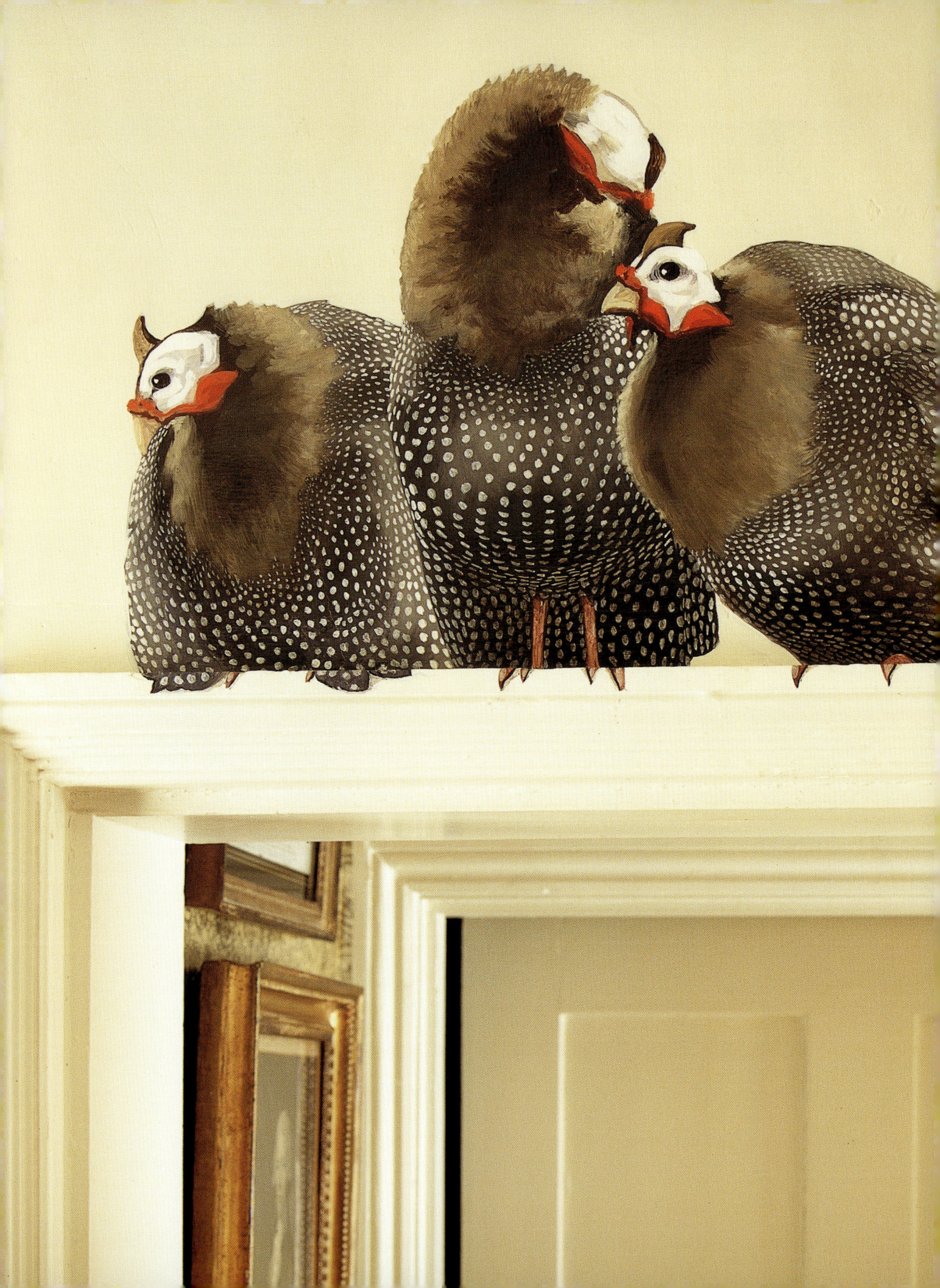

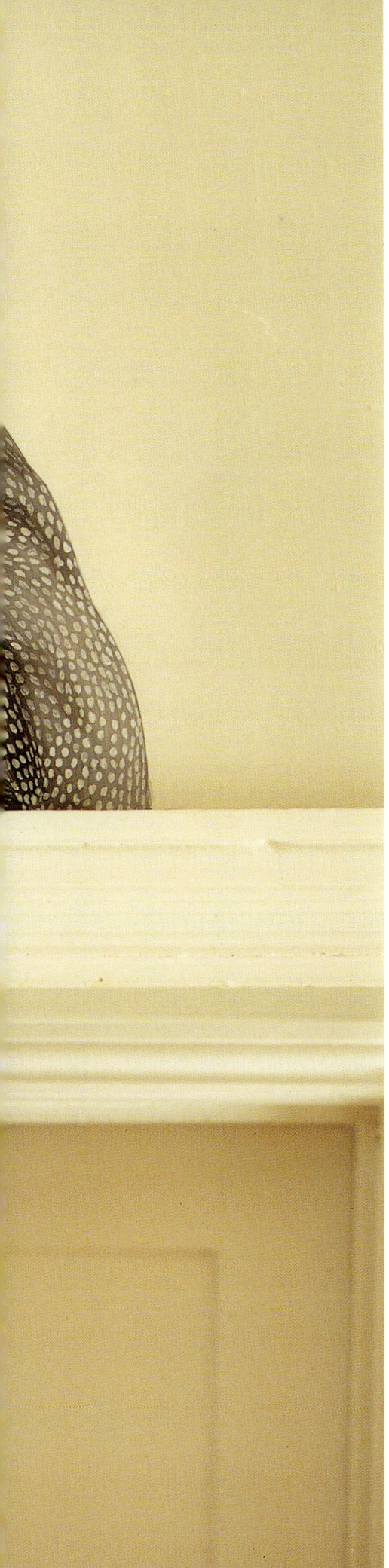

Perlhühner

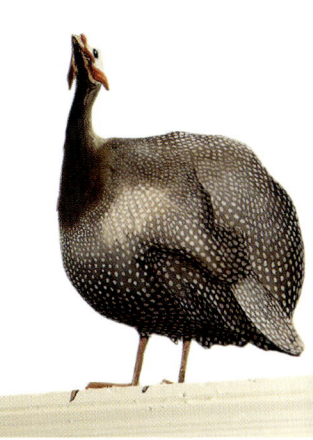

Diese Perlhühner sitzen auf dem Türrahmen und an anderen strategischen Punkten im Raum. Humor und Überraschungseffekt liegen gerade in dieser unerwarteten Platzierung. Der Witz wirkt allerdings nur, wenn die Hühner lebensecht aussehen und saubere Konturen haben.

Nicht viele Menschen halten solche Hühner, doch ich hatte das Glück, sie in meinem eigenen Garten beobachten zu können. Allerdings musste ich sehr früh aufstehen, ehe sie ihren Ruheplatz in einer Eiche verließen. Um die Perspektive richtig darzustellen, musste ich sie von unten fotografieren. Der Blickpunkt im Raum sollte unterhalb der Vögel liegen, folglich musste ich sie aus einem ähnlichen Blickwinkel fotografieren.

Kleine Projekte
SCHRITT FÜR SCHRITT

Farben	Werkzeug
Paynesgrau	Transparent-papier
Weiß	Weiche und harte Bleistifte
Umbra natur	
Gebrannte Siena	Feiner, spitzer Pinsel
Karminrot	Flachpinsel, 1 cm und 2 cm breit
Ultramarinblau	
Kadmiumrot	
Kadmiumgelb	

Auch kleine Projekte wie dieser Vogel oder die Katze auf Seite 64 wirken nur dann überzeugend, wenn man alle Gesichtspunkte berücksichtigt, die in diesem Buch erklärt werden. Damit meine ich den richtigen Blickpunkt, den sorgfältigen Entwurf und die gezielte Auswahl der Farben. All das ist nötig, um dem Betrachter eine gelungene Illusion vorzugaukeln. Die Konturen müssen sauber und klar sein.

So ein einfaches Trompe l'œil kann in der Wohnung ebenso wirkungsvoll sein wie ein großes Wandgemälde, ist aber in einem Bruchteil der Zeit fertig.

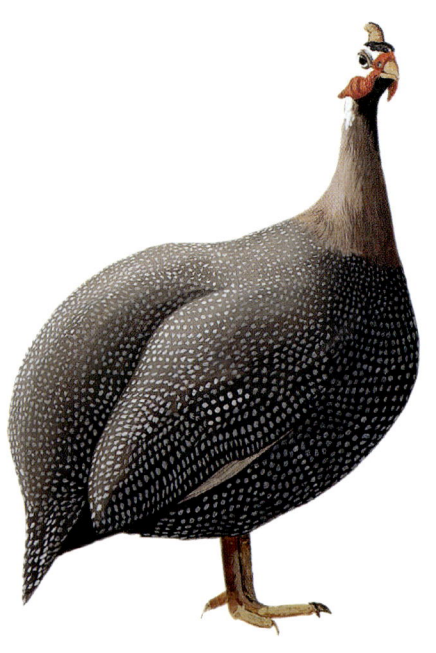

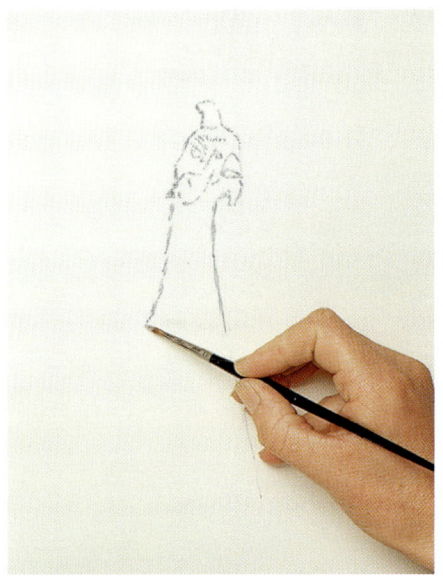

1 Die Kontur habe ich von einem Foto des Perlhuhns übernommen, mit der Rastermethode vergrößert (siehe Seite 50) und auf ein großes Stück Transparentpapier übertragen. Die Konturlinien werden auf der Rückseite mit einem weichen Bleistift nachgezogen, dann wird das Papier mit der Vorderseite nach oben auf der Wand fixiert. Ziehen Sie die Konturen nun mit einem harten Bleistift nach, drückt sich die weiche Bleistiftlinie auf die Wand durch. Die Linien werden mit einem feinen Pinsel und einer verdünnten Mischung aus Paynesgrau und Weiß nachgezogen.

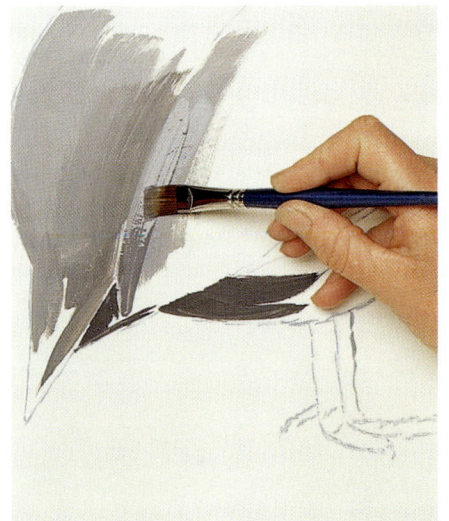

2 Der Körper des Vogels wird mit einem 1 cm breiten Flachpinsel und einer Mischung aus Paynesgrau, Weiß, Umbra natur und gebrannter Siena ausgefüllt, wobei in den Schattenbereichen der Anteil an Paynesgrau höher sein muss. Arbeiten Sie mit diesen vier Farben die Form des Vogels und die Schattenbereiche klarer heraus. Achten Sie dabei auf die Lichteinfallsrichtung.

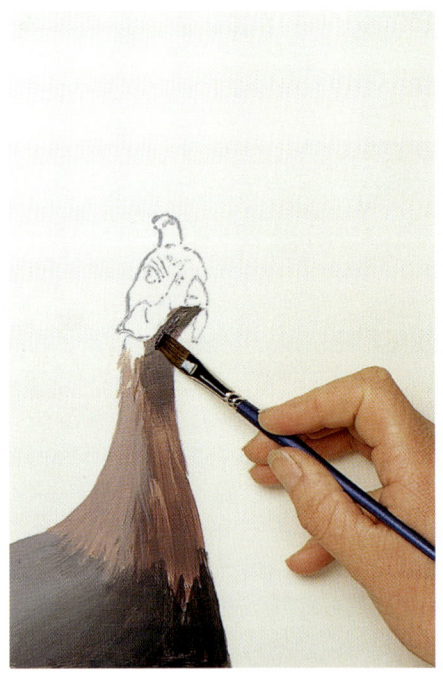

3 Die Schattenseite des Halses färben Sie mit einem 1 cm breiten Flachpinsel mit einer Mischung aus etwas Karminrot und Ultramarinblau ein. Noch ist das Bild recht grob. Es ist wichtig, jede Farbschicht vor Auftragen der nächsten gut trocknen zu lassen, um zu vermeiden, dass untere Schichten angelöst werden.

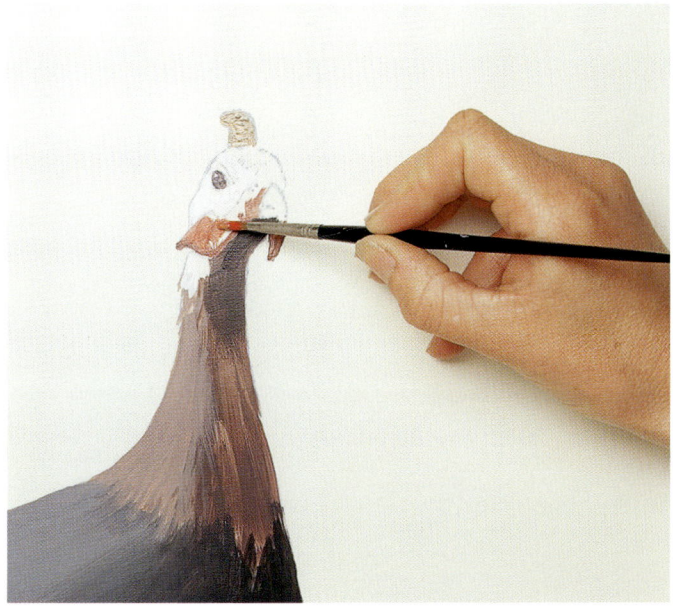

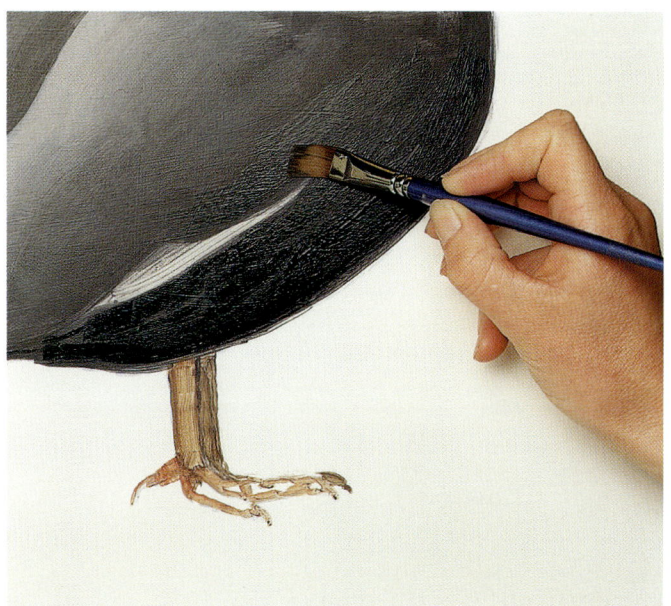

4 Die roten Bereiche des Kopfes füllen Sie mit einem feinen, spitzen Pinsel aus. Für Auge, Nasenloch, Kamm und Beine mischen Sie gebrannte Siena, Kadmium-rot und Kadmiumorange, für die Schatten und Falten benutzen Sie einen Mischton aus Karminrot, gebrannter Siena und Paynesgrau. Der Kopf ist schneeweiß und soll sich vor dem cremefarbenen Hintergrund abheben.

5 Mit dem 1 cm breiten Flachpinsel werden Licht-reflexe im Brustbereich gesetzt. Arbeiten Sie dabei bis in den Schatten hinein und achten Sie auf weiche Übergänge zwischen den einzelnen Farbschichten. Dieser Schritt fällt leichter, wenn man versucht, sich das Huhn ohne sein Tupfenmuster vorzustellen.

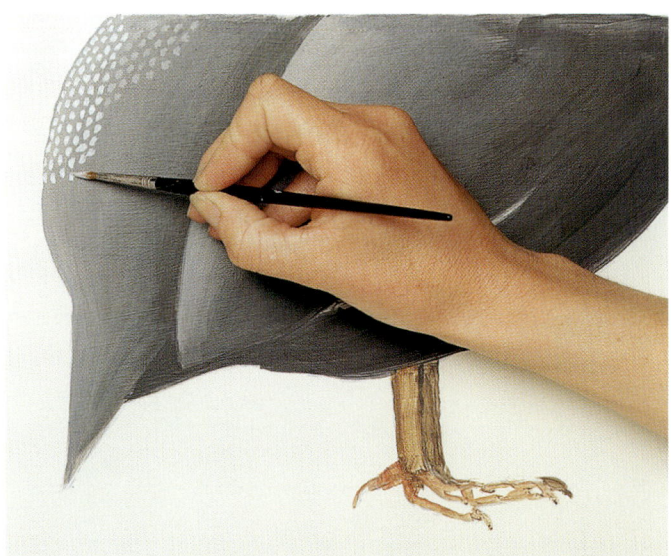

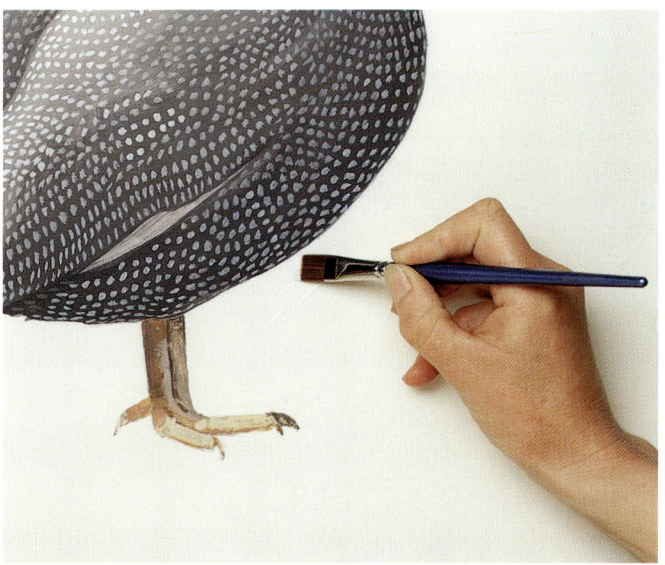

6 Jetzt kommen die Tupfen an die Reihe. Studieren Sie sorgfältig die Bildvorlage oder skizzieren Sie das Muster zuerst auf Papier, aber nehmen Sie es nicht zu genau – niemand zählt die Tupfen nach. Setzen Sie mit einem feinen, spitzen Pinsel die Tupfen in Gruppen, dann füllen Sie die Zwischenbereiche. Am Rand müssen die Tupfen elliptisch sein, um die Rundung des Körpers anzudeuten. Für die Lichtbereiche verwenden Sie Weiß, für die Schattenbereiche geben Sie etwas Paynesgrau zu. Der Grauanteil variiert mit der Tiefe des Schattens.

7 Zuletzt werden die Konturen des Vogels mit einem 2 cm breiten Flachpinsel in der Hintergrundfarbe nach-gezogen, um sie zu glätten.

Edle Rinder

Diese Bilder wurden von David Bennett in Auftrag gegeben, der das Andenken an seine beiden Lieblingsrinder für die Nachwelt erhalten wollte. Der Bulle wird von einem Bauern in einem Anzug aus dem 19. Jahrhundert geführt, den er wohl dem Anlass angemessen fand.

Bulle und Kuh lebten längst nicht mehr, doch David besaß Fotos, von denen ich ihre Zeichnung übernehmen konnte. Die Kuh malte ich mit dem Blair Castle in Perthshire im Hintergrund, denn dorthin hatte David sie verkauft. Als Vorlage verwendete ich ein Foto des Schlosses.

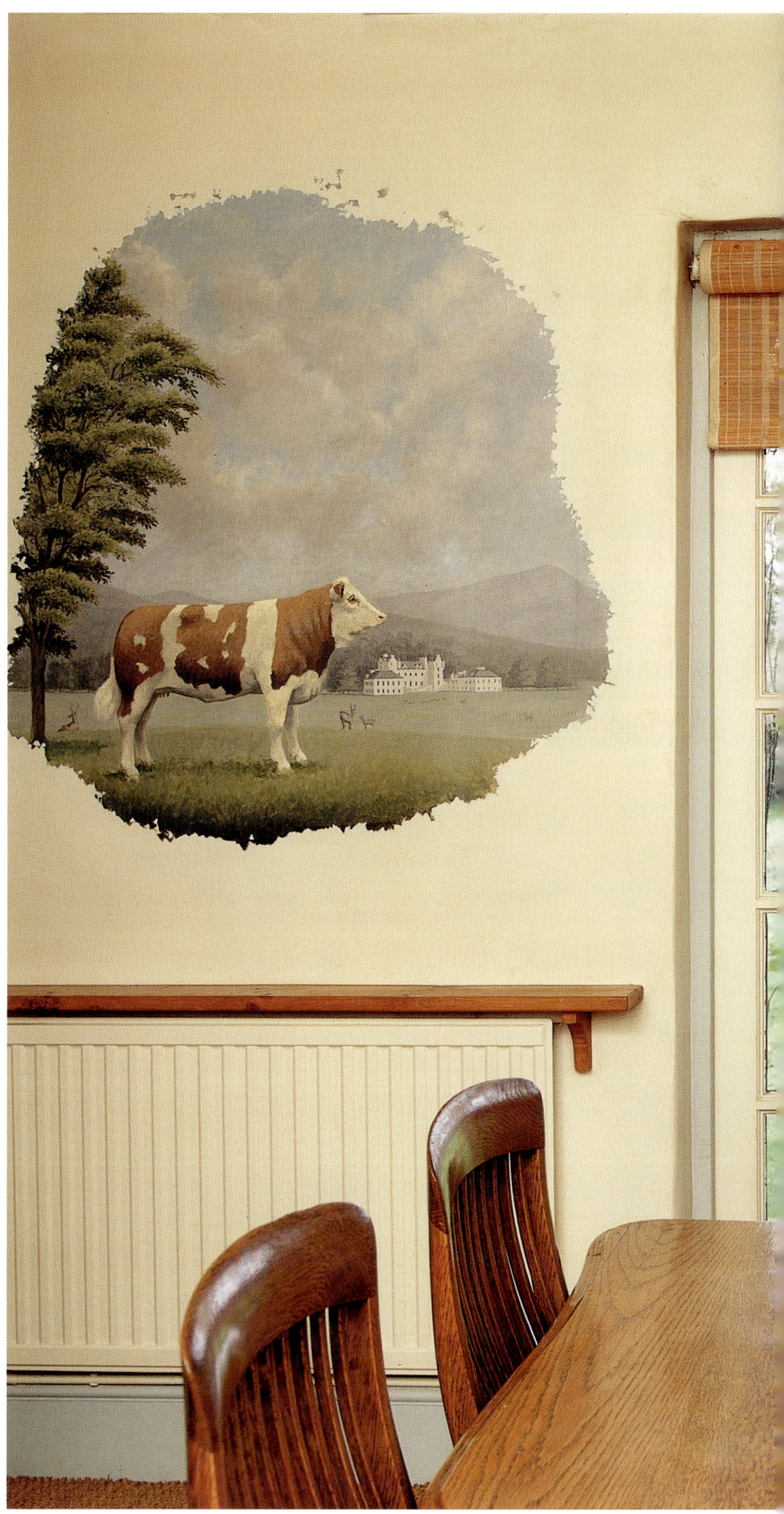

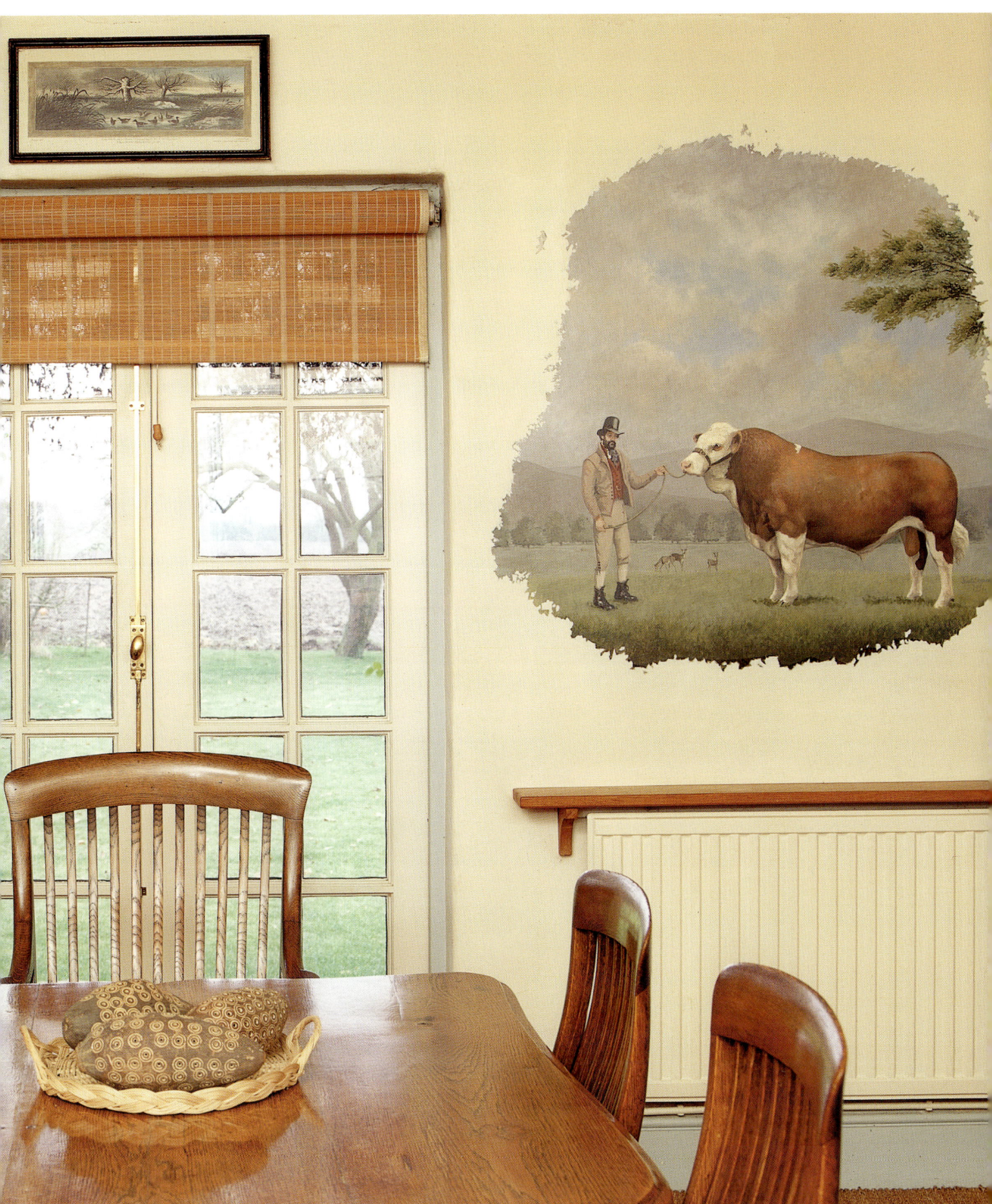

Bäume malen

SCHRITT FÜR SCHRITT

Dieses Bild zeigt eine stilisierte Ulme auf einem lasierten Hintergrund (siehe Seite 49). Rottöne lassen das Laub lebendiger erscheinen. Legen Sie zuerst fest, welche Baumart Sie malen möchten, denn keine gleicht der anderen. Um sich mit den Farben vertraut zu machen, sollten Sie eine Farbkarte (siehe Seite 46) mit ins Freie nehmen, Bäume studieren und versuchen, die entsprechenden Farben auf der Karte zu finden. Sie werden feststellen, dass die Grüntöne von Gräsern und Bäumen einen erstaunlich hohen Rotanteil haben – folglich brauchen Sie zum Mischen überraschende Mengen Kadmiumrot. Für einen Baum dieser Art benötigen Sie sieben Farben:

vier Grüntöne sowie drei Graugrüntöne für den Stamm.

Bei großformatigen Bildern ist es hilfreich, die Blätter mit einer Schaumstoffrolle aufzutragen, in deren Bezug mit einem Cutter Blattformen geschnitten wurden. Sie könnten auch eine Schablone verwenden. An den Blättern erkennt man die Baumart. Form und Größe der Blätter sind einheitlich, doch man sieht sie aus leicht unterschiedlichen Winkeln. Eine Schablone mit einem Blatt aus etwa fünf Blickwinkeln kann das Malen großer Laubmengen sehr erleichtern. Dieser Baum ist jedoch recht klein und einfach.

Die unregelmäßigen Ränder sind beabsichtigt. Die Bilder sollen wirken, als seien Sie beim Abkratzen von Farbschichten freigelegt worden.

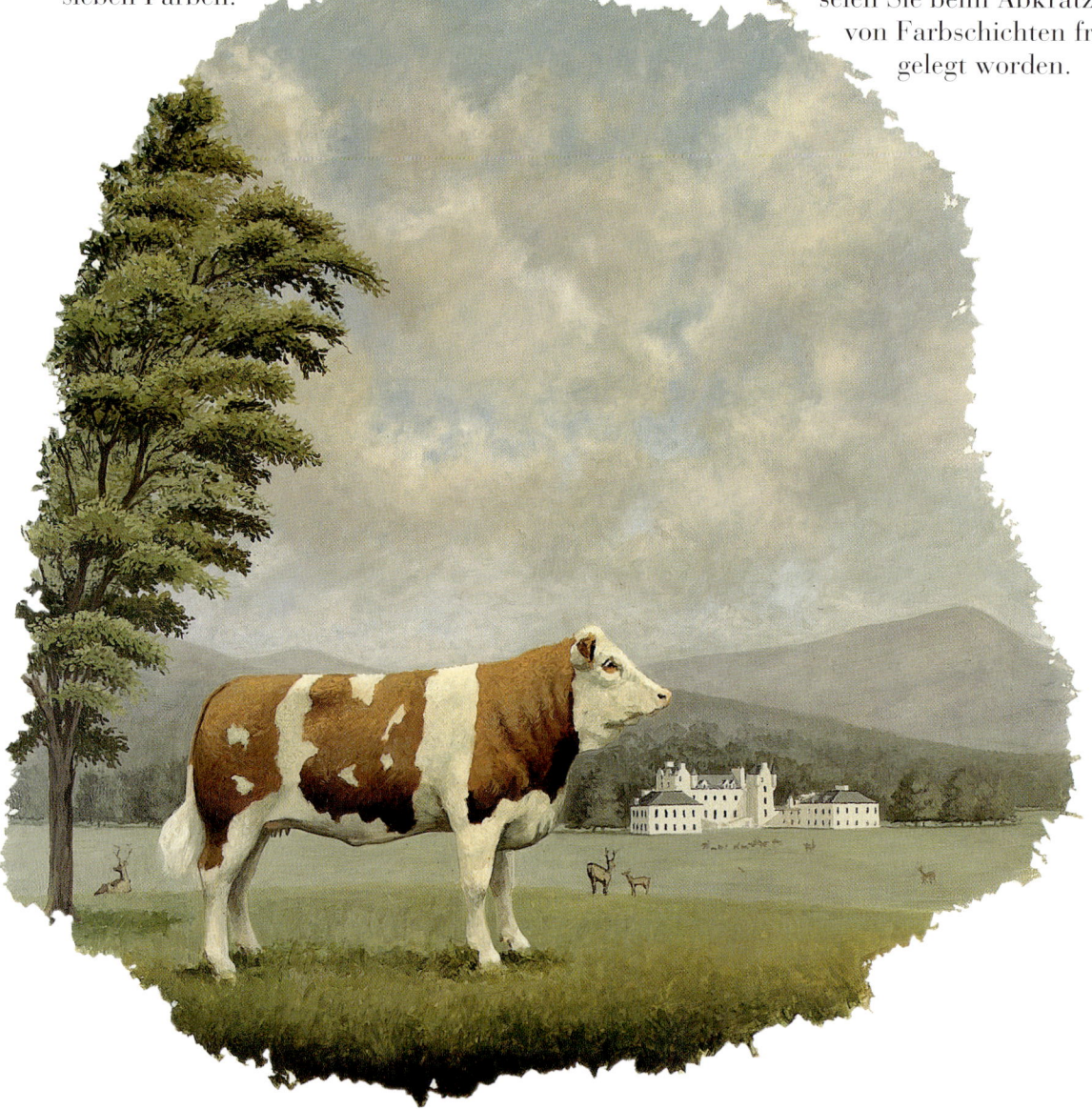

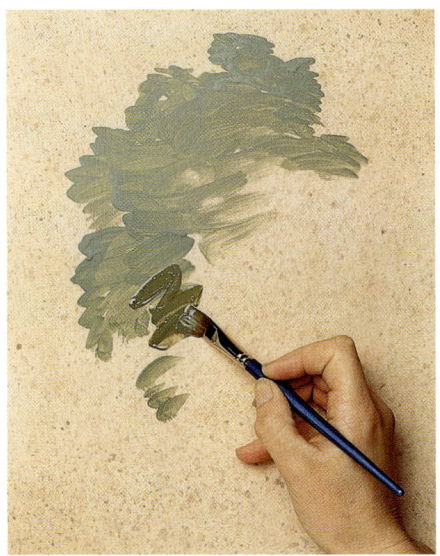

1 Zuerst die ungefähre Form der Baumkrone mit einem 1 cm breiten Flachpinsel im zweitdunkelsten Grünton einfärben. Dies ist die nach unten und außen gewandte Rückseite der Blätter, die man von einem Standpunkt am Boden hauptsächlich sieht.

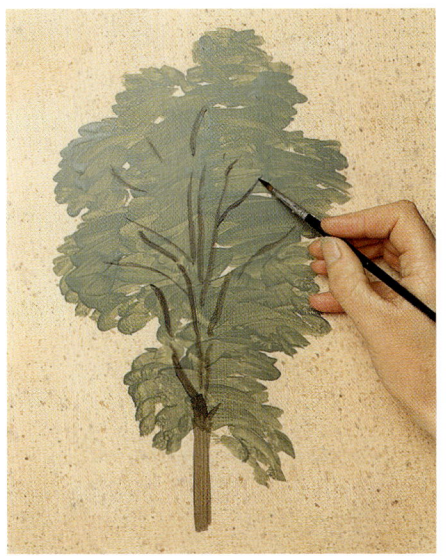

2 Mit einer Mischung aus Umbra natur und Paynesgrau deuten Sie mit einem feinen, spitzen Pinsel das Geäst an. Bedenken Sie, dass ein Baum eine ausgewogene Form haben muss, sonst würde er umfallen. Am besten sehen Sie sich einige Bäume an.

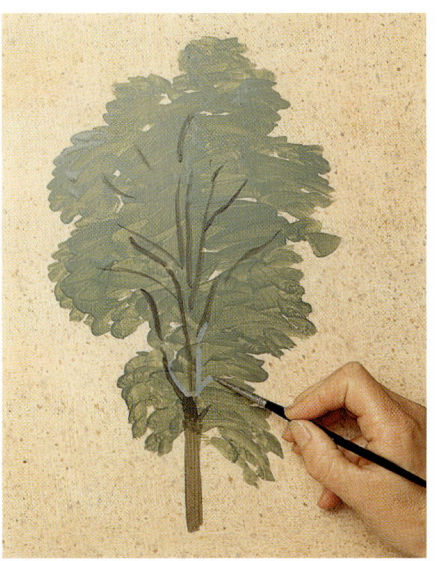

3 Stellen Sie sich die Äste vor, die zu Ihnen hin und von Ihnen weg gerichtet sind. Mit einem spitzen, feinen Pinsel und einem helleren Ton, z. B. aus Umbra natur, Paynesgrau, Weiß und etwas Goldocker, hellen Sie nun einige Ast-Oberseiten auf. Achten Sie dabei auf die Lichteinfallsrichtung.

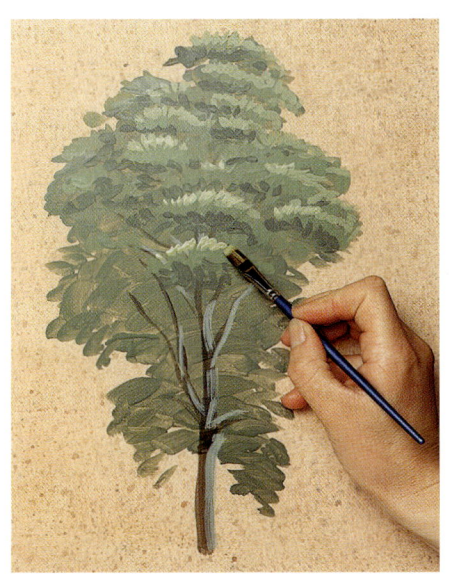

4 Statt jedes Blatt einzeln zu malen, fassen Sie das Laub zu Gruppen zusammen, die zur Seite oder auf Sie zu gerichtet sind. Mit einem 1 cm breiten Flachpinsel malen Sie die Oberseiten im hellsten Grünton, die Masse des Laubs im mittleren Grünton und die Unterseiten der Blätter im dunkelsten Grünton.

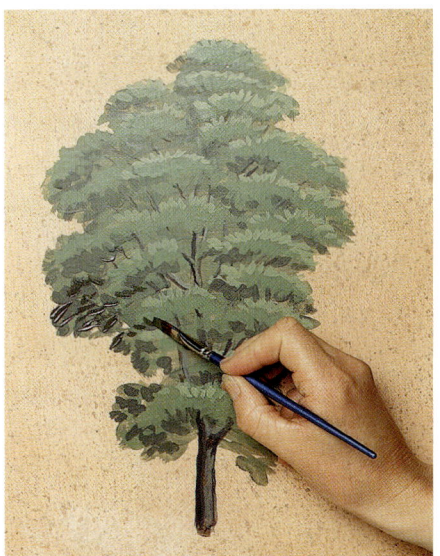

5 Arbeiten Sie in dieser Weise das Laub überzeugend aus. Für die feineren Zweige habe ich einen 5 mm breiten Flachpinsel und einen feinen Marderhaarpinsel verwendet. Arbeiten Sie die Äste und Zweige in den Lücken zwischen den Blättern nach.

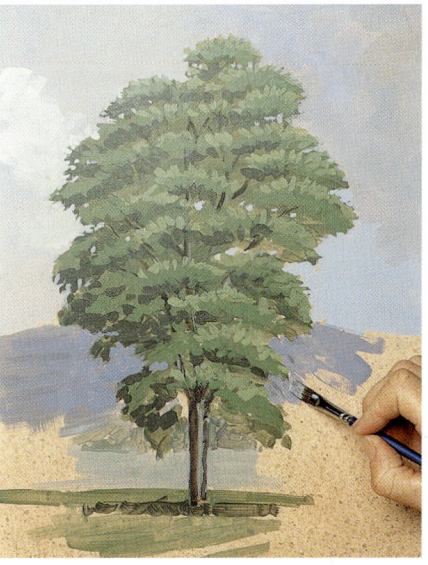

6 Zum Schluss wird die Kontur des Baums mit einem feinen Pinsel in den Farben des Hintergrundes und des Himmels nachgearbeitet. Lassen Sie hier und da Himmelblau durch das Geäst blitzen, damit die Baumkrone nicht zu massiv aussieht.

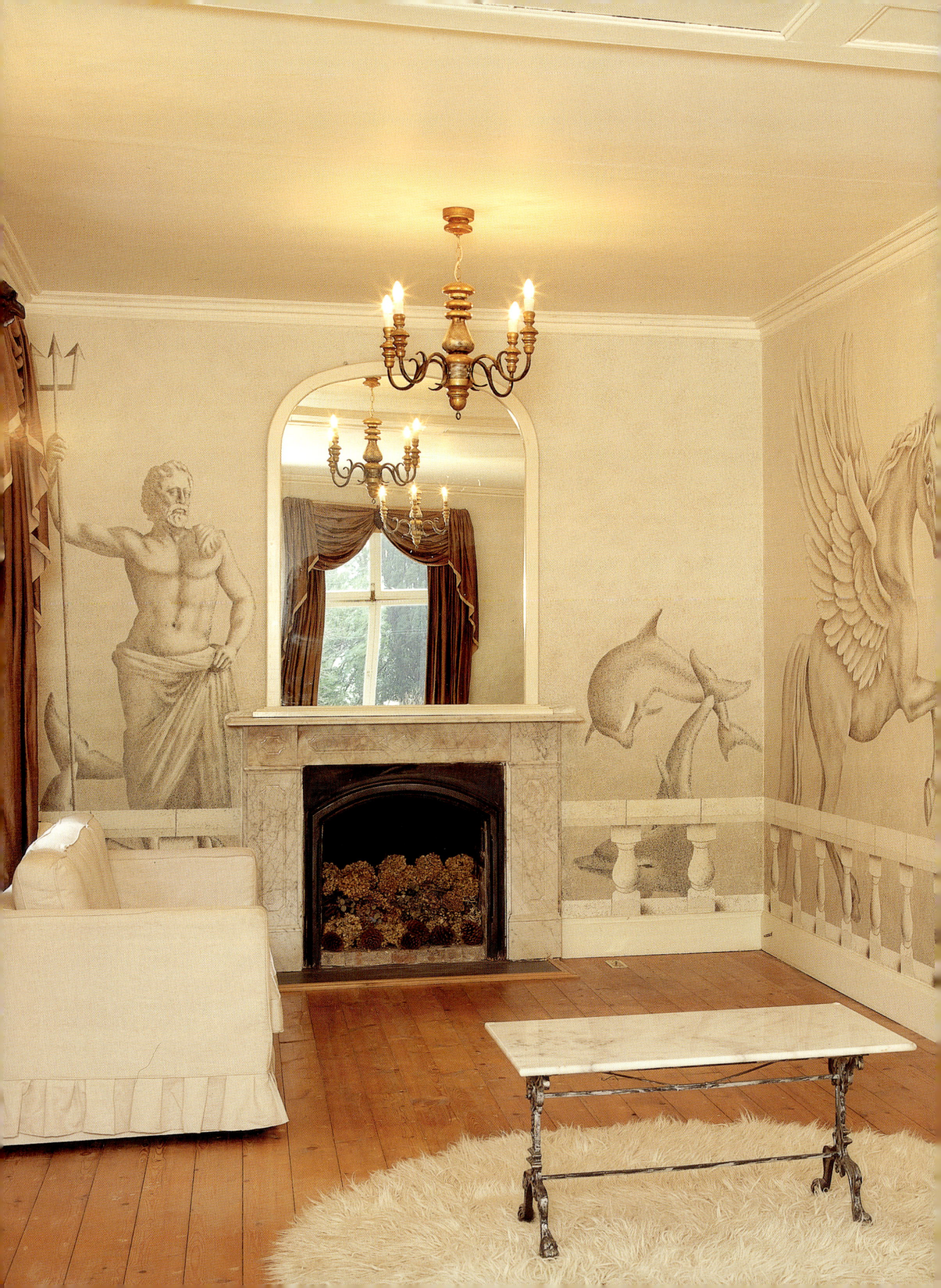

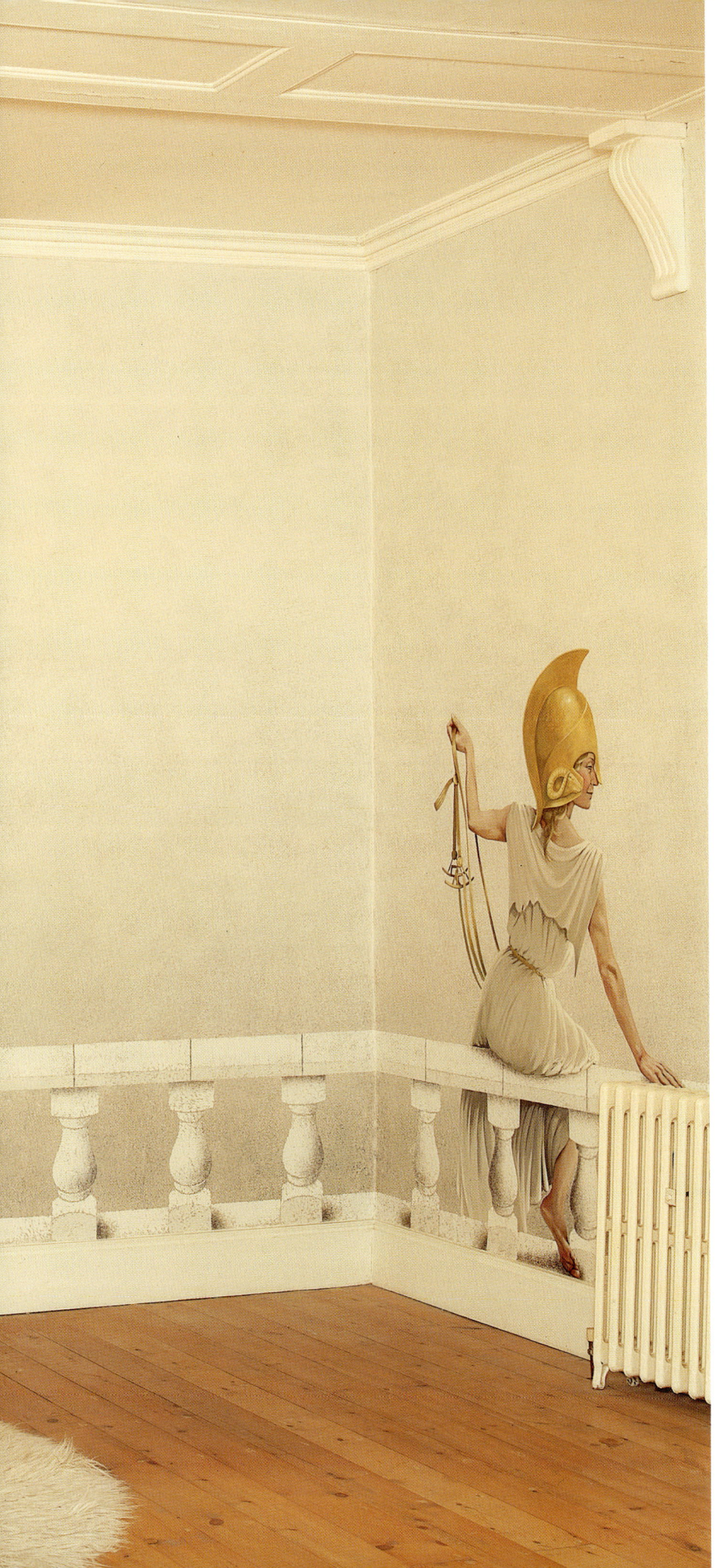

En Grisaille

Typisch für diesen Stil ist seine monochrome Wirkung, die durch den weitgehenden Verzicht auf bunte Farben erzielt wird. Dies ist kein Projekt für ungeduldige Maler. Die zarte, fast ätherische Malerei nimmt viel Zeit in Anspruch, doch das Ergebnis kann sich sehen lassen. Mein Auftraggeber hatte großen Spaß dabei, die neun Figuren auszusuchen, die seine Wände bevölkern. Der Raum hat definitiv an Charme gewonnen.

Näheres zum Motiv

Die Wände des Raums waren sehr uneben. Um das zu verstecken, entschied ich mich für eine stark strukturierte Hintergrundgestaltung und Sprenkeleffekte für die Motive. Den ersten Schritt bildete die Balustrade. Sie verdeckt einen Buckel, der sich am Rand einer ehemaligen halbhohen Vertäfelung rings um den Raum zieht. Nachdem die Balustrade gemalt war, schien der Raum auf ihrer Außenseite enorm gewachsen zu sein, als wären die Wandflächen buchstäblich verschwunden. Jetzt kamen die neun mythologischen Figuren an die Reihe, eine nach der anderen, darunter das geflügelt Pferd Pegasus, der Meeresgott Poseidon sowie Athene, die Göttin, der Weisheit, der Kunst und des Handwerks.

Alle Figuren entstammen der Mythologie – mit Ausnahme des Mannes, der über die Balustrade klettert, als wolle er sich in diese Fantasiewelt einschleichen. Ihn malte ich zuerst und gab ihm einen Anzug im Stil des späten 18. Jahrhunderts, zu dem mich ein Gemälde von Piranesi angeregt hatte. Er klettert in den Raum, den Blick auf seine Angebetete in Gestalt der Athene gerichtet. Vielleicht sind sich die beiden der Gegenwart der übrigen Sagen-

figuren bewusst. Sie hält ein goldenes Zaumzeug in der Hand und scheint ihn aufzufordern, auf den Rücken von Pegasus zu springen. Die übrigen sieben Figuren sehen aus ihrer Schattenwelt jenseits der Balustrade zu. Nur der Mann und die Frau sind „real", darum habe ich sie farbiger gestaltet (siehe Seite 80–81).

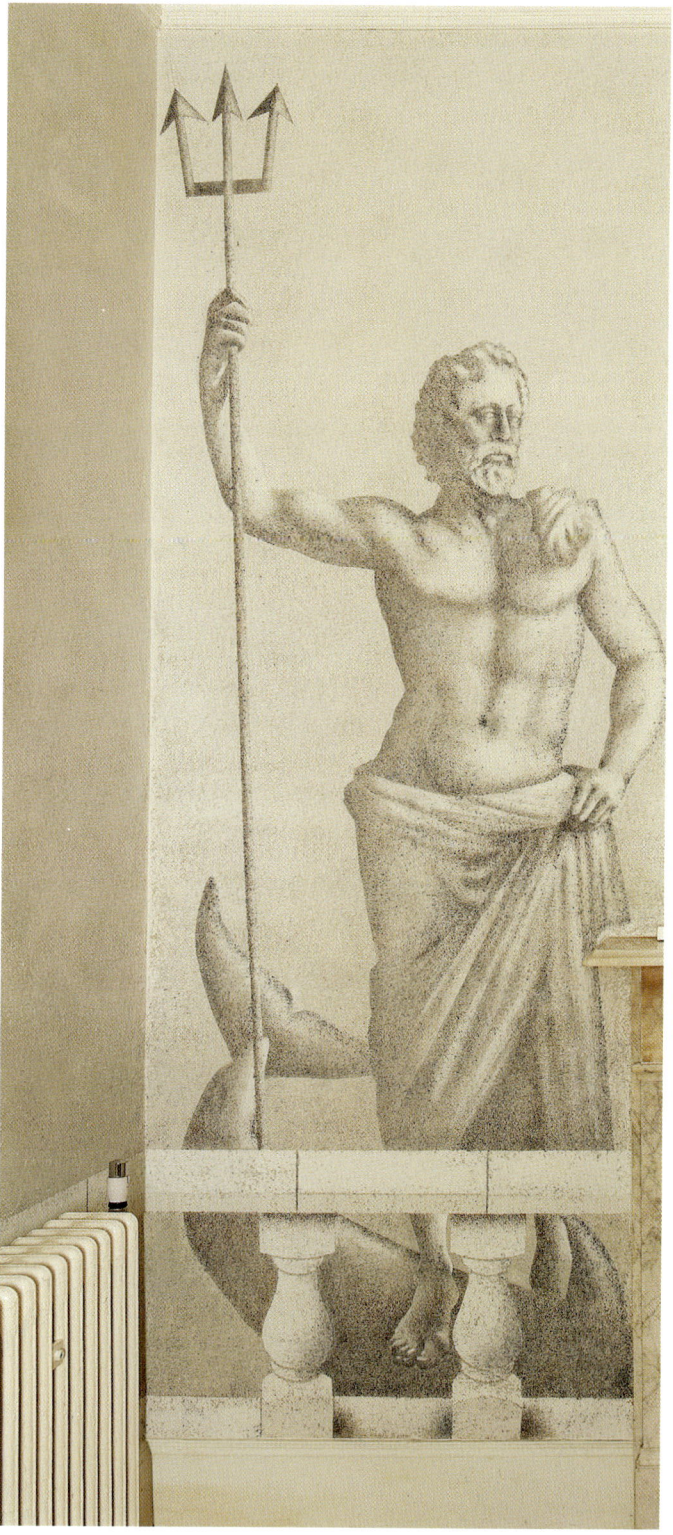

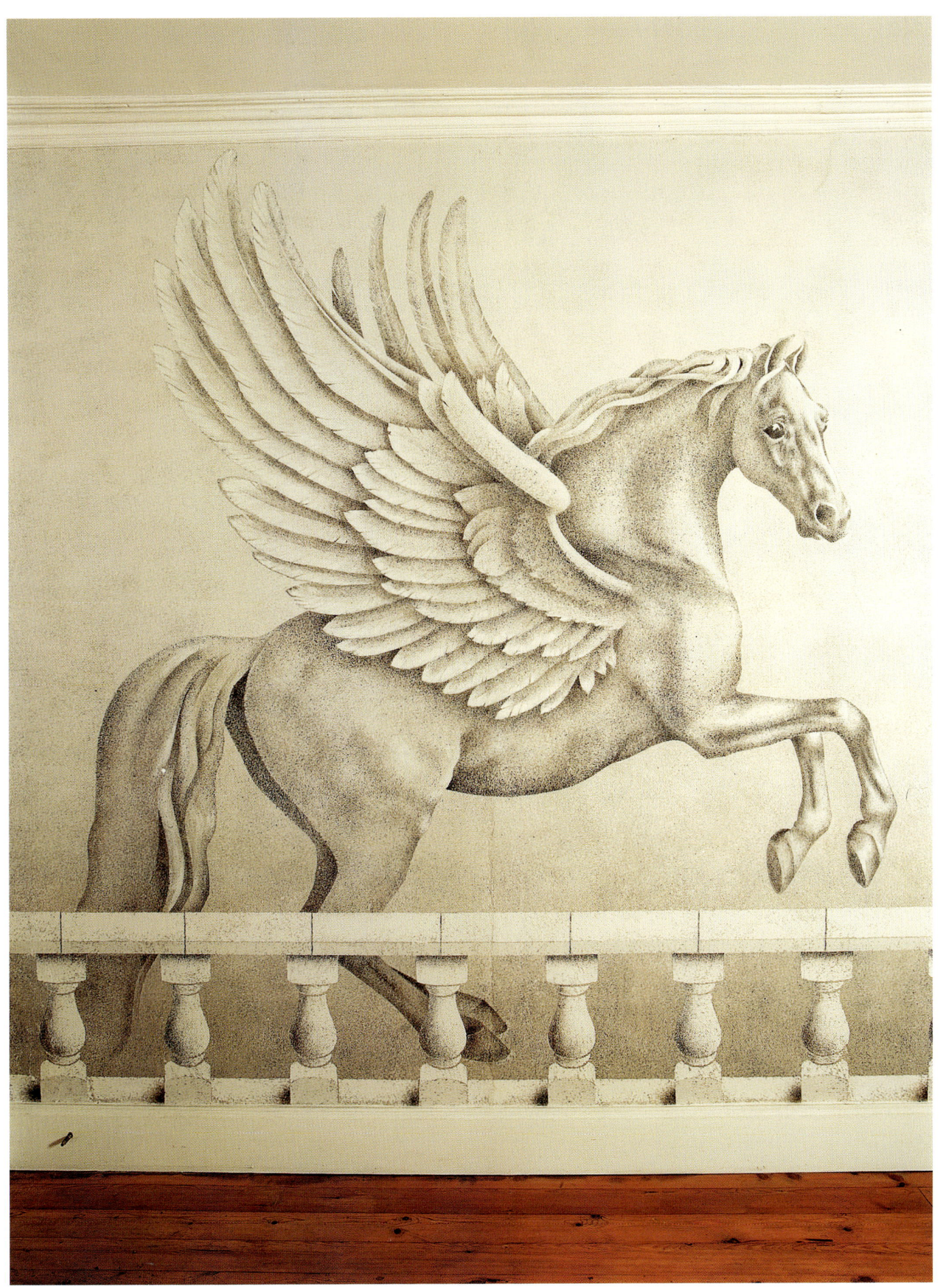

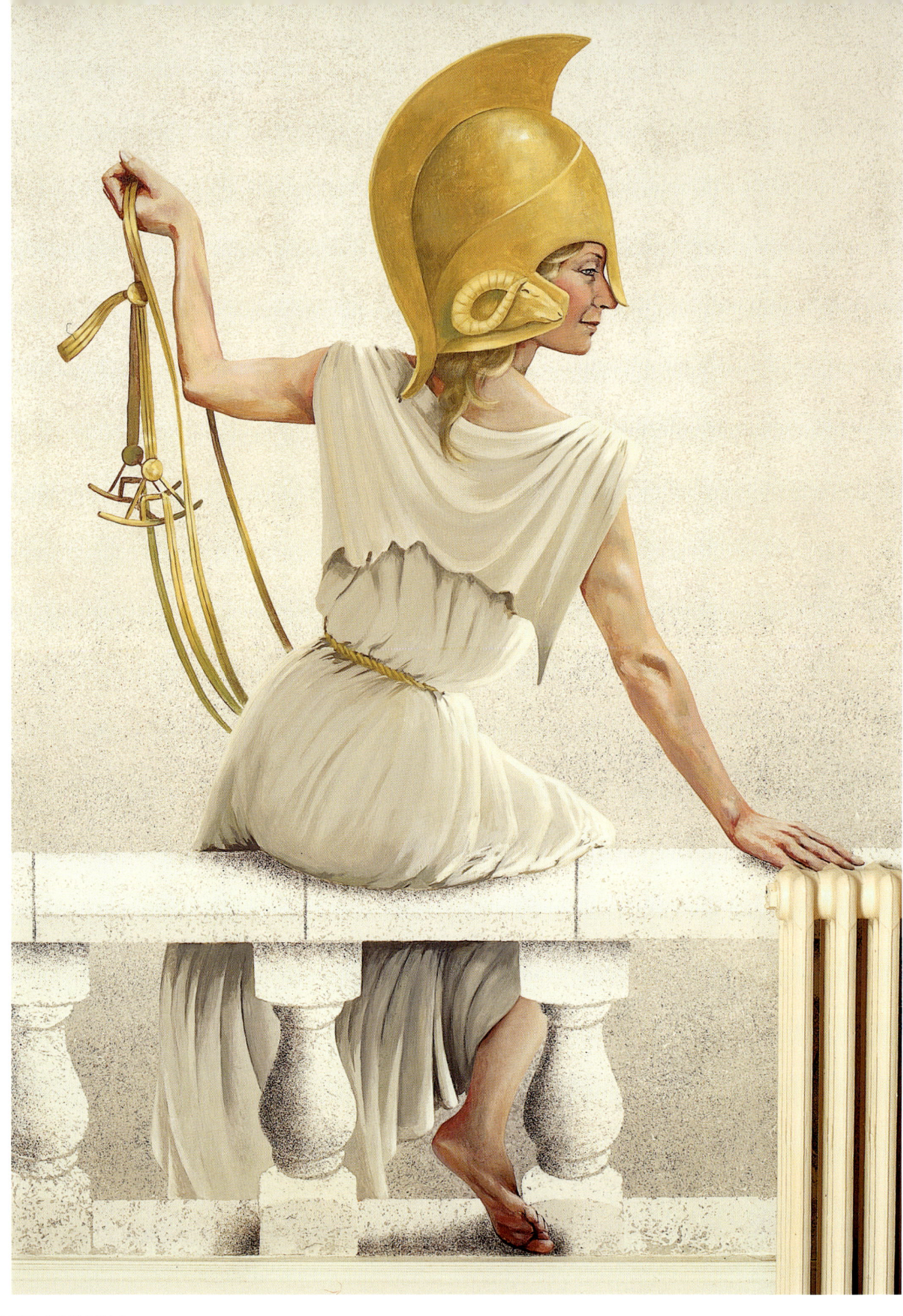

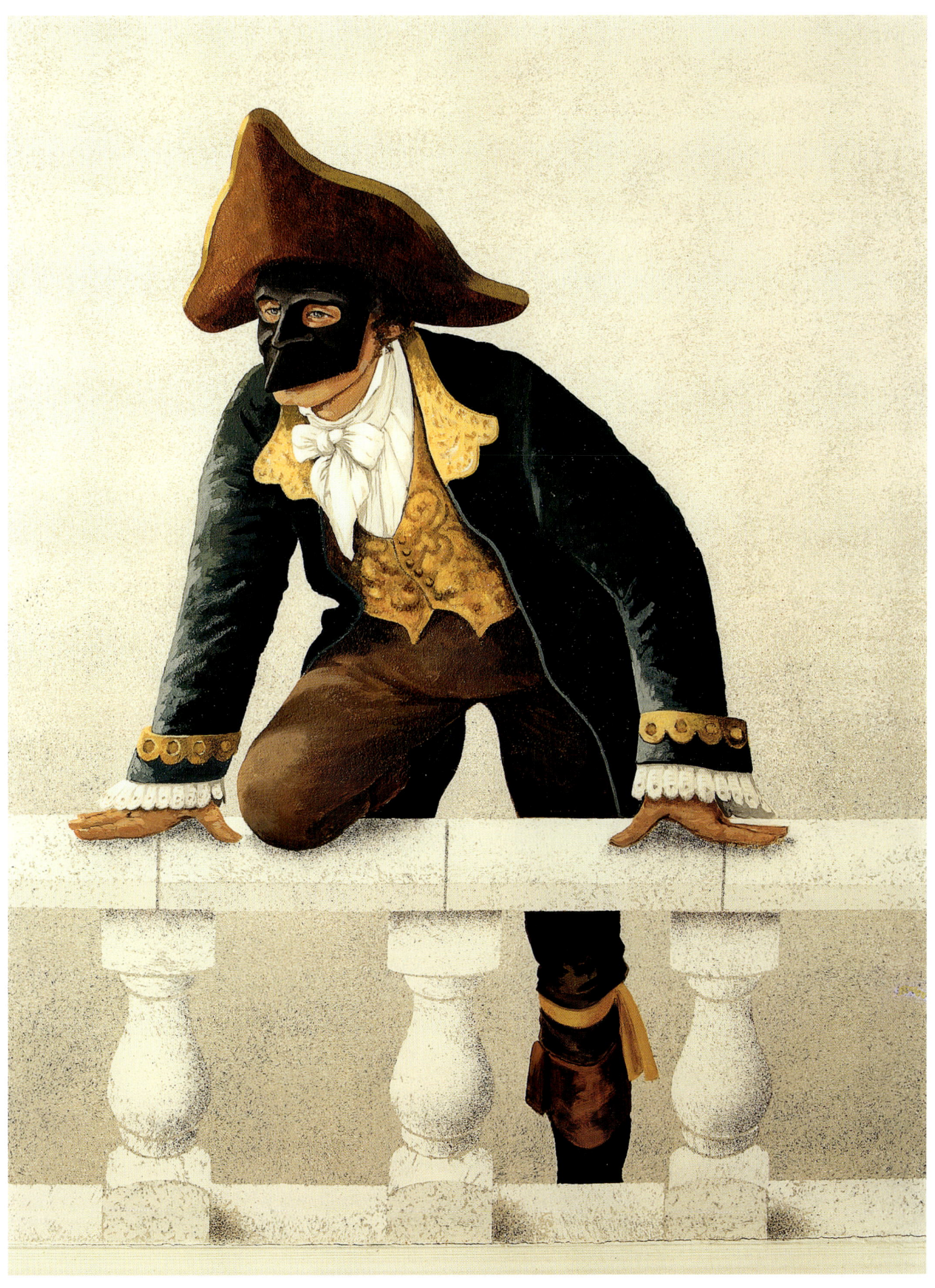

Pegasus

SCHRITT FÜR SCHRITT

Den Hintergrund habe ich in drei Grautönen grundiert, die ich aus verschiedenen Anteilen Weiß, gebrannter Umbra und Cölinblau gemischt habe. Diese Töne bilden auch die Grundlage der Untermalung aller Figuren. Die Details wurden zuerst mit einem Pinsel aufgemalt und dann mit einer Zahnbürste gesprenkelt.

Zum Sprenkeln habe ich einen Blauton (aus Kobaltblau, Veronesergrün, einem Tropfen gebrannter Umbra und etwas Weiß) sowie verdünnte gebrannte Siena verwendet.

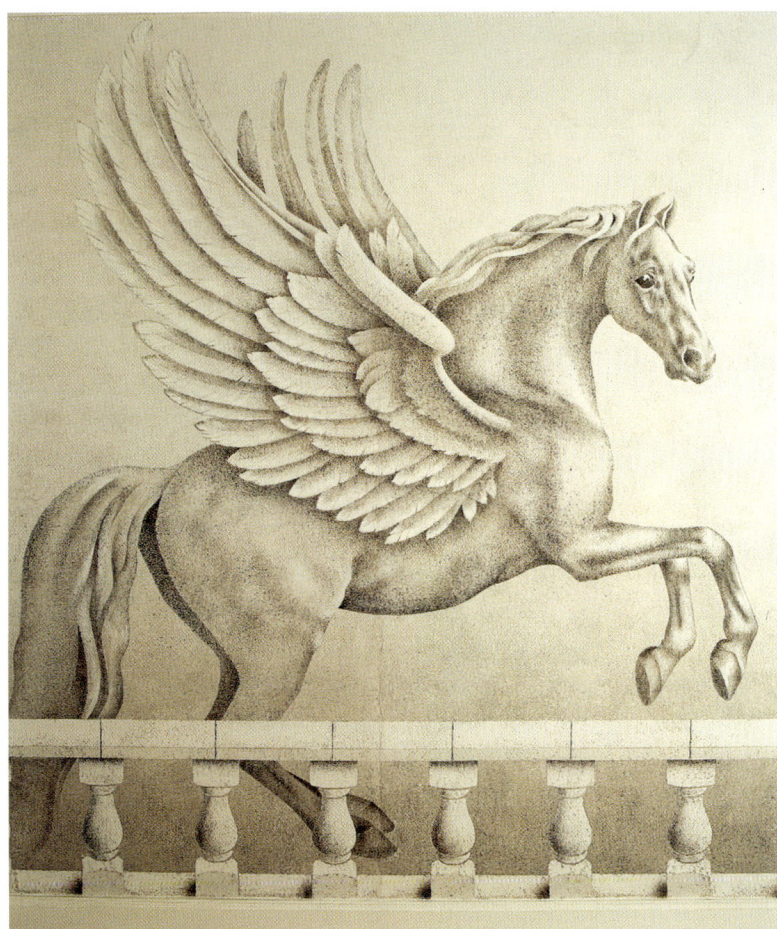

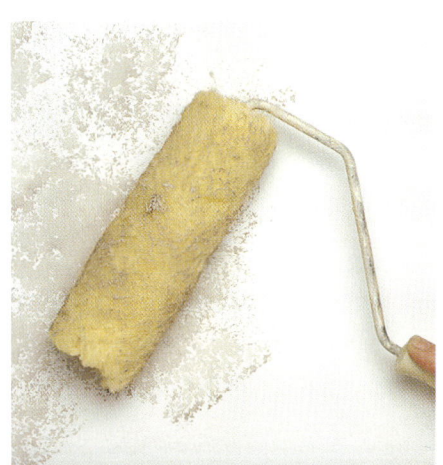

1 Zuerst wird der dunkelste Grauton mit der Lammfellrolle großzügig aufgetragen. Verwenden Sie eine alte Rolle, um einen unregelmäßigen Farbauftrag zu erhalten. Tauchen Sie die Rolle nicht ganz ein, sondern geben Sie nur etwas Farbe darauf, damit die Fläche noch ungleichmäßiger wird.

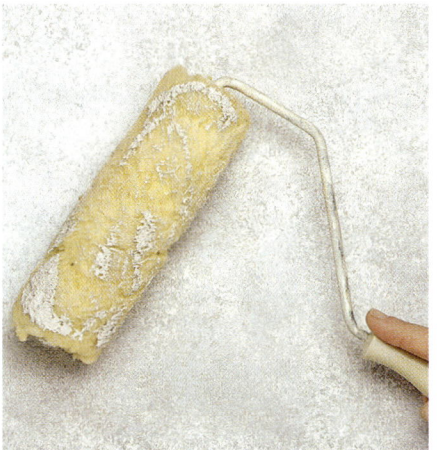

2 Wiederholen Sie diesen Vorgang mit den beiden anderen Grautönen. Ich habe zuerst den dunkelsten und dann die helleren Töne verwendet. Außerdem sind die Wände im oberen Bereich deutlich heller als im unteren, damit sich die Balustrade gut abhebt. Die Balustrade selbst wurde mit einer Schablone gemalt (siehe Seite 60).

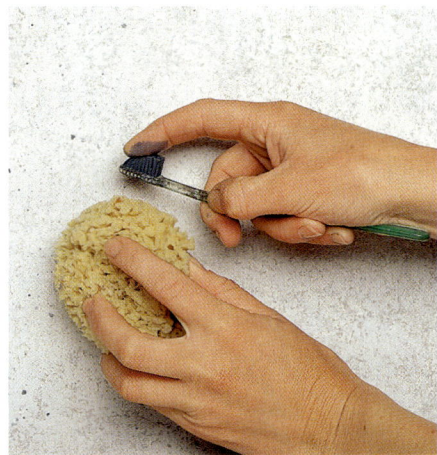

3 Mit einer Zahnbürste wird etwas Blau auf den Hintergrund gesprenkelt und mit dem faustgroßen Schwamm mit leicht drehenden Bewegungen wieder abgetupft, sodass der Hintergrund einen leichten Blauschleier erhält.

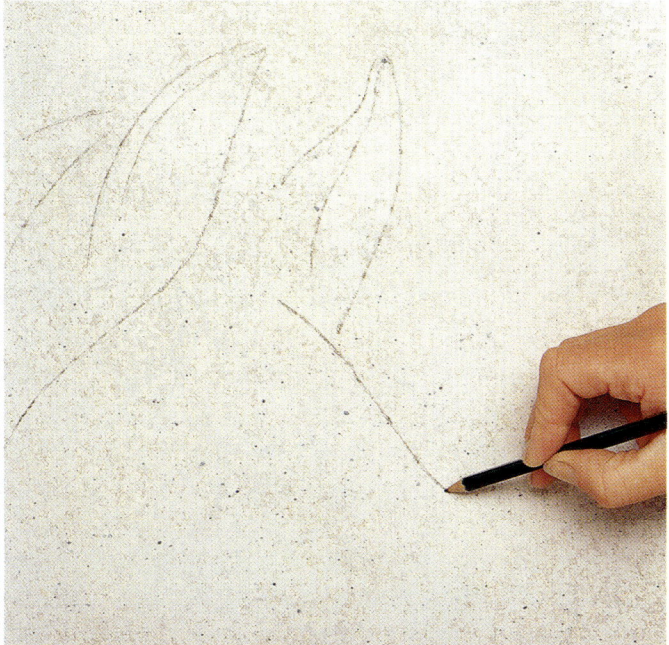

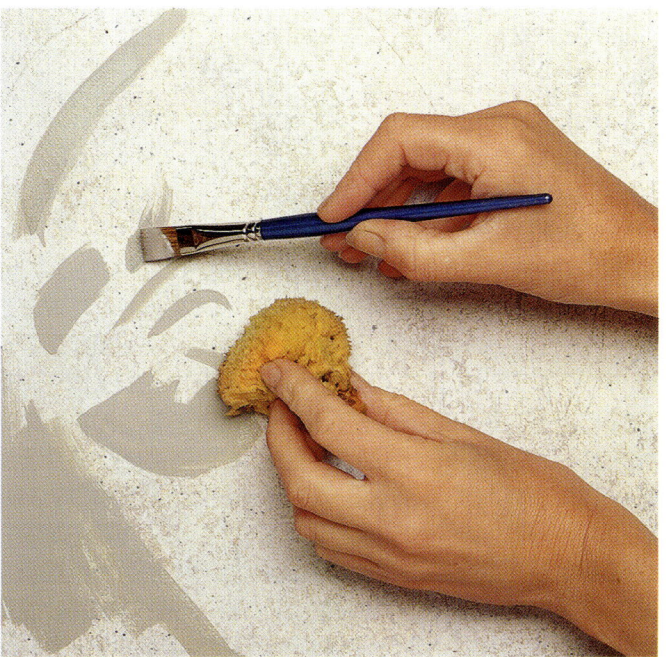

4 Jetzt werden die Konturen mit dem Bleistift Stärke 2B sauber und sorgfältig vorgezeichnet. Das Motiv habe ich mir von Stubbs' Gemälde Whistlejacket „ausgeliehen" und zum Pegasus abgewandelt. Verwenden Sie einen Overhead-Projektor oder die Rastermethode, um das Motiv zu vergrößern (siehe Seite 51).

5 Die Schattenbereiche werden jetzt im dunkelsten der drei Grautöne mit einem 1 cm breiten Flachpinsel ausgefüllt. Damit die Farbflächen weiche Konturen erhalten, werden die Ränder gleich nach dem Auftragen der Farbe mit dem kleineren Schwamm abgetupft.

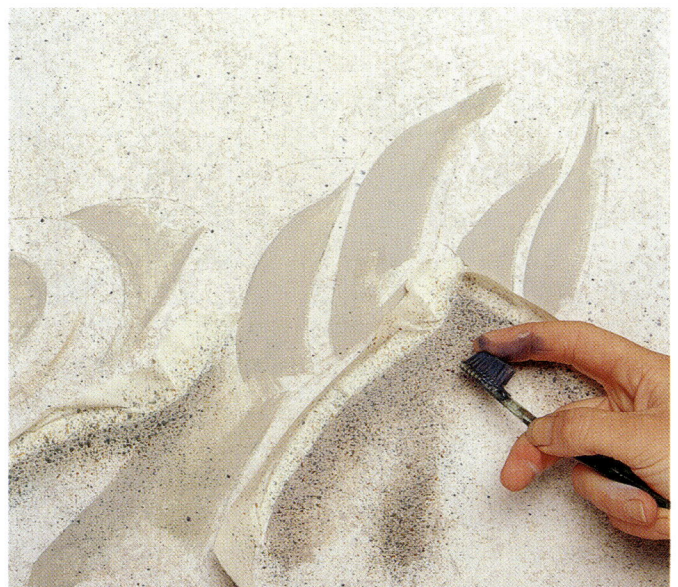

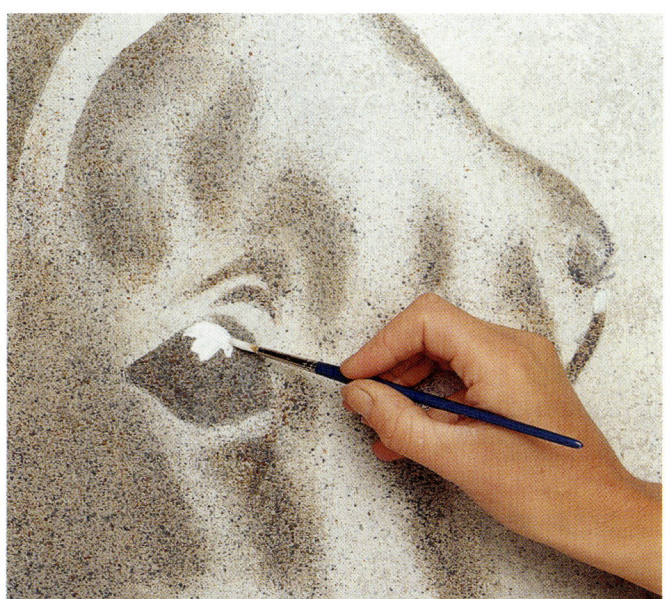

6 Mit kurzen Streifen Malerkrepp werden die Konturen der Schattenbereiche abgeklebt. Dann sprenkeln Sie mit einer Zahnbürste abwechselnd Blau und gebrannte Siena auf die Schattenflächen. Wenn ein Bereich fertig ist, wird das Klebeband abgenommen und der nächste Bereich abgeklebt. Sie können auch mehrere Bereiche in einem Arbeitsgang abkleben, um die Zahnbürste nicht zu oft eintauchen zu müssen.

7 Mit einem feinen, spitzen Pinsel werden jetzt einzelne Bereiche im hellsten Grauton akzentuiert. Lichtreflexe, etwa in den Augen, setzen Sie mit einem nur leicht abgetönten Weiß.

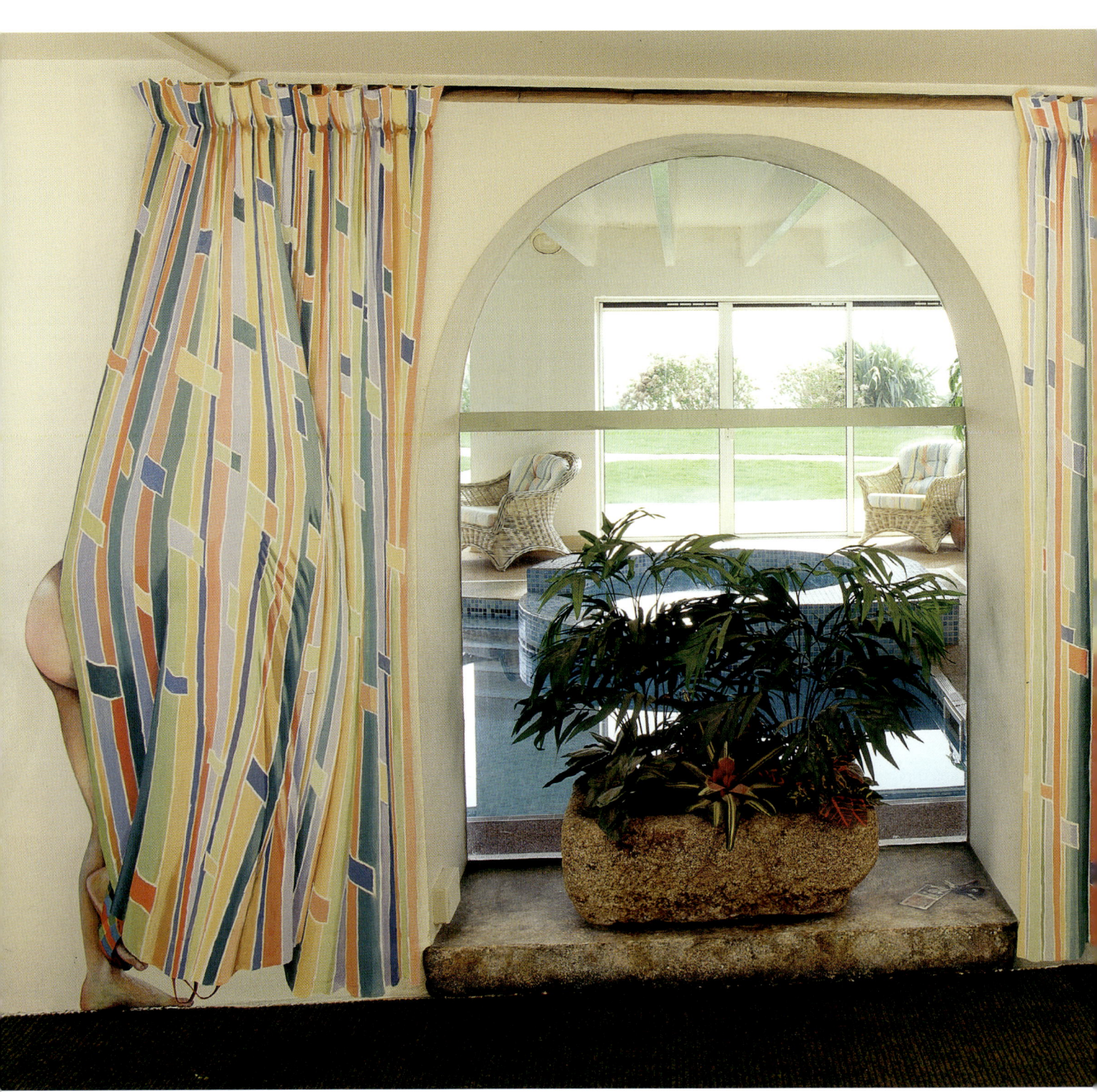

Umkleide- raum

Das Ungewöhnliche an diesem Trompe l'œil ist, dass Betrachter sehr schnell die Schlüssel und den Geldschein entdecken. Die Vorhänge rechts und links vom Durchgang zum Schwimmbecken, die Kleidungsstücke auf der Hakenleiste rechts und selbst der runde Po, der hinter dem Vorhang vorblitzt, entgehen vielen Leuten, nicht aber das Geld und die Schlüssel.

Ich erhielt den Auftrag, die lange Wand am überdachten Schwimmbecken des Nare-Hotels in Cornwall zu bemalen. Die Aussicht ist so schön, dass es sinnlos schien, mit ihr konkurrieren zu wollen. Also entschied ich mich für das Gegenteil und malte etwas ganz Alltägliches – allerdings mit einem Augenzwinkern.

Stoff-Effekte

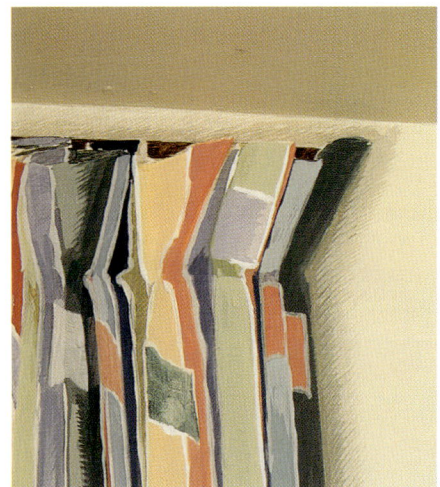

Oben Die Kräuselfalten im Stoff lassen sich (in diesem Fall) leicht andeuten, indem die Streifen oben im Bereich des Kräuselbandes schmaler werden. In den Schatten der Falten werden etwas mattere, dunklere Farben verwendet.

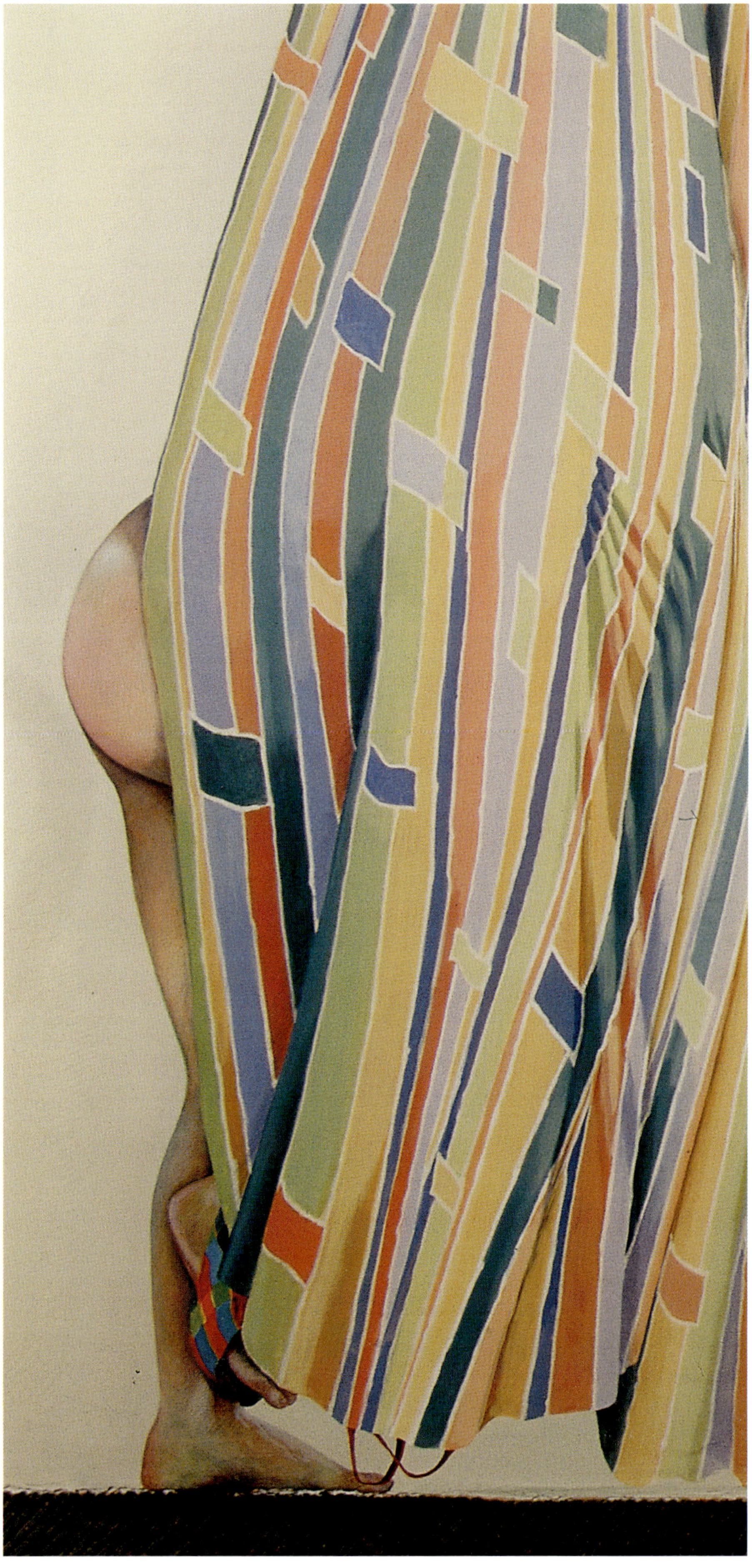

Rechts Humor ist ein wichtiger Aspekt der Trompe-l'œil-Malerei. Ob der Badegast weiß, wie viel er zeigt? Um das Malen des menschlichen Körpers zu lernen, sollten Sie sich nach entsprechenden Malkursen in Ihrer Nähe erkundigen. Viele Fragen lassen sich aber auch durch genaues Beobachten lösen. Alle Information, die Sie brauchen, ist überall zu finden – man muss nur hinschauen.

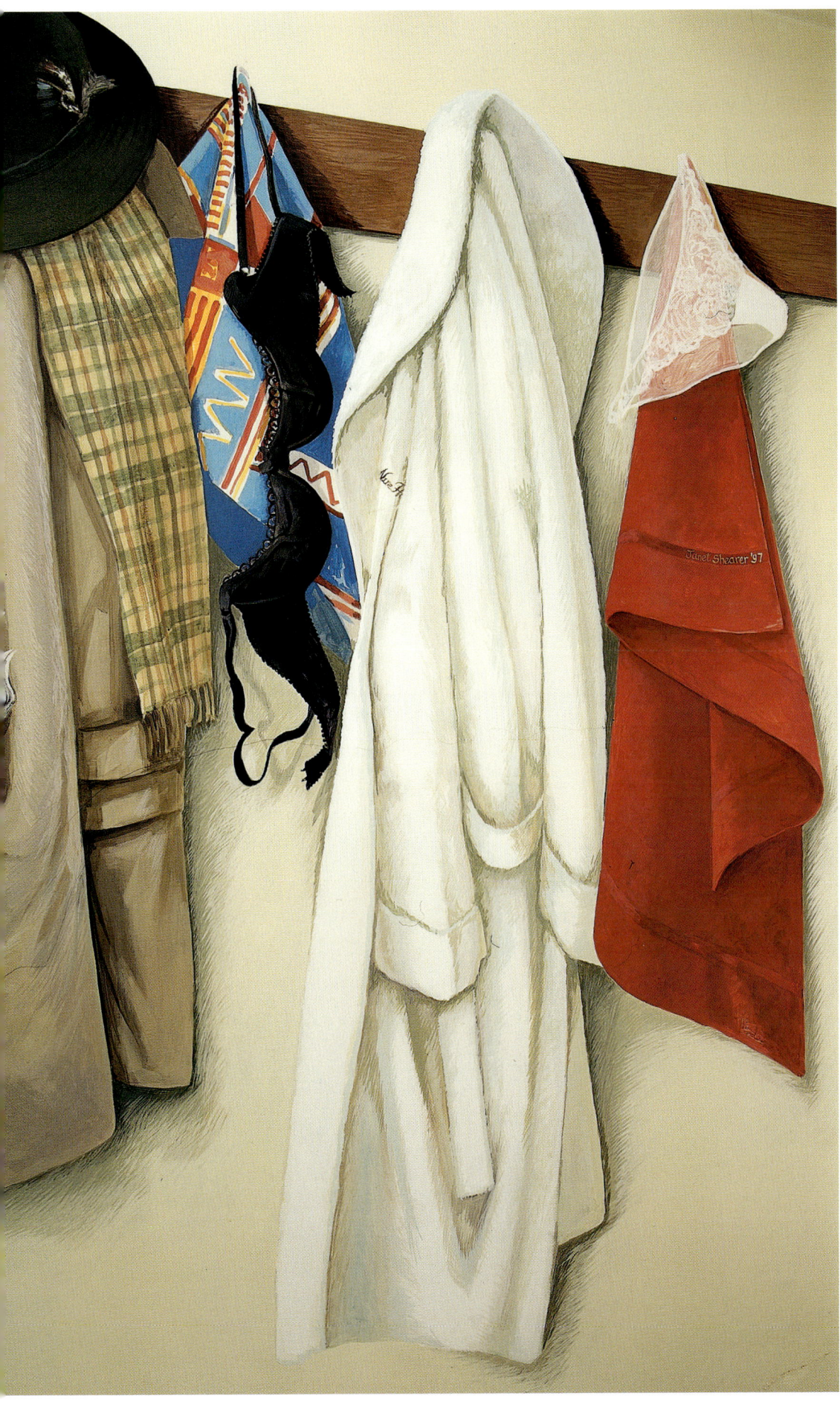

Ich ließ zunächst den ganzen Raum neu streichen, damit ich nicht auf einem weißen Untergrund malen musste. Weiße Wände sind für Trompe-l'œil-Malereien absolut tödlich, weil sie den Lichteffekten in den Bildern keinen Raum lassen. Weiß sollte für spezielle Zwecke reserviert bleiben, damit seine Leuchtkraft maximal zur Geltung kommt. Wünscht der Auftraggeber, dass der Raum weiß wirken soll, wähle ich gern einen zarten, grünlichen Cremeton, der ohnehin viel freundlicher ist als karges Weiß. Die Kleidungsstücke habe ich nach Originalvorlagen gemalt. Um ein Gefühl für den Faltenwurf zu bekommen, habe ich verschiedene Kleidungsstücke um mich herum aufgehängt und darauf geachtet, dass das Licht immer von links einfiel. Es sollte wirken, als käme das Licht vom Fenster am Schwimmbecken. Ich stellte eine Sammlung von Kleidern zusammen, die die Badegäste hier zurückgelassen hatten und die etwas über die Personen erzählen sollten.

Naturstein gestalten

SCHRITT FÜR SCHRITT

Die Idee für den Schlüsselbund und den Geldschein auf der „Granit"-Stufe kam mir erst während der Arbeit, und doch fallen diese Elemente mehr Betrachtern auf als der Rest des Bildes. Die Schritt-für-Schritt-Fotos auf diesen Seiten zeigen genau, wie der grobe Naturstein gearbeitet wird. Mein wichtigster Rat für alle, die Naturstein ma-len wollen, ist aber, sich das Originalmaterial zunächst genau anzusehen. Das Gestalten der Textur und der sanften Farben fällt viel leichter, wenn man ein Stück des echten Gesteins zur Orientierung benutzt. Da sich die Gesteinsarten erheblich unterscheiden, liegen verschiedene Steinbrocken als Vorlagen in meinem Atelier.

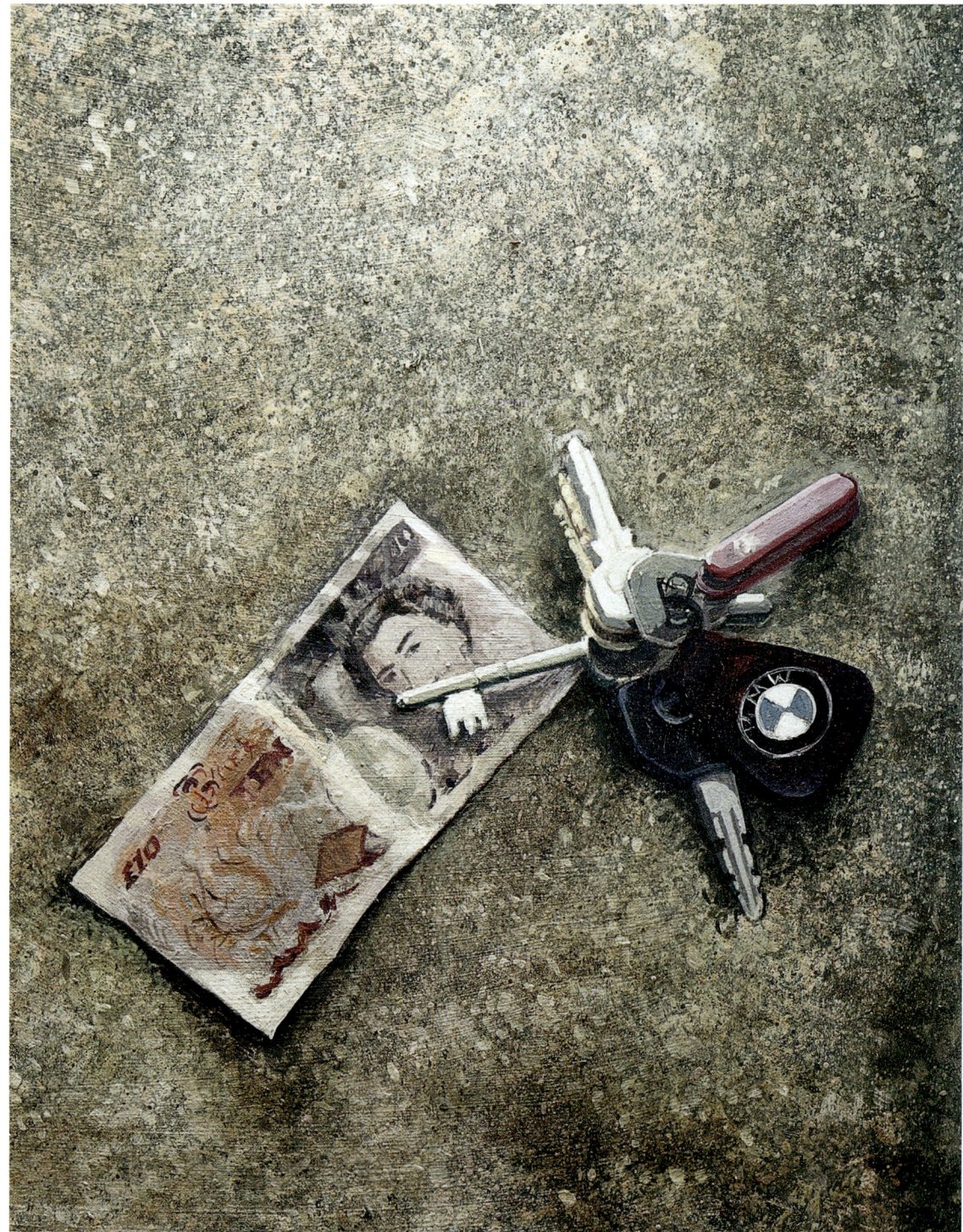

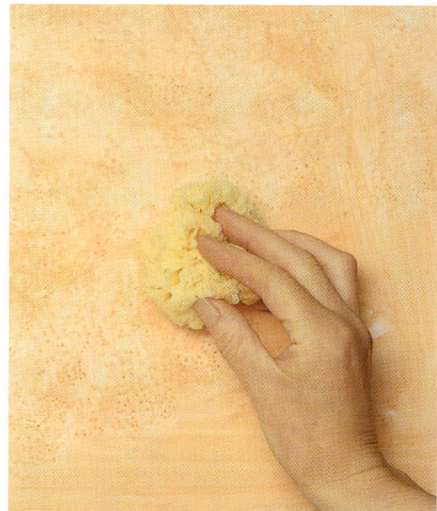

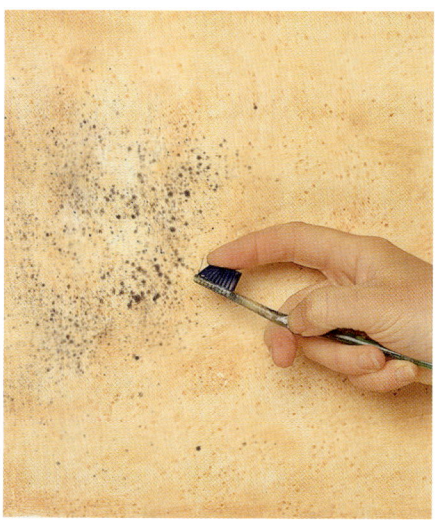

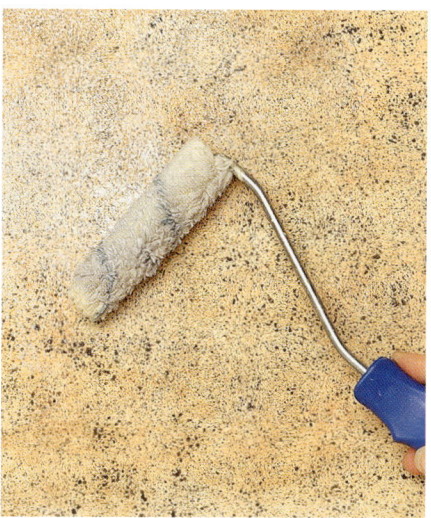

1 Zuerst wird die gesamte Fläche mit einem Maler-Rundpinsel und einer stark verdünnten Mischung aus gebrannter Siena, Kadmiumgelb und Kadmiumrot grundiert und gleich danach mit einem grobporigen Naturschwamm kräftig abgetupft.

2 Um die Textur lebhafter zu gestalten, sprenkeln Sie mit einer Zahnbürste Paynesgrau über die gesamte Fläche.

3 Danach wird ein heller Grauton (aus Weiß, gebrannter Siena und Paynesgrau) mit einer Heizkörperrolle dünn kreuz und quer aufgetragen.

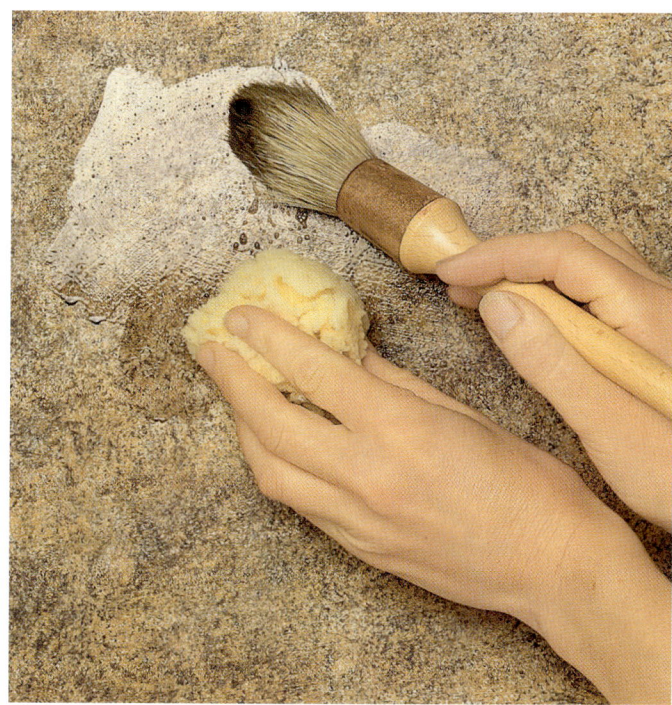

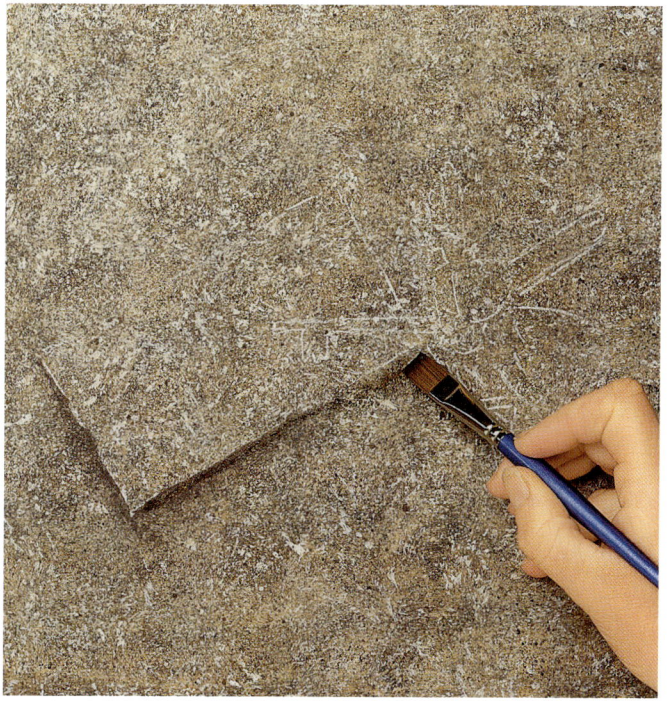

4 Darauf streichen Sie mit dem Rundpinsel eine verdünnte Lasur aus Paynesgrau und Umbra natur, die wieder mit dem Schwamm abgetupft wird. Wiederholen Sie diese Arbeitsschritte, bis ihnen die „Körnigkeit" der Oberfläche gefällt.

5 Auf den fertigen „Stein" skizzieren Sie mit Kreide die Konturen von Geldschein und Schlüsseln. Mit einem 1 cm breiten Flachpinsel malen Sie einen Schatten mit einer Lasur aus Umbra natur und Paynesgrau. Zum Malen der Kleider, der Schlüssel und des Geldscheins legen Sie sich am besten Originalvorlagen bereit.

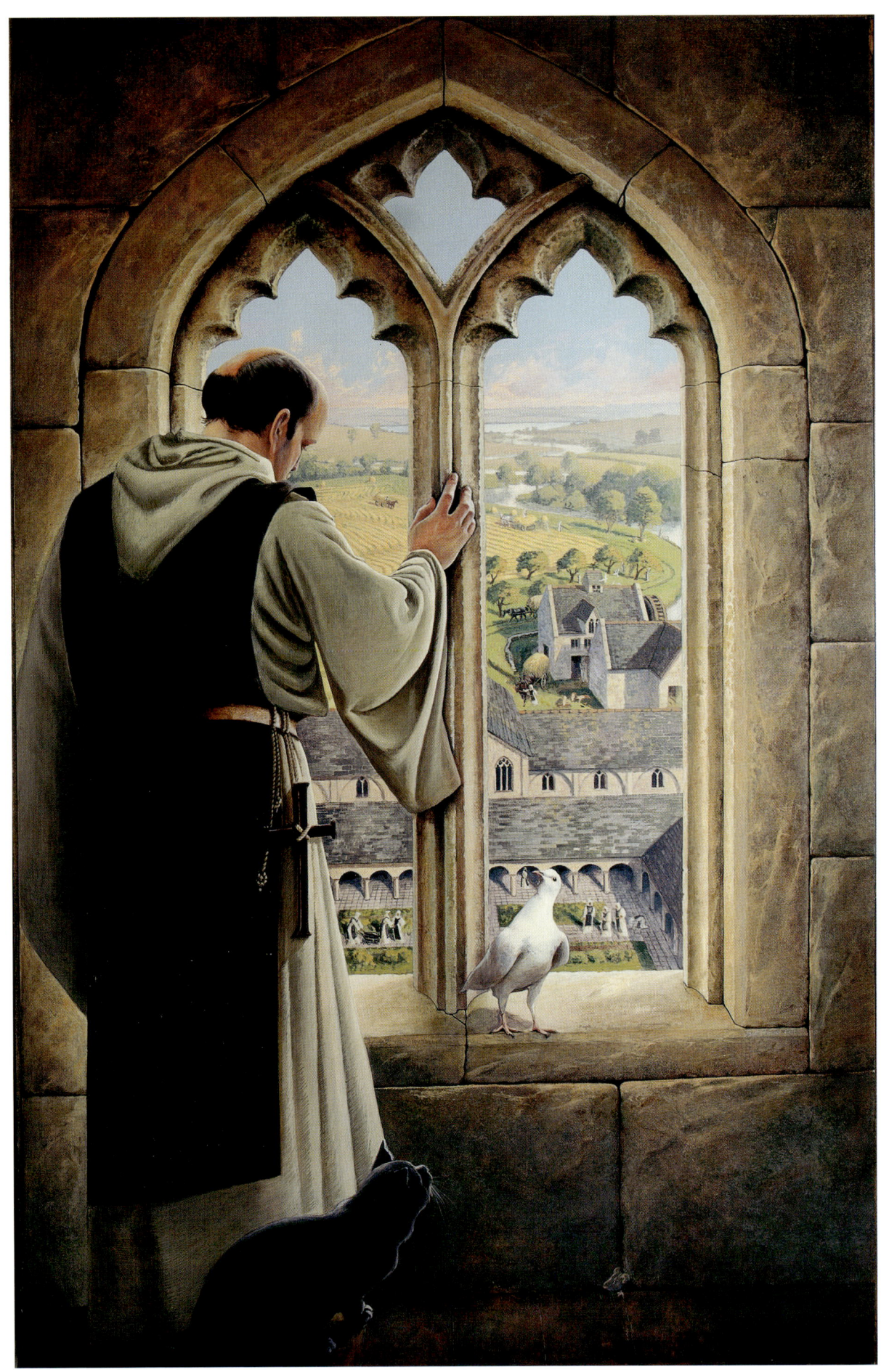

Der Mönch

Zur Vorbereitung dieses Bildes reiste ich nach Buckland Abbey. Ich fotografierte ein Modell des Klosters und seiner Umgebung, um eine Vorlage für die „Aussicht" zu haben. Die Landschaft ist schlichtweg erfunden, als Anregung dienten das Titelblatt einer Zeitschrift und die in der Nähe gelegene Mündung des Flüsschens Camel. Das Bild des Mönches war für eine Ausstellung in London bestimmt, darum malte ich auf einer Platte, doch ich hatte dabei eine bestimmte Stelle in einem wunderschönen Kloster in Somerset im Sinn, das gerade renoviert wurde. In Gedanken versunken schaut der Zisterziensermönch in den Kreuzgang hinab, ohne die Taube zu bemerken. Die Taube bemerkt die Katze nicht, und die Katze bemerkt die Maus nicht.

Kippt man die Bildebene wie eine Glasplatte (siehe Seite 18), um einen erhöhten Blickwinkel darzustellen, verschiebt sich der Horizont zum oberen Bildrand. Darum liegen die Hügel im Hintergrund auch über der normalen Augenhöhe von 1,5 Metern. Ich habe verschiedene Kunstgriffe angewendet, um die Aussicht viel heller wirken zu lassen als den düsteren Innenraum. Ich habe die gesamte Platte zuerst mit einer verdünnten Lasur aus Kadmiumrot, gebrannter Siena, Goldocker und Kadmiumgelb grundiert und mit einem Schwamm abgetupft, dann reichlich mit der Zahnbürste gesprenkelt und wieder abgetupft. Den „Innenbereich" habe ich mit einer Lasur aus Paynesgrau und Umbra natur übermalt, um ein Gefühl für den Blick aus dem dunklen Raum in die sonnige Umgebung zu bekommen.

Faltenwurf

Der Ärmel des Mönchs im dunklen Raum sollte farblos und trist wirken. Ich drapierte ein Stück vergleichbaren Stoffs, um zu sehen, wie die Farben in Licht und Schatten der Falten wirkten. Durch Überstreichen mit einer Lasur (siehe Schritt 5) bleibt die düstere Wirkung erhalten.

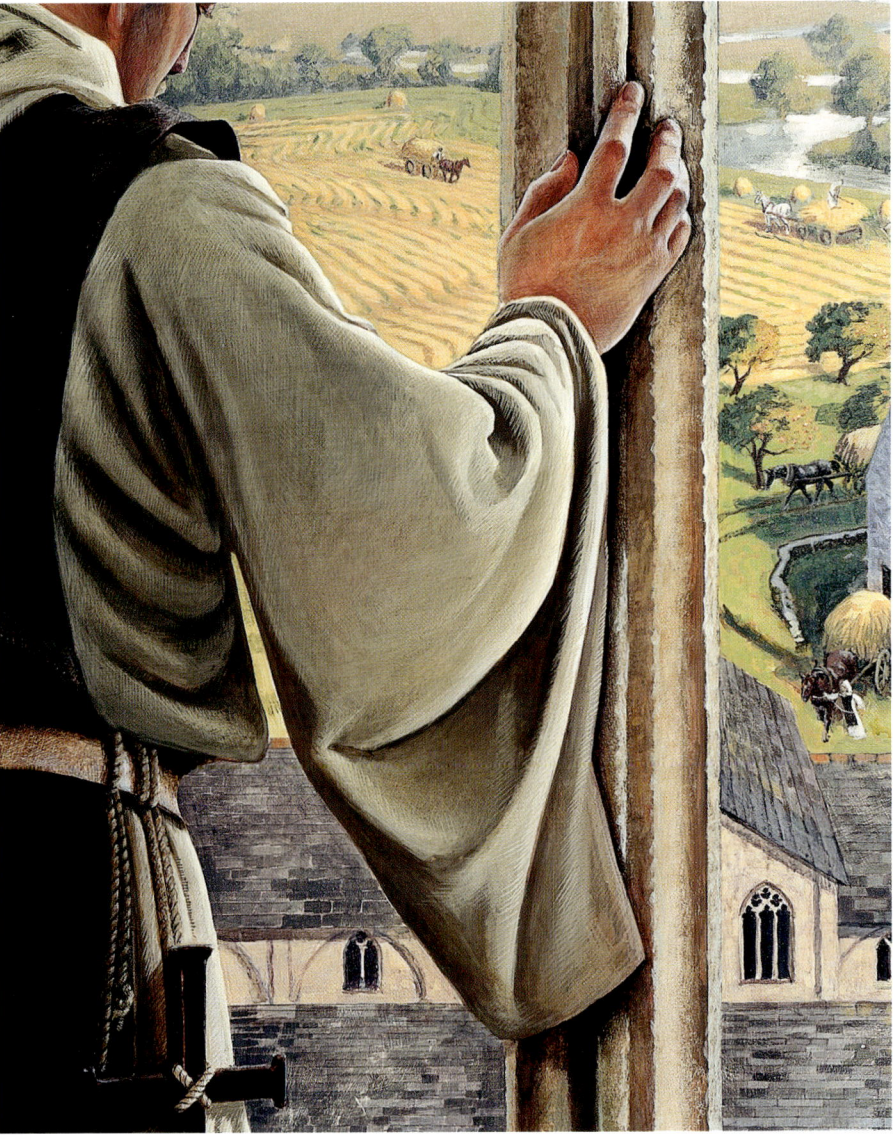

Farben	Werkzeug
Paynesgrau	Flachpinsel, 1 cm breit
Weiß	
Umbra natur	Feiner, spitzer Pinsel
Goldocker	
Mattes Acryl-Malmittel	Flachpinsel, 2,5 cm breit

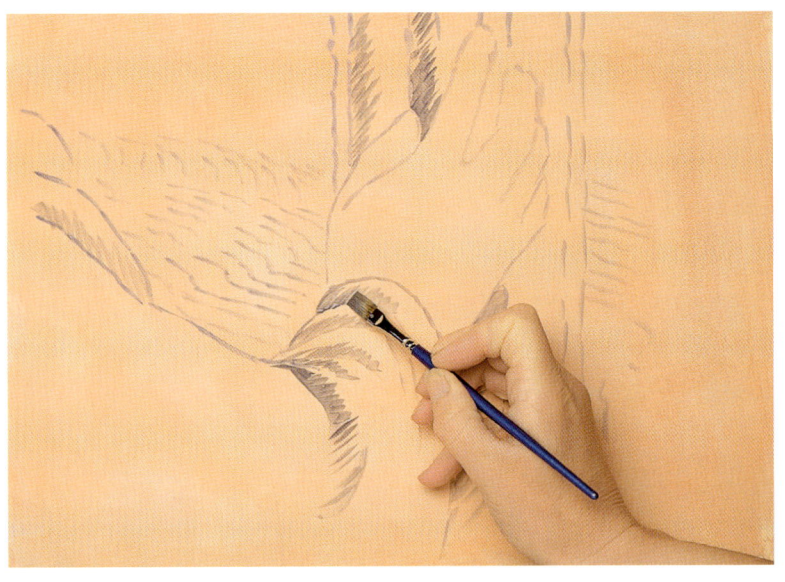

1 Mit dem 1 cm breiten Flachpinsel werden die Konturen mit verdünntem Paynesgrau auf dem warmen Ton des Hintergrundes vorgezeichnet. Schon jetzt müssen die Schattenbereiche der Falten angedeutet werden, um später den Faltenwurf gut ausarbeiten zu können.

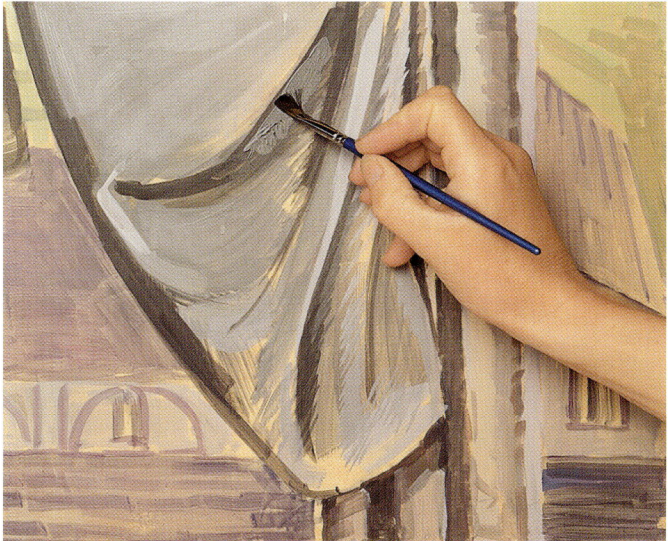

2 Die verschiedenen Farbflächen werden grob ausgefüllt, dabei werden die Schatten mit einer Mischung aus Umbra natur und Paynesgrau weiter betont. Bei diesem Schritt geht es darum, die einzelnen Elemente aufzubauen, ehe sie später in einen visuellen Zusammenhang gebracht werden.

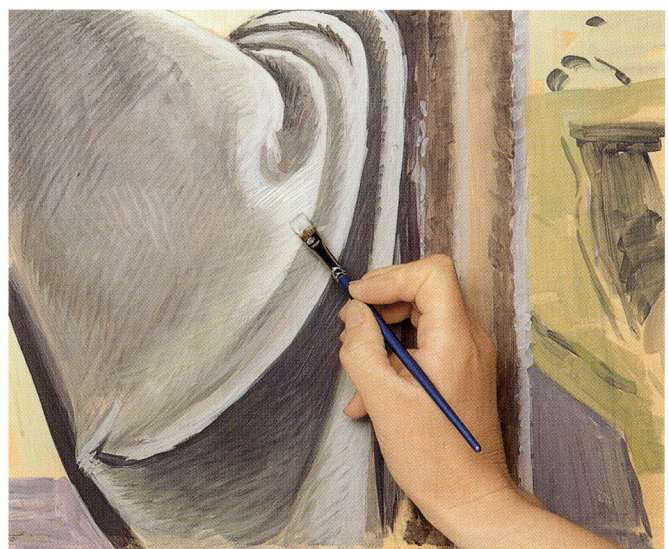

3 Geben Sie zu der Mischung aus Paynesgrau und Umbra natur Weiß und Goldocker und malen Sie die helleren Farben des Stoffs mit lockeren Schwüngen mit dem 1 cm breiten Flachpinsel auf. Achten Sie darauf, dass die Figur insgesamt dunkler erscheint als die Umgebung vor dem Fenster, damit der Kontrast zwischen Innen- und Außenraum erhalten bleibt. Die Farbübergänge werden durch schraffierende Pinselbewegungen weicher gestaltet.

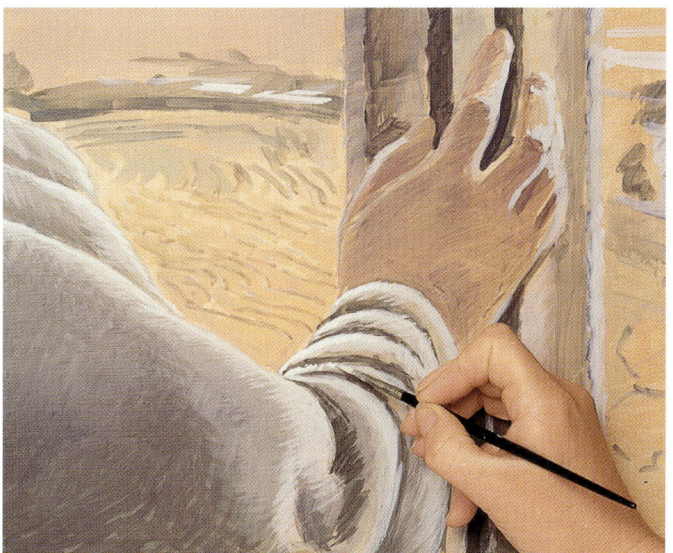

4 Mit den gleichen Farben bauen Sie nun allmählich die Licht- und Schatteneffekte der Stofffalten auf. Der Pinsel wird dabei mit schraffierenden Bewegungen geführt. Hängen Sie ein vergleichbares Stück Stoff auf, um Vorlage und Bild immer wieder vergleichen zu können. Sie sollten die Farbkarte (siehe Seite 46) benutzen, um die Farbtöne der Licht- und Schattenbereiche genau zu bestimmen.

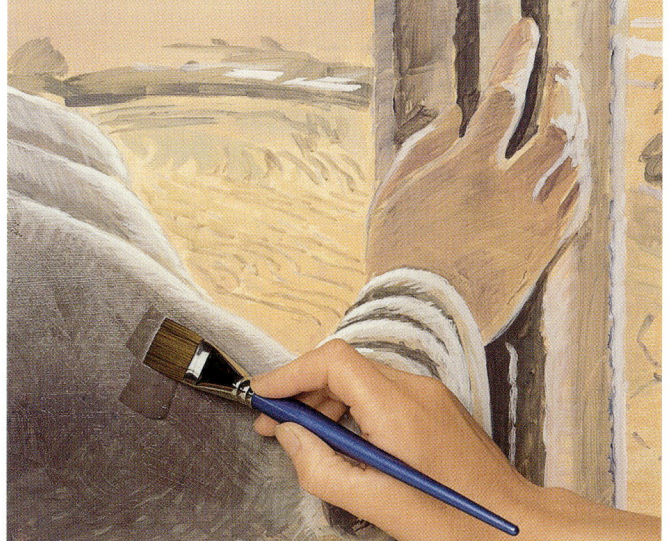

5 Um die düstere Wirkung des Mönches zu betonen, mischen Sie eine dunkle Lasur aus Umbra natur, Paynesgrau und einem matten Acryl-Malmittel, die mit einem 2,5 cm breiten Flachpinsel mehrmals aufgetragen wird. Dadurch wirkt die Landschaft vor dem Fenster noch strahlender.

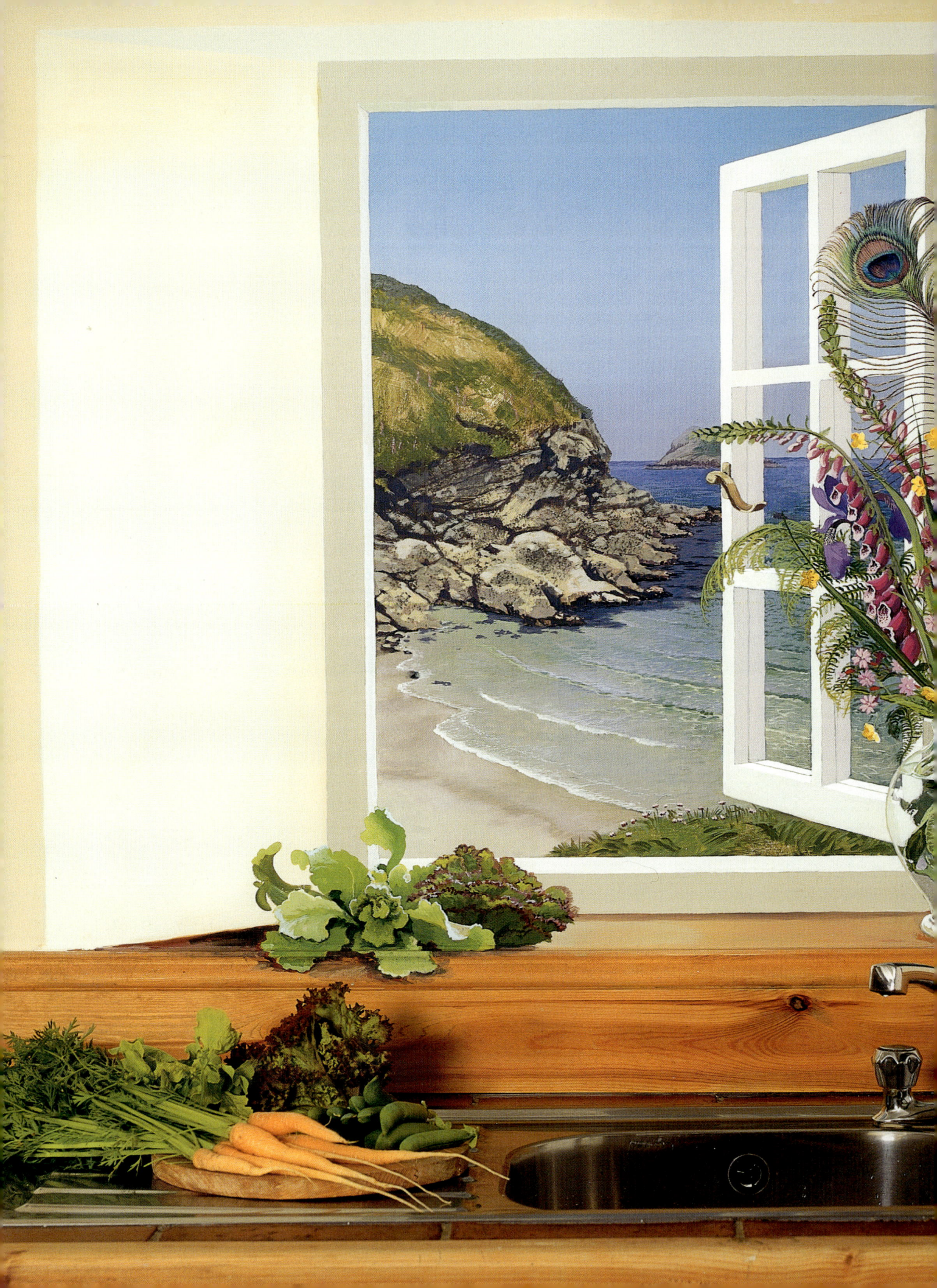

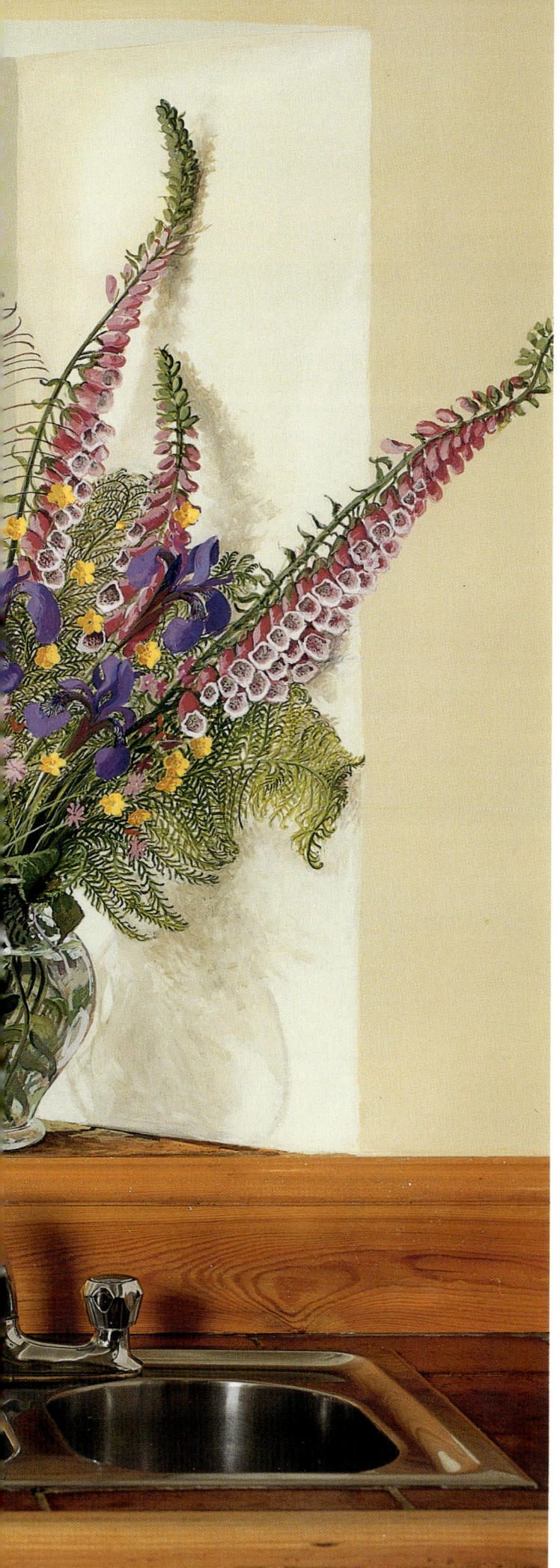

Meerblick

Kein Wandbild entsteht ohne Grund – das gilt auch für dieses. Ländliche Motive brauche ich in meinem Haus in Cornwall nicht, denn alle Fenster haben eine herrliche Aussicht. Wir hatten aber eine Reihe kalter, verregneter Sommer, in denen es nur selten Gelegenheit zu einem Ausflug an unseren Lieblings- strand an der Nordküste gab.

In diesem Jahr fuhren wir an einem wundervollen, klaren Sonnentag zur Küste. Als wir den Pfad durch die Klippen hinunterkletterten, bot sich ein herr- licher Blick auf den Strand, und ich be- schloss, ihn als Motiv für ein Trompe l'œil zu verwenden – direkt über der Spüle, wo ich besonders oft einen Schub guter Laune brauche. Ich hatte meine Kamera und eine Farbkarte dabei und ließ mir Zeit, den schönsten Blickwinkel zu finden. Schließlich entschied ich mich, die Felsen links im Bild zu platzieren und als Gegengewicht rechts einen halb geöffneten Fensterflügel zu malen.

Details zum Fenster

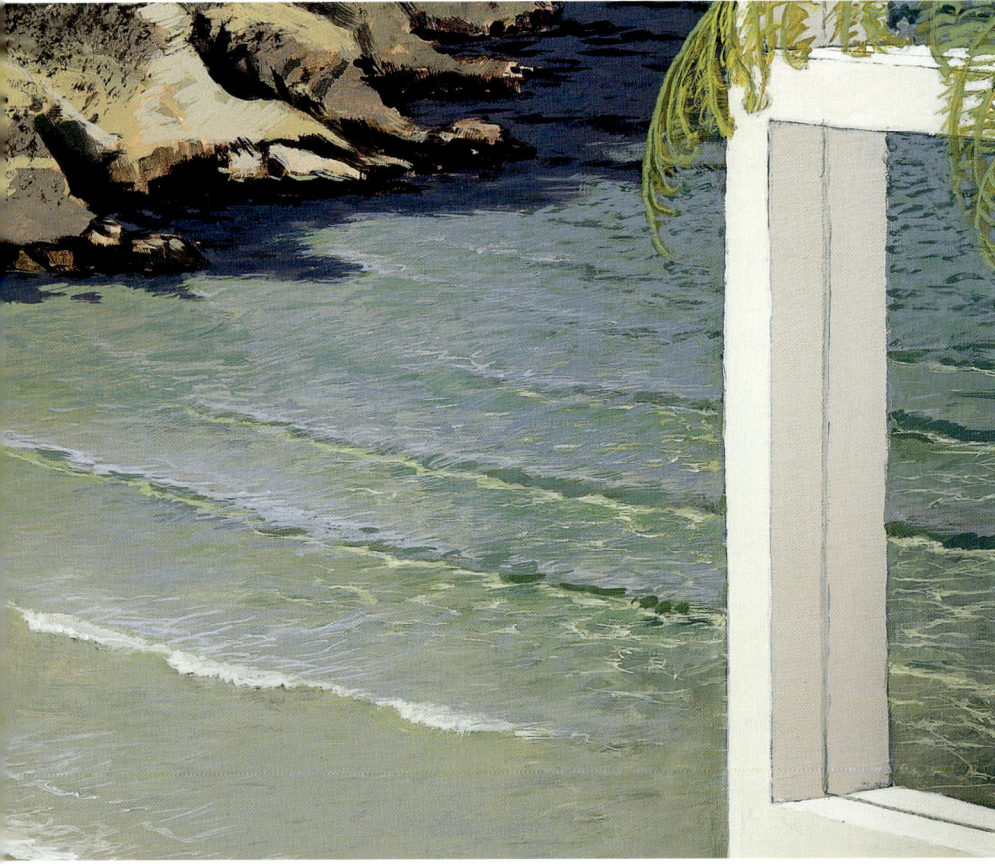

Die Blumen fügte ich spontan hinzu. Als ich sie pflücke, war mir nicht klar, welche Wirkung sie haben würden. Ich mag Wildblumen und finde sie auf der Küchenspüle ebenso schön wie anderswo in der Wohnung.

Ich bin überzeugt, dass man innere Ruhe finden kann, wenn man Blumen nach dem natürlichen Vorbild malt. Vermeiden Sie Fotos, orientieren Sie sich lieber an echten Blumen. Ich kann mich völlig darin verlieren, die feinen Muster und Farben der Blütenblätter zu studieren, und finde dabei eine Ruhe, die der Stille in einer Kirche oder einem Museum ähnelt. Blumen sind so zarte und doch komplexe Kunstwerke, dass ich immer wieder staune und Respekt empfinde. Schwierig ist nur, die Zeit zum Beobachten und Malen zu nutzen, ehe die Blüten verwelken.

Nehmen Sie sich reichlich Zeit für ein solches Bild, statt es in mehreren Anläufen zu malen. Dann wirken die Blumen auf dem Bild noch taufrisch, selbst wenn die Vorbilder längst verwelkt sind. Ich habe alle Blumen auf Wiesen gepflückt und musste einige ersetzen, weil ich ihr Wesen nicht schnell genug erfassen und malen konnte, ehe sie verwelkten.

Eine ausführliche Anleitung zum Malen von Meer und Wellen finden Sie auf Seite 105 bis 108.

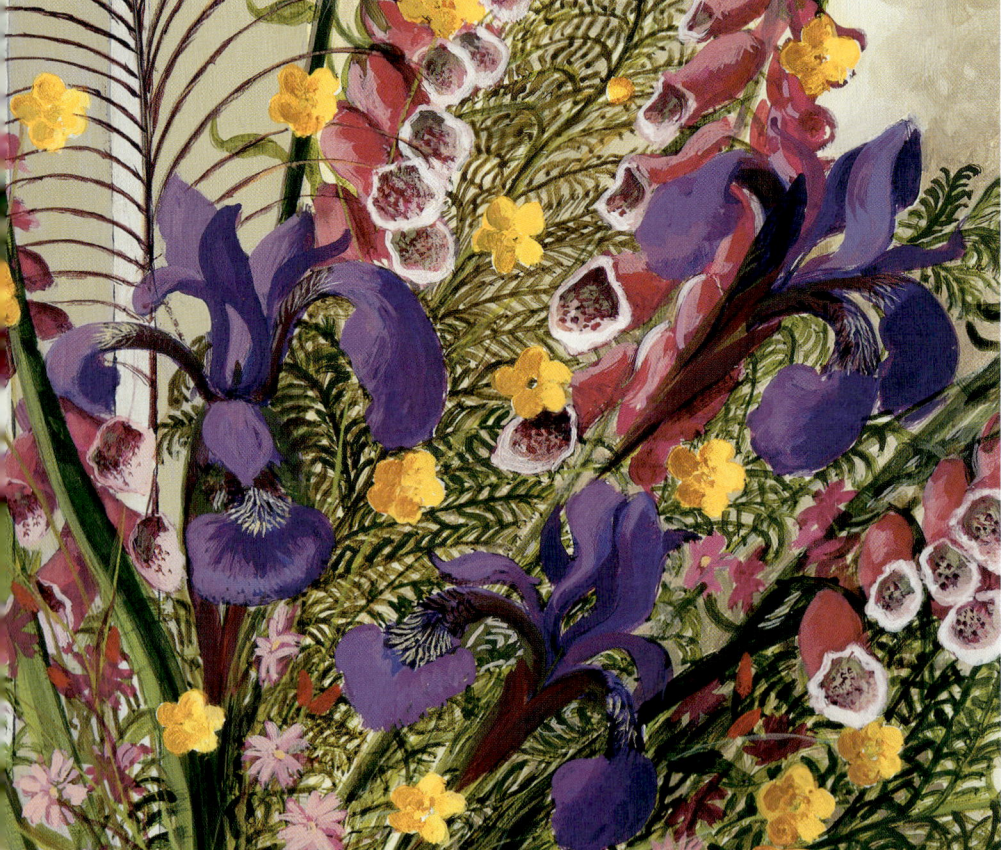

Die Blumen

SCHRITT FÜR SCHRITT

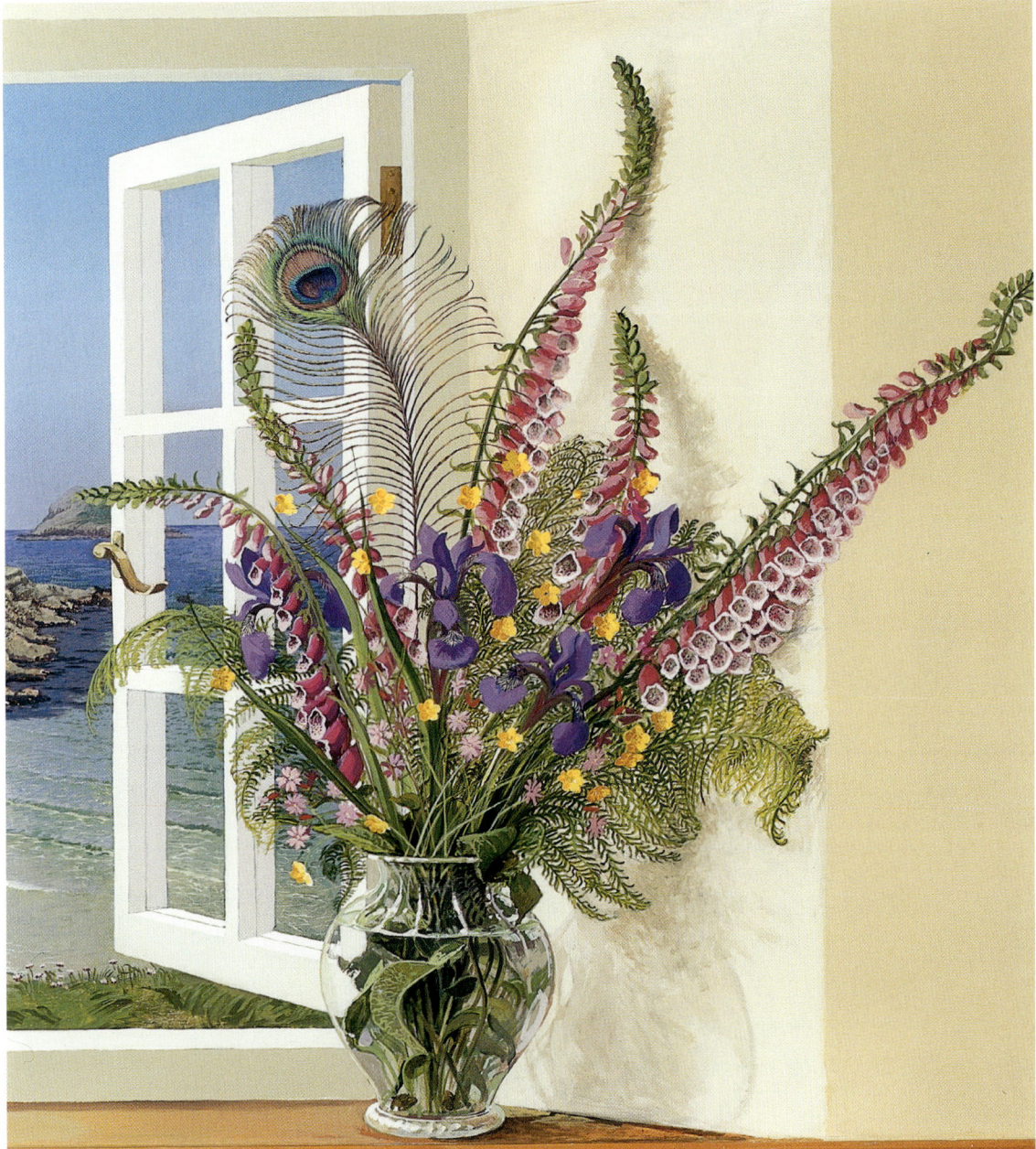

Farben

Gesamte Farb-
palette (siehe
Seite 46)

Werkzeug

Kreideschnur

Kreide

Feiner, spitzer
Pinsel

Abgeschrägter
Pinsel für sehr
feine Linien

Weil die Wand einige Risse und Löcher von alten Nägeln und Bilderhaken hatte, musste sie zuerst gespachtelt werden. Anschließend schliff ich die ganze Wand leicht an und wischte sie mit einem feuchten Tuch ab. Die Fläche für das Wandbild wurde mit zwei Schichten Gesso grundiert, die erste wurde vor dem Auftragen der zweiten angeschliffen.

Um die Farben von Himmel, Meer und Sand zu definieren, verwendete ich die Farbkarte (siehe Seite 46), auf der ich mir Bleistiftnotizen machte. Vor allem das Malen des Meeres, das transparent aussehen sollte, machte mir großen Spaß. Dabei kommt es auf sehr genaue Wahrnehmung und Umsetzung der Farben an.

Die Blumen werden zuerst mit Kreide vorgezeichnet. Der Hintergrund ist schon recht weit fortgeschritten, muss aber nicht fertig sein, ehe die Blumen gemalt werden. Kaum jemand malt so sauber, dass sich Flecken auf den fertig gestellten Bereichen vermeiden lassen.

Aus diesem Grund ist es besser, beide Bereiche parallel zu entwickeln, selbst wenn man dabei sehr vorsichtig um Blüten und Stiele herum malen muss.

Um die Fluchtpunkte für Ober- und Unterkanten des Fensters sowie die Sprossen zu finden, setzte ich die Projektionsmethode ein (siehe Seite 24).

Die Blüten

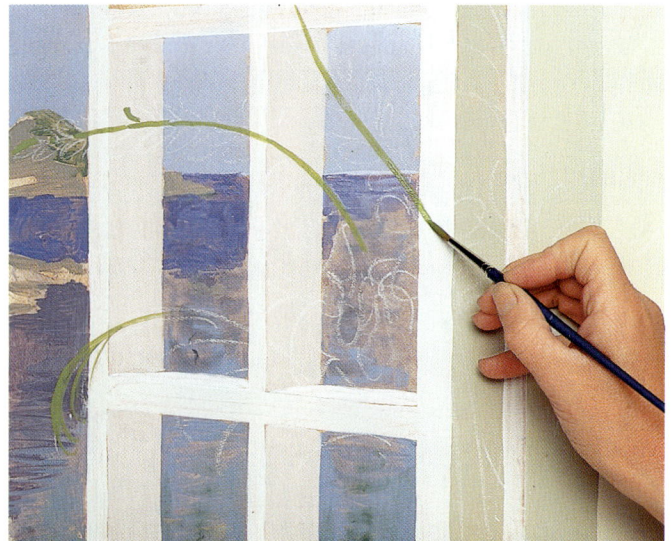

1 Wenn die Blüten mit Kreide vorgezeichnet und die Senkrechten mit der Kreideschnur markiert sind, malen Sie die Stiele mit einem feinen, spitzen Pinsel und einem Mittelgrün aus Permanentgrün hell, Goldocker, Weiß und Kadmiumrot. Der Rotanteil im Grün für die Blätter muss recht hoch sein. Für so komplexe Motive verwende ich generell die volle Farbpalette.

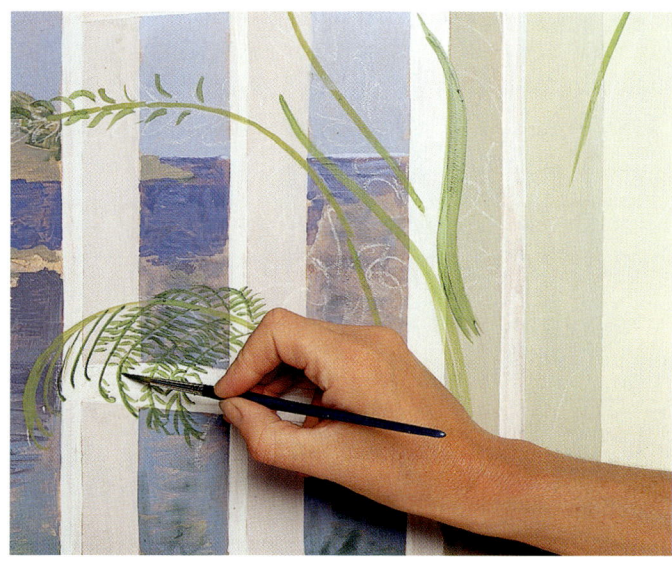

2 Mit dem feinen, spitzen Pinsel werden die Details der Blätter und Farnwedel hinzugefügt.

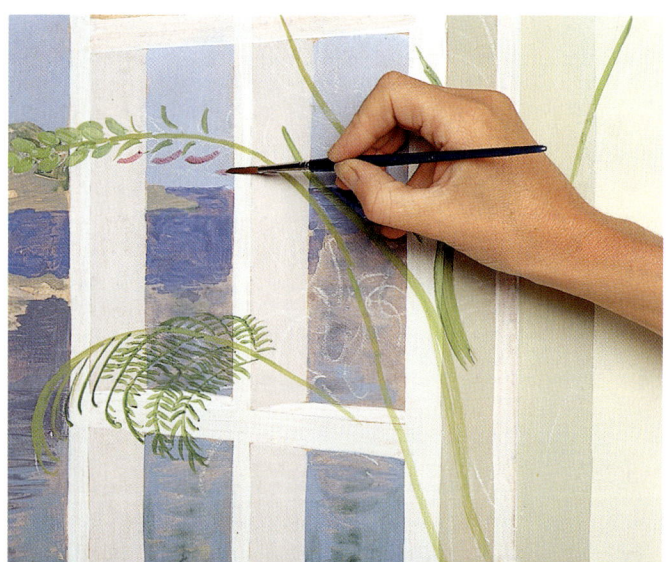

3 Nun werden die Flächen der Blätter und Blüten ausgefüllt. Sehen Sie sich natürliche Blüten ganz genau an und achten Sie darauf, wie das Licht die Farben beeinflusst. Hier werden gerade die pinkfarbenen Unterseiten der Fingerhutblüten gemalt.

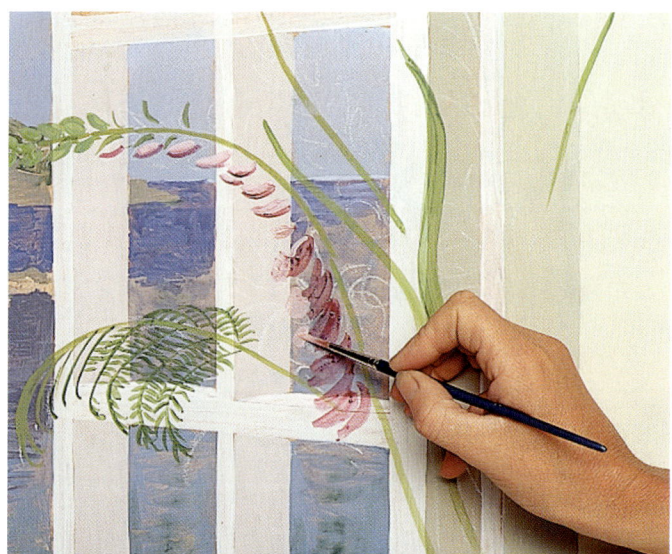

4 Entwickeln Sie das Bild wie ein Stillleben weiter. Hier werden die helleren Teile der Fingerhutblüten gemalt. Sie müssen zügig malen, damit die Blüten nicht zwischendurch verwelken. Werden sie doch welk, pflücken Sie frische, denn die faden Töne der welken Blüten beeinflussen Ihr Bild.

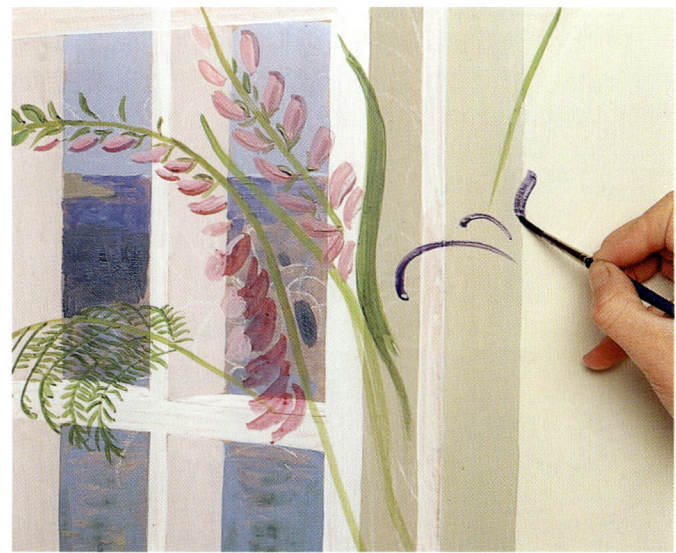

5 Zuerst zeichnen Sie die Formen der violetten Iris vor, erst dann arbeiten Sie die Details aus.

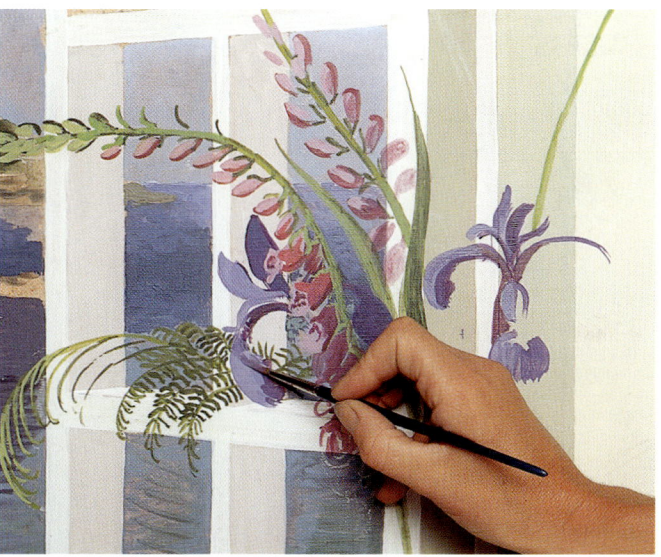

6 Haben Sie die Grundformen definiert, können sie mit dem abgeschrägten Pinsel die Einzelheiten der Blüten zufügen.

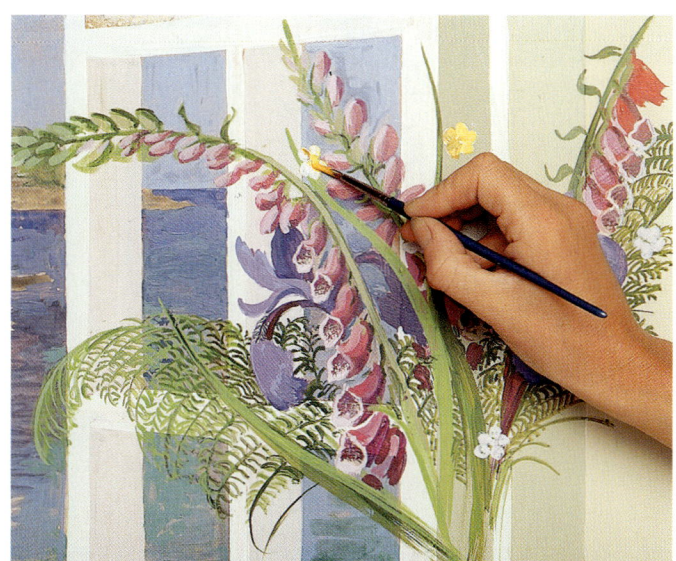

7 Die gelben Hahnenfuß-Blüten habe ich weiß grundiert und dann gelb übermalt. Durch diesen Kunstgriff erhalten helle, transparente Farben mehr Leuchtkraft. Die Blüten sehen plastischer aus, wenn Sie die Innenseiten der Blüten, die ihre Rückseite dem Licht zuwenden, leicht schattieren.

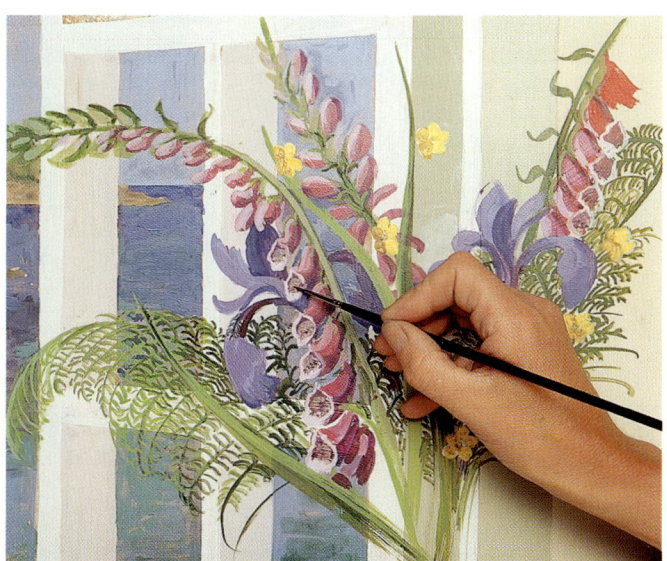

8 Zum Schluss folgen die kleinen Details der Blüten, etwa die dunklen Tupfen auf den helleren Innenseiten der Fingerhutblüten.

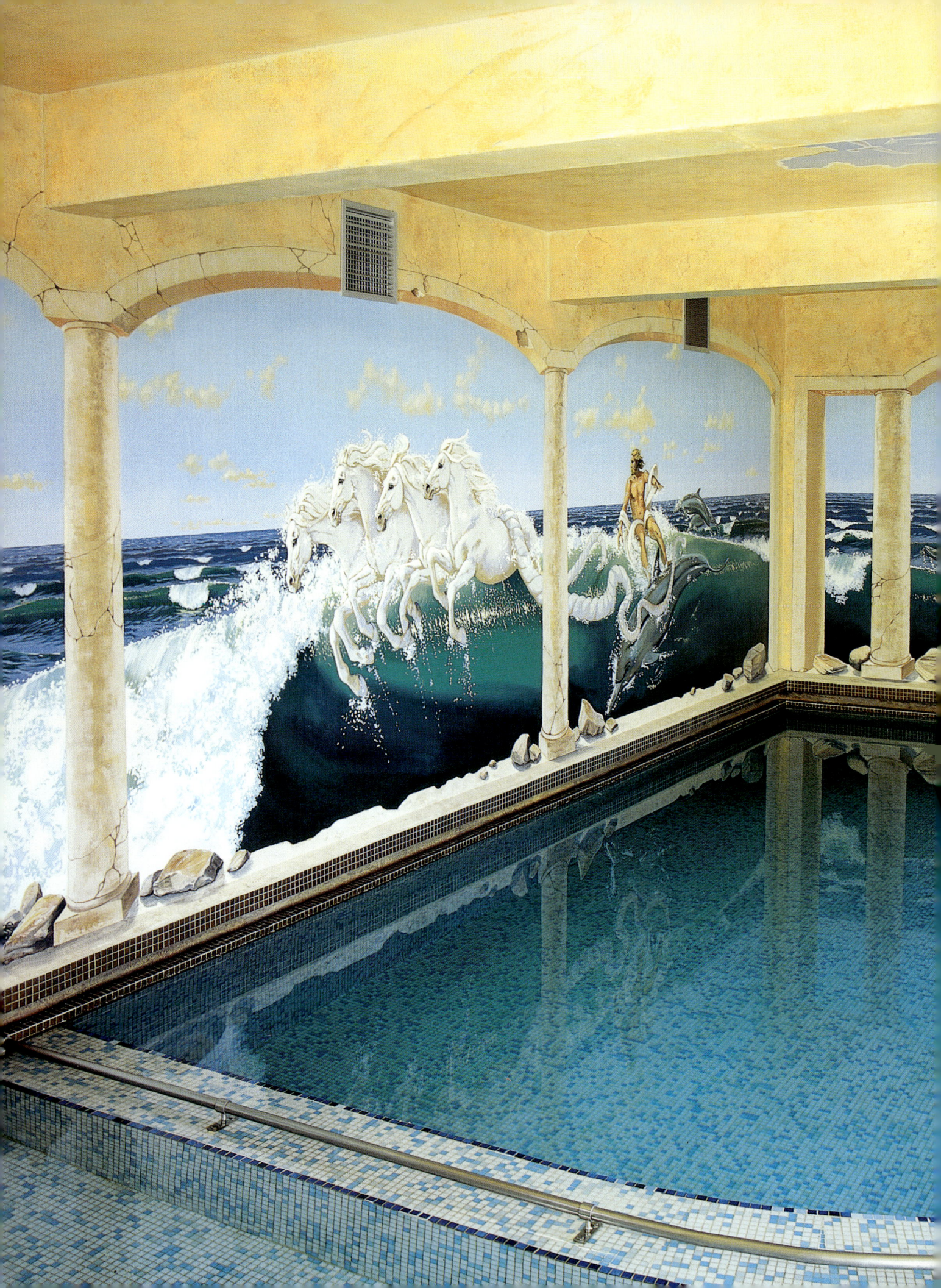

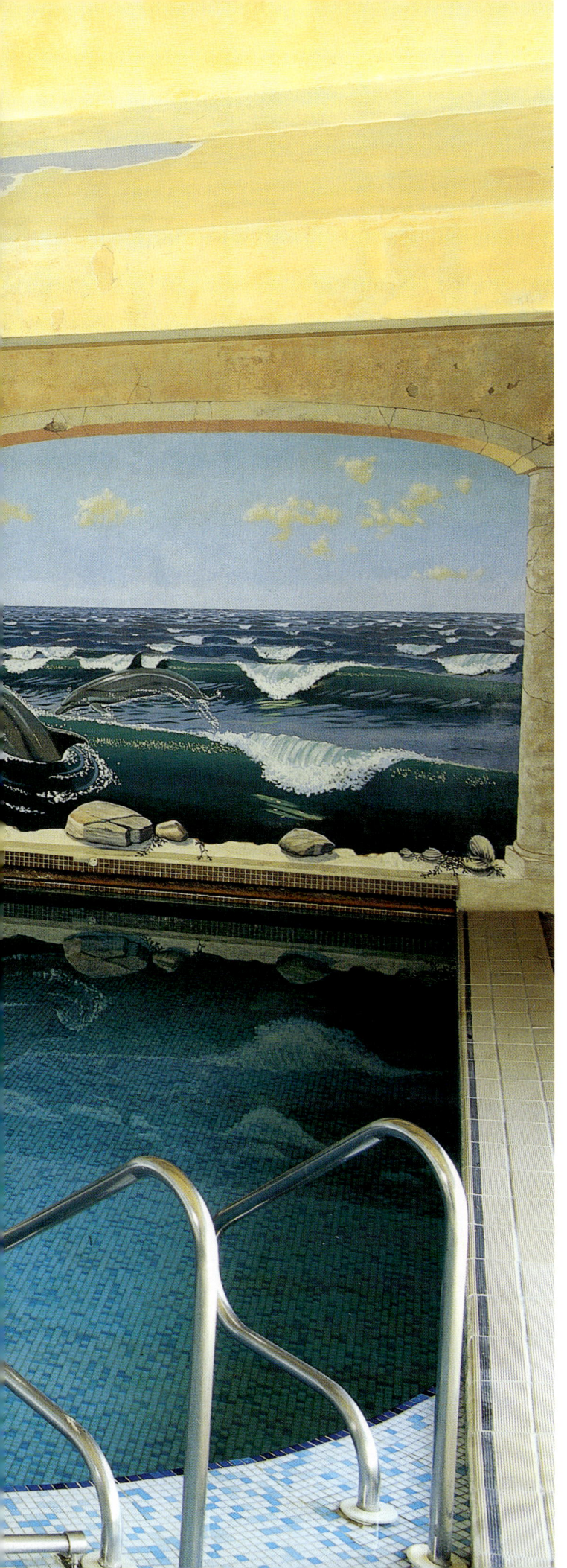

Weiße Pferde

Ich war erstaunt, als ich das Werbeplakat einer großen Firma sah, das diesem Wandbild ähnelte. Ich hätte gern den Designer kennen gelernt; er hatte wie ich die Idee, die Schaumkronen von Brandungswellen als weiße Pferde zu interpretieren, die aus dem Wasser springen.

Den Impuls zu diesem Motiv gab ein römisches Mosaik. Neptun tritt allerdings als muskulöser Surfer auf, zumal diese Gegend von Cornwall als Surfrevier sehr beliebt ist. Mauerwerksbrocken am unteren Rand der Wand deuten an, dass sich das Motiv in einer halb restaurierten Ruine am Meer befindet. Das trifft aber auf das Watergate Bay Hotel mit seinem atemberaubenden Meerblick keineswegs zu.

Sandsteinsäulen
SCHRITT FÜR SCHRITT

Als ich dieses Trompe l'œil entwarf, legte ich die Augenhöhe auf 1,5 Meter über dem Boden fest. Diese Höhe entspricht dem Horizont über dem Meer.

Wer Säulen malt, sollte sie sich anfangs nicht rund vorstellen, sondern eckig (siehe Seite 27). Dann fällt es leichter, die Seiten der Quader am Fluchtpunkt auf dem Horizont auszurichten. Anschließend werden Diagonalen in Ober- und Unterseite eingezeichnet, um perspektivische Kreise entwickeln zu können. Säulen sind oben schlanker als unten. Sie verbreitern sich auf den beiden oberen Dritteln ihrer Höhe, im unteren Bereich sind sie gerade und senkrecht.

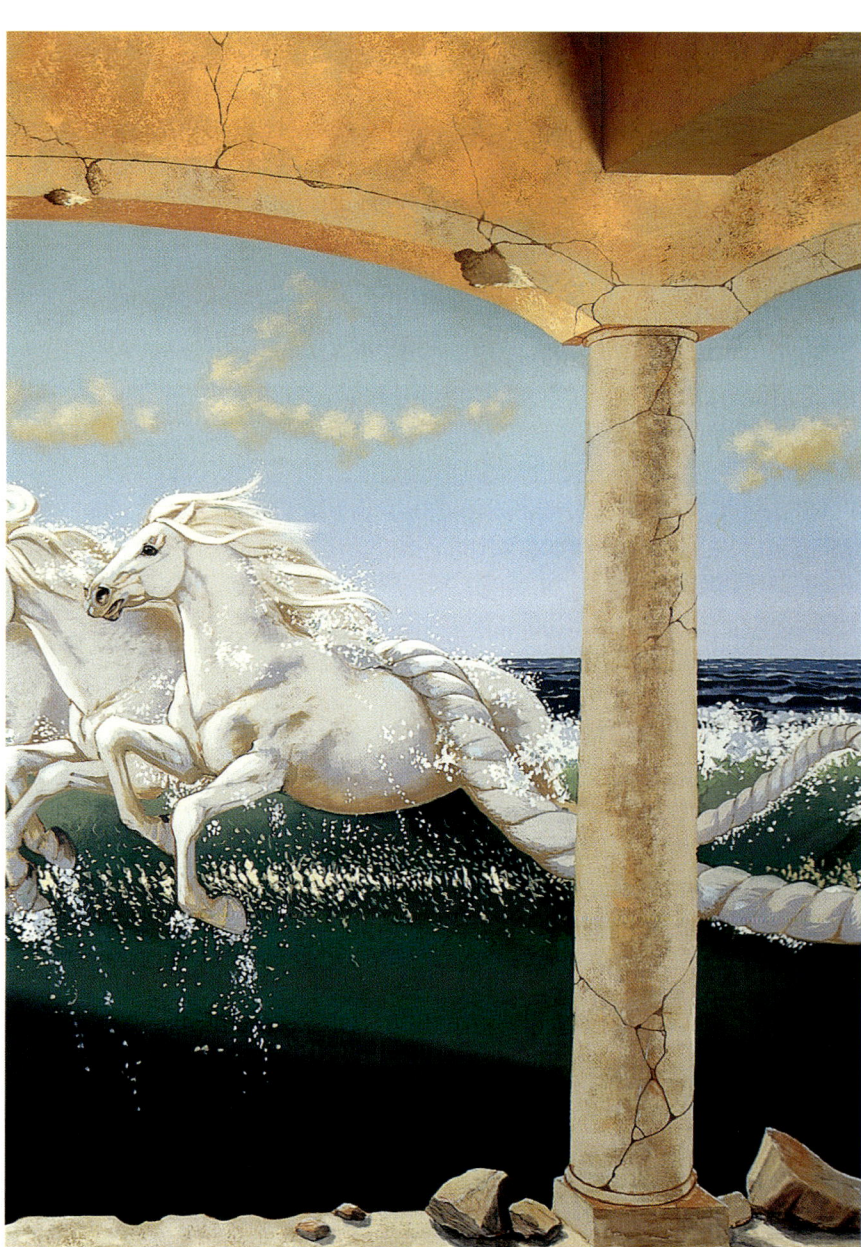

Farben	Werkzeug
Weiß	Kreideschnur
Paynesgrau	Heizkörperrolle
Goldocker	Autoschwamm
Gebrannte Siena	Feiner Marderhaarpinsel
Umbra natur	
(Farben für den Himmel siehe Seite 109)	

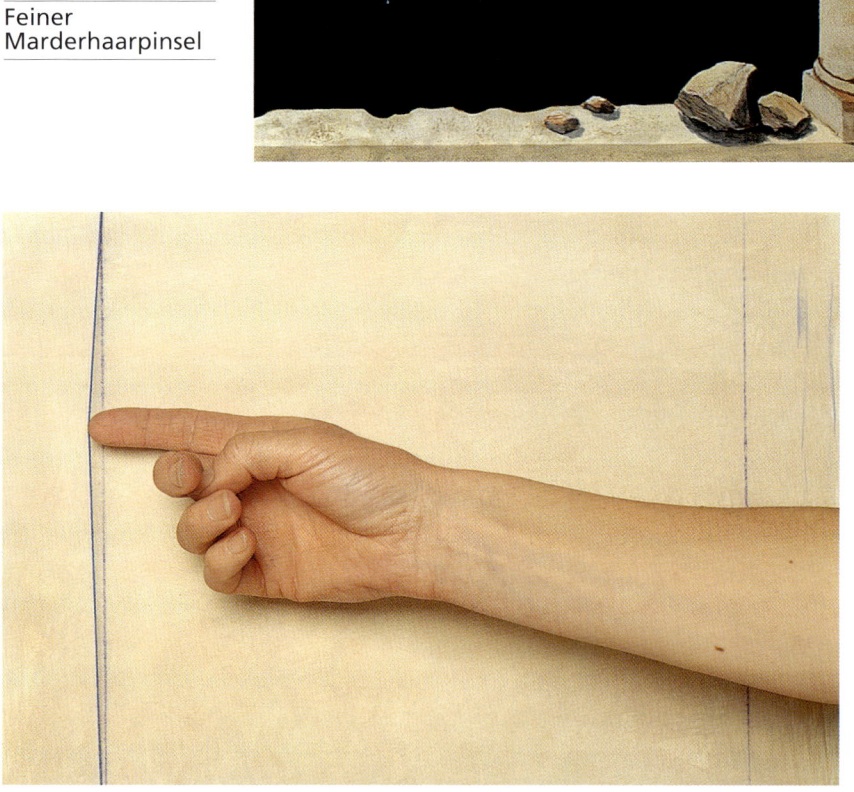

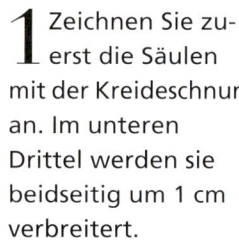

1 Zeichnen Sie zuerst die Säulen mit der Kreideschnur an. Im unteren Drittel werden sie beidseitig um 1 cm verbreitert.

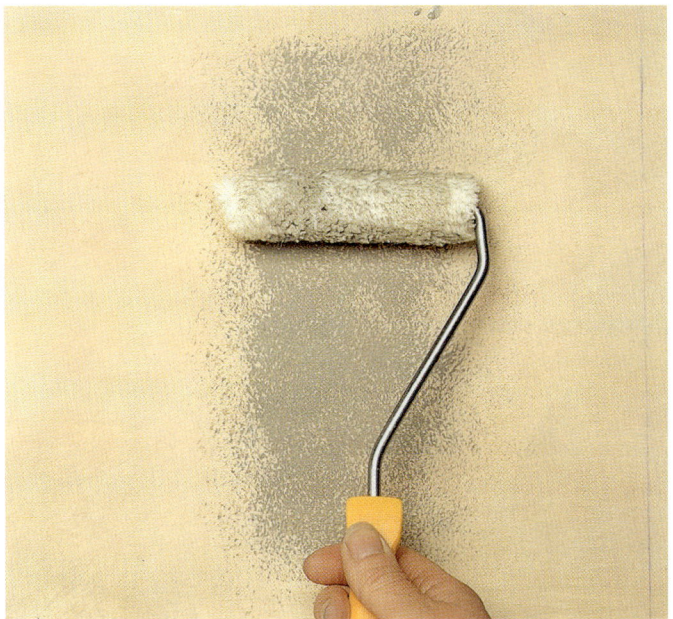

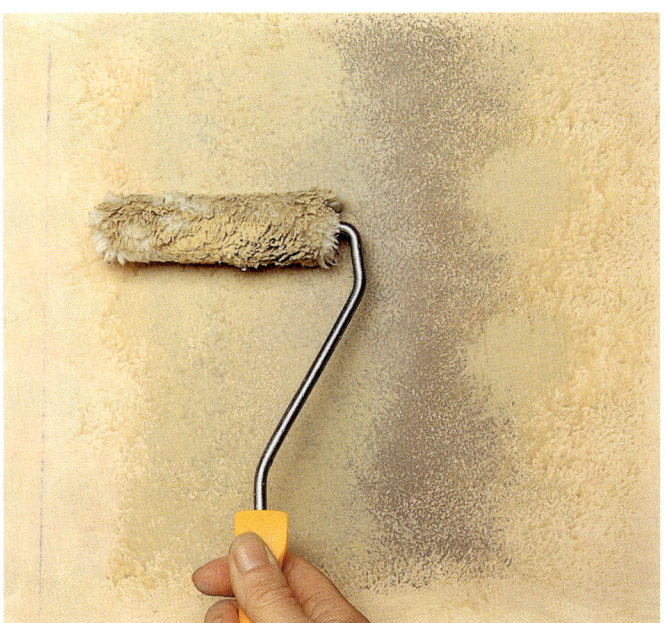

2 Mit einer Heizkörperrolle habe ich drei verschiedene Sandstein-Töne aufgetragen – hell, mittel und dunkel aus den folgenden Grundfarben:

Heller Ton: Weiß, Paynesgrau, Goldocker und gebrannte Siena

Mittlerer Ton: Weiß, Goldocker und gebrannte Siena

Dunkler Ton: Weiß, Umbra natur und Goldocker

Der mittlere Bereich der Säule wird im mittleren Ton eingefärbt.

3 Der dunkelste Farbton liegt neben der Mitte auf der dem Licht abgewandten Seite (hier also rechts). Arbeiten Sie mit den drei Farben die Rundung der Säule überzeugend heraus. Die hellsten Farben sind dem Licht zugewandt, das hier von links einfällt.

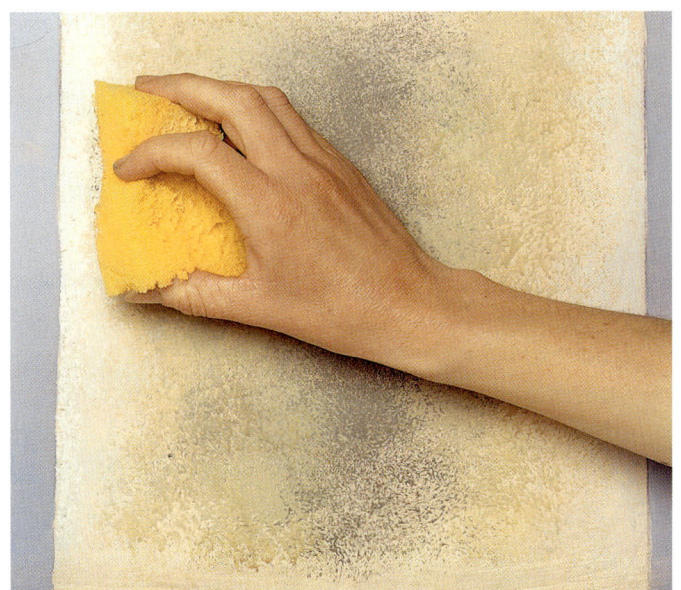

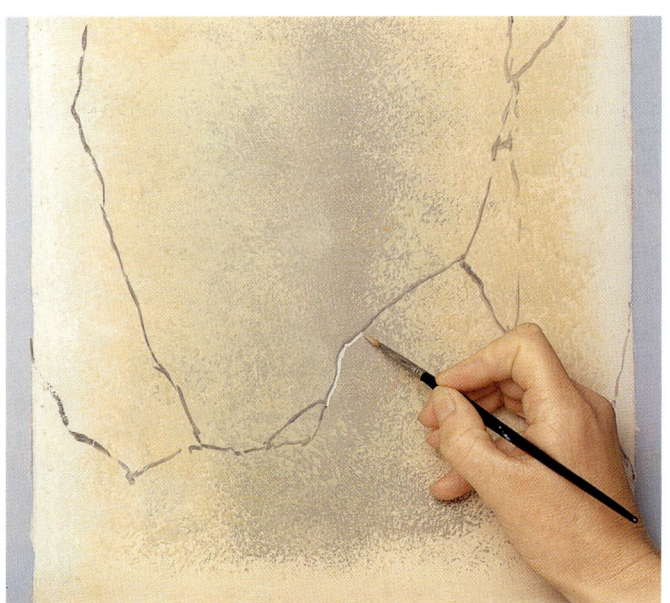

4 Indem Sie den Hintergrund frühzeitig malen, erhalten Sie wichtige Bezugspunkte und können die Wirkung des Bildes überprüfen. Die Farbübergänge werden mit einem viereckigen Autoschwamm abgetupft. Tragen Sie alle drei Farbtöne mehrmals auf und tupfen Sie sie ab, um die Textur auszuarbeiten.

5 Zum Schluss werden mit einem feinen Pinsel einige Risse mit einer Mischung aus Umbra natur und Paynesgrau aufgemalt. Den Verlauf können Sie frei gestalten, achten Sie aber darauf, dass er der Rundung der Säulen folgt. Die Risse wirken plastischer, wenn Sie ihre Unterkanten mit einem hellen Farbton nachziehen.

Pferdekopf

Ich stelle mir die Schaumkronen der Brandung gern als weiße Wildpferde vor, die sich mit wehenden Mähnen aus dem Wasser erheben. Darum war ich begeistert, als ich den Auftrag für dieses Wandbild im Watergate Bay Hotel erhielt. Beim Blättern in Zeitschriften fand ich Fotos von stämmigen, französischen Pferden. Ich zeichnete viele Skizzen und beschloss, dass die Pferde etwas schlanker werden mussten, um nicht unterzugehen. Schließlich zeichnete ich den Entwurf auf Folien, um ihn an die Wand zu projizieren.

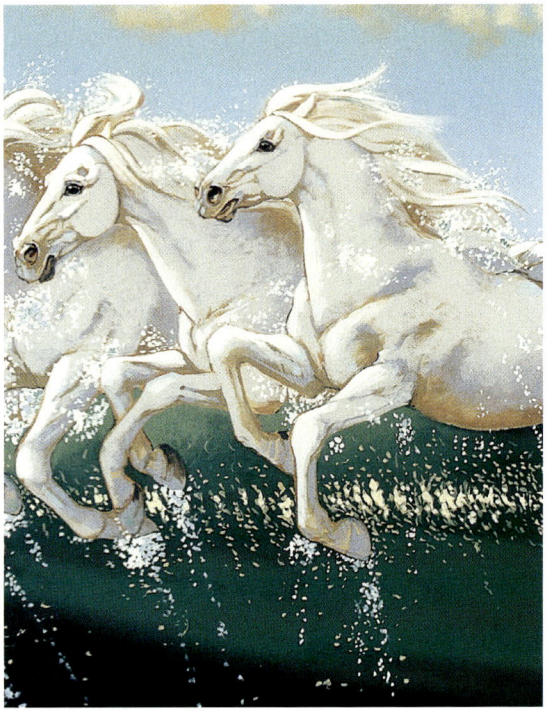

Farben

Weiß
Paynesgrau
Gebrannte Siena
Goldocker

Werkzeug

Flachpinsel, 2,5 cm breit
weiche Lappen

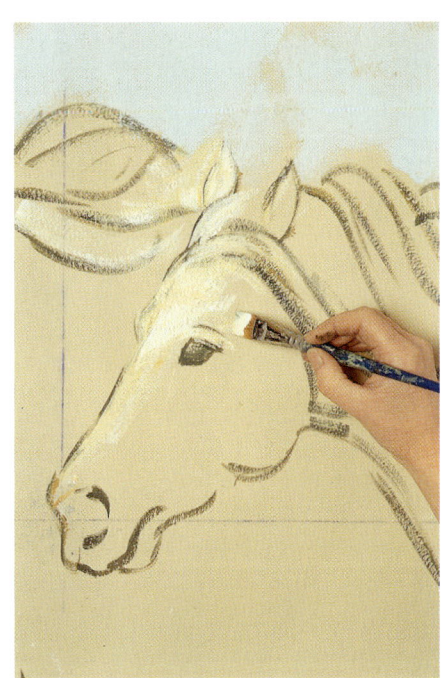

1 Nachdem ich mit meinem Entwurf zufrieden war und das Motiv auf die Wand projiziert hatte, konnte ich an die Arbeit gehen. Auf einer farbigen Grundierung (in diesem Fall ein Beigeton) lassen sich Licht- und Schattenbereiche leichter definieren als auf einem weißen Untergrund.

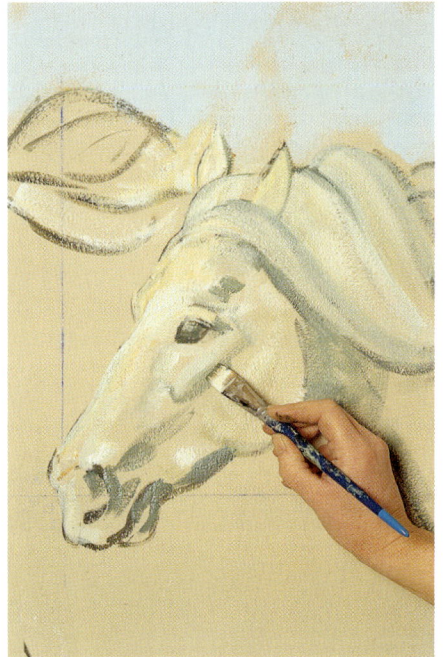

2 Mit einem breiten Flachpinsel werden Licht- und Schattenflächen von Anfang an festgelegt. Die hellsten und dunkelsten Mischtöne werden dafür aber nicht verwendet, weil sie zum Schluss für die Ausarbeitung benötigt werden. Reines Weiß wurde in diesem Bild nur für den Schaum benutzt.

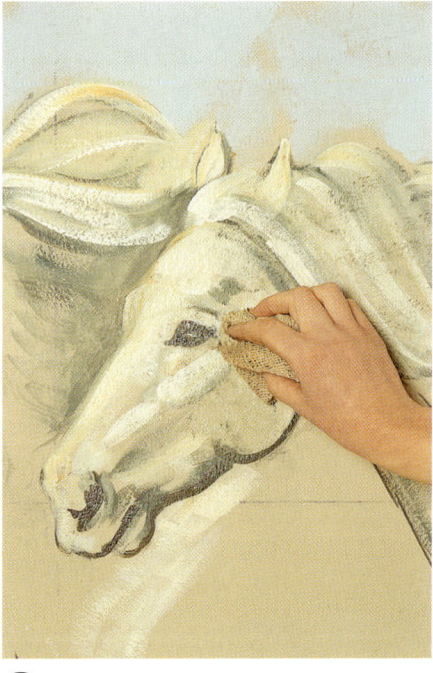

3 Mit einem feuchten, zusammengefalteten Lappen (grobes Wischlappengewebe) tupfen Sie die Farbübergänge während des Malens ab.

Meer und Wellen

Sehen Sie sich zuerst das Meer genau an. Wer nicht das Glück hat, an der Küste zu wohnen, muss Fotos verwenden. Definieren Sie die Farben mit Hilfe einer Farbkarte (siehe Seite 46). Dazu halten Sie die Farbkarte am gestreckten Arm auf Augenhöhe, sodass sie hell und gleichmäßig ausgeleuchtet ist. Schließen Sie jetzt ein Auge und vergleichen Sie die Farben des Meeres mit denen der Farbkarte. Mit etwas Übung sollten sie nach und nach etwa 5 Hauptfarben identifizieren können, die Sie anschließend anmischen.

Wellen sind letztlich dreieckige Wasserwälle verschiedener Höhe. Bei kräftigem Wind wird die Wasseroberfläche sehr unruhig, und die Farben sind schwierig zu unterscheiden. Am besten lässt sich das Meer beobachten, wenn es sich nach einem Sturm beruhigt hat. Auch auf dem offenen Meer ist die Wasserfläche meist glatter, und die Wellen sind groß genug, um die verschiedenen Ebenen und Winkel zu erkennen.

Stellen Sie sich Wellen als liegende Dreiecksprismen vor, die auf Sie zukommen. Die Rückseite des Dreiecks reflektiert den Himmel. Durch die Vorderseite kann man in die Tiefe sehen, die meist Grün erscheint. Der Farbton hängt von der Tiefe und der Beschaffenheit des darunter liegenden Meeresgrundes ab. Je tiefer das Wasser, desto dunkler der Grünton. Am Kamm ist die Welle transparenter, das Grün ist also heller.

Um Wellen überzeugend zu malen, brauchen Sie verschiedene Blau- und Grautöne für die Reflexion des Himmels und unterschiedliche Grüntöne für die Abstufungen der Tiefe. Wäh-

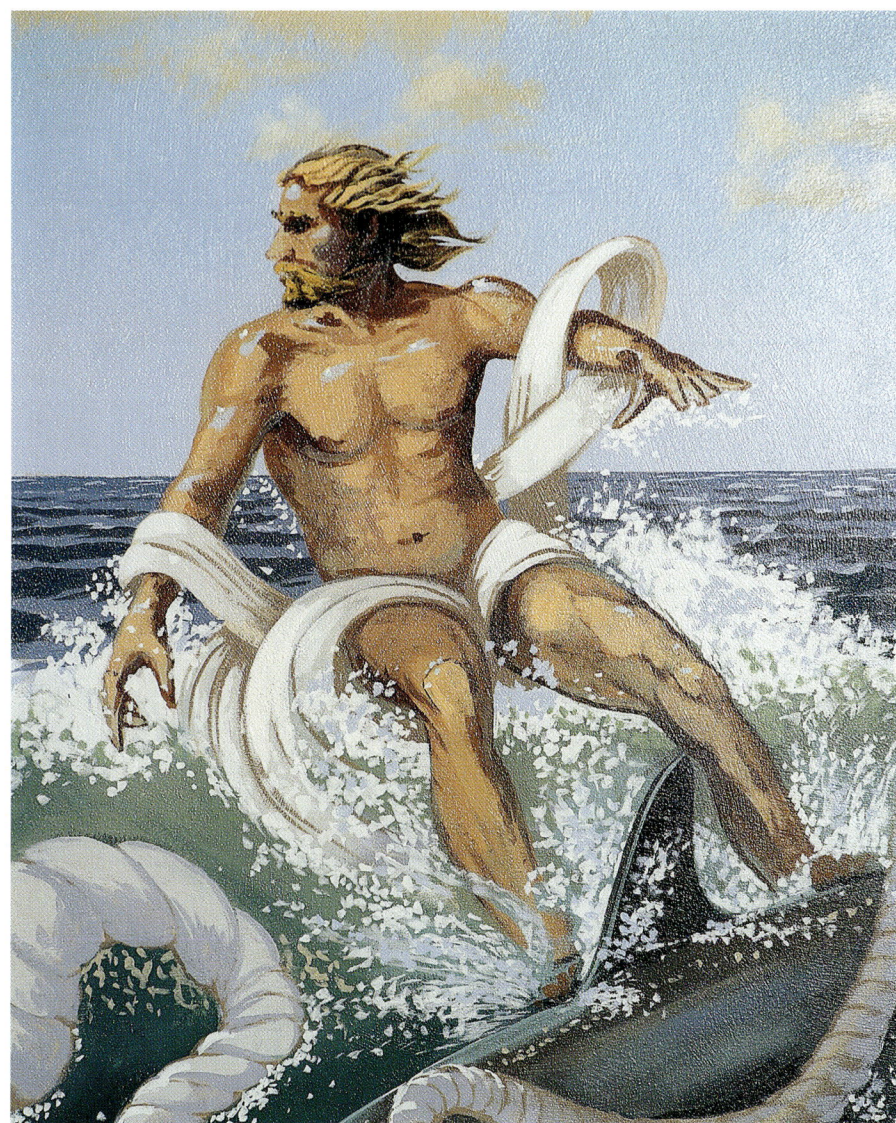

len Sie bewusst dunkle Farbtöne, damit der weiße Schaum leuchten kann. Sind alle Farben hell und leuchtend, fällt er nicht ausreichend ins Auge.

Es ist schwierig, mit Acrylfarben weiche Farbübergänge zu erhalten. Wie beim Himmel (siehe Seite 109) können Sie die Übergänge mit einem feuchten Lappen verwischen. Seien Sie beruhigt: Auch ich brauche immer mehrere Arbeitsgänge, um den gewünschten Effekt zu erreichen.

Meer und Wellen

SCHRITT FÜR SCHRITT

Farben	Werkzeug
Ultramarinblau	Kreideschnur
Umbra natur	Malerkrepp
Weiß	Flachpinsel, 8 mm breit
Karminrot	Flachpinsel, 1 cm breit
Phthalogrün	Dicker Maler-Rundpinsel
Purpurviolett	
Kadmiumgelb	Feiner, spitzer Pinsel
Kadmiumrot	Lappen
Paynesgrau	

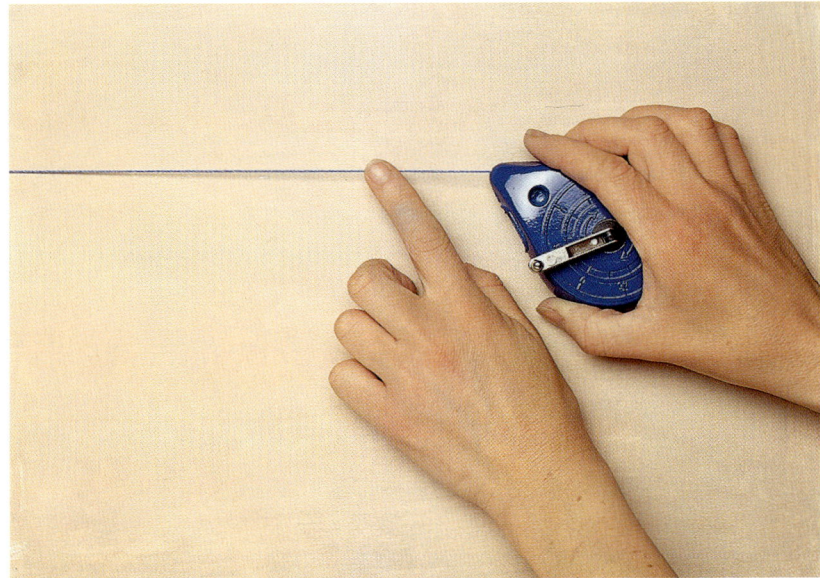

1 Zuerst den Horizont in 1,5 m Höhe mit einer Kreideschnur markieren. Bei diesem Bild war die Horizontlinie fast 20 m lang, darum musste ich viele Markierungen anbringen und brauchte einen Helfer, der das Ende der Schnur festhielt. Wer allein arbeitet, kann das Schnurende mit Malerkrepp fixieren. Danach den Himmel grundieren (siehe Seite 109).

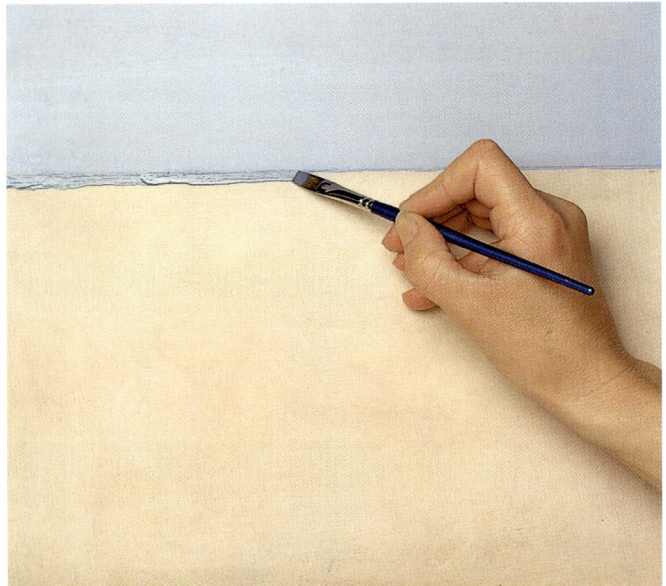

2 Direkt unter dem Horizont tragen Sie mit dem 8 mm breiten Pinsel einen dunklen Blaugrauton auf, der aus Ultramarinblau, Umbra natur, Weiß, etwas Karminrot und einem Hauch Phthalogrün gemischt wird.

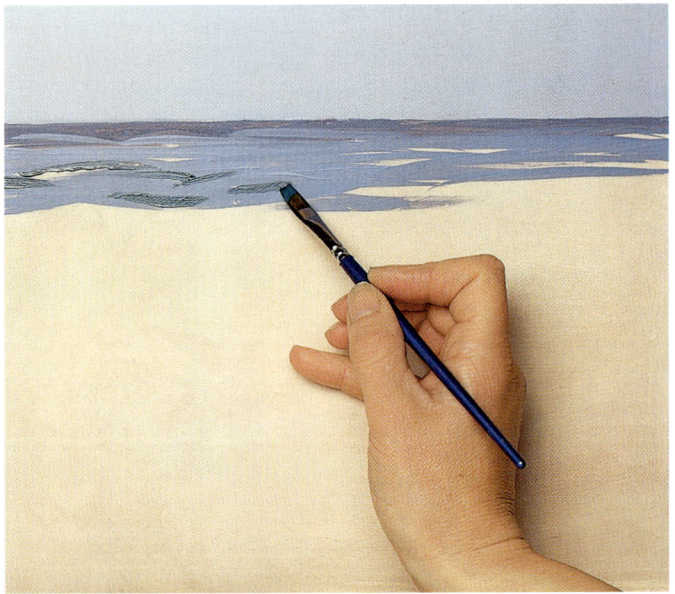

3 Mit einem helleren Blauton malen Sie die Wellen unter dem Horizont. Lockern Sie die Fläche mit einigen Wellen in Grün auf. Wegen der perspektivischen Wirkung müssen die Wellen zum Horizont hin immer kleiner werden.

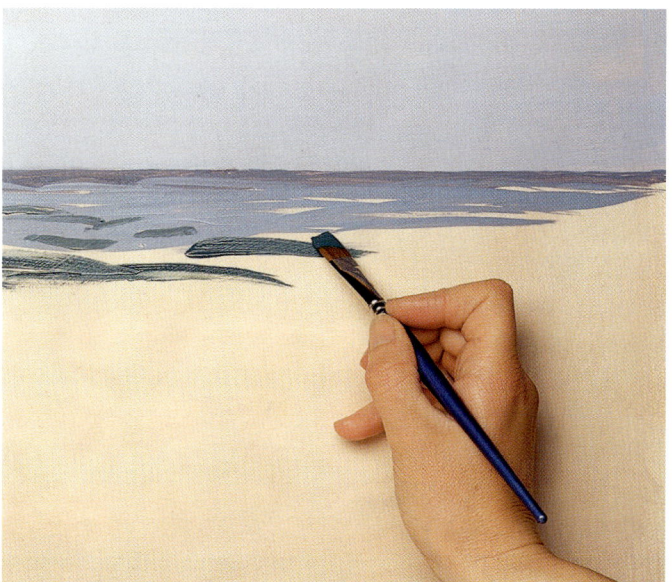

4 Die größeren Wellen im mittleren Bereich werden in weichen Schwüngen mit dem 1 cm breiten Flachpinsel gemalt. Verwenden Sie dazu ein helleres Blaugrau, das mit dunklem Blaugrün aufgelockert wird.

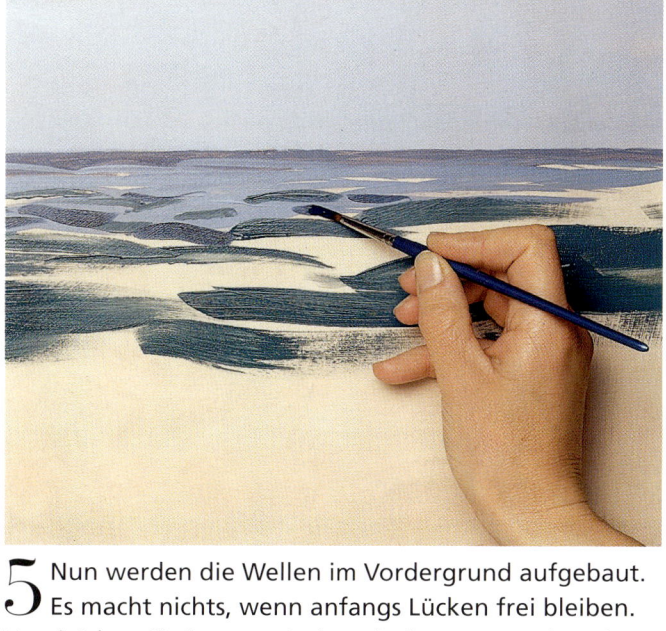

5 Nun werden die Wellen im Vordergrund aufgebaut. Es macht nichts, wenn anfangs Lücken frei bleiben. Vergleichen Sie immer wieder mit dem Meer oder mit Fotovorlagen, damit Sie ein Gefühl für die Bewegung bekommen und das Bild nicht statisch wirkt. Das Malen von Wellen ähnelt dem Aufspüren von Gesichtern in Flammen. In gewisser Weise ist es eine abstrakte Malerei, aber mit der Zeit entwickelt sich der Charakter der Wellen, wenn Sie einmal eine Basis geschaffen haben, auf der Sie aufbauen können. Im Vordergrund müssen Sie mit einem dicken Maler-Rundpinsel arbeiten, um ausreichende Deckung zu erhalten.

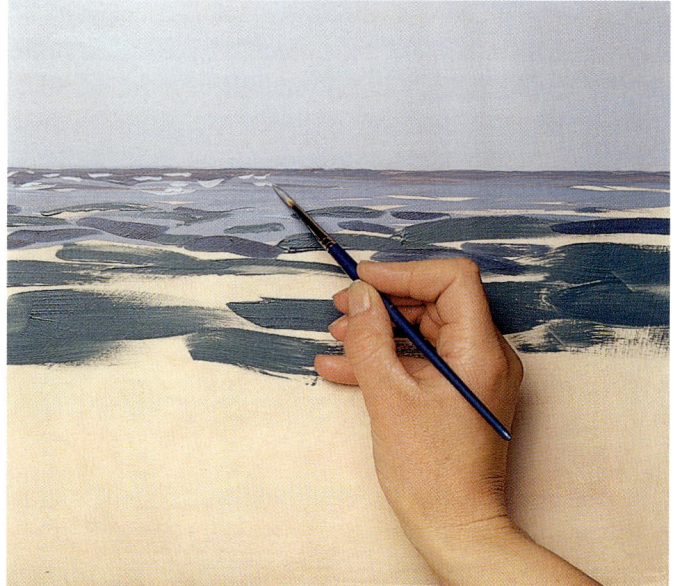

6 Mit einem schmalen Pinsel arbeiten Sie direkt unter dem Horizont winzige weiße Pferde ein. Je kleiner Sie diese zeichnen, desto größer wirkt die Entfernung. Mischen Sie dafür Weiß mit Paynesgrau. Achten Sie darauf, dass die Pferde nicht zu weiß werden, denn Sie benötigen glänzendes Weiß, damit der Schaum im Vordergrund optimal zur Geltung kommt.

Meer und Wellen

7 Bauen Sie die Formen und Farbschichten weiter auf und stellen Sie sich dabei dreieckige Wasserberge vor, die auf Sie zu rollen. Wenn sich eine Welle bricht, geschehen allerlei komplizierte Dinge – hier müssen wir vereinfachen. Die Welle wird transparenter, ganz oben wird also ein helleres Grün verwendet. Dann kippt der Kamm und fällt vor der Vorderseite des Dreiecks hinab.

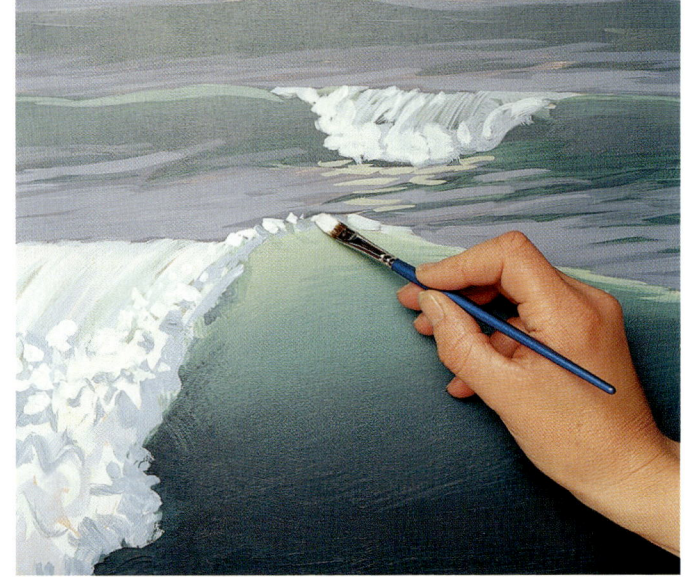

8 Malen Sie den Schaum in Weiß und tönen Sie die Schatten der Schaumkrone mit etwas Paynesgrau ab, damit sie plastischer wirken.

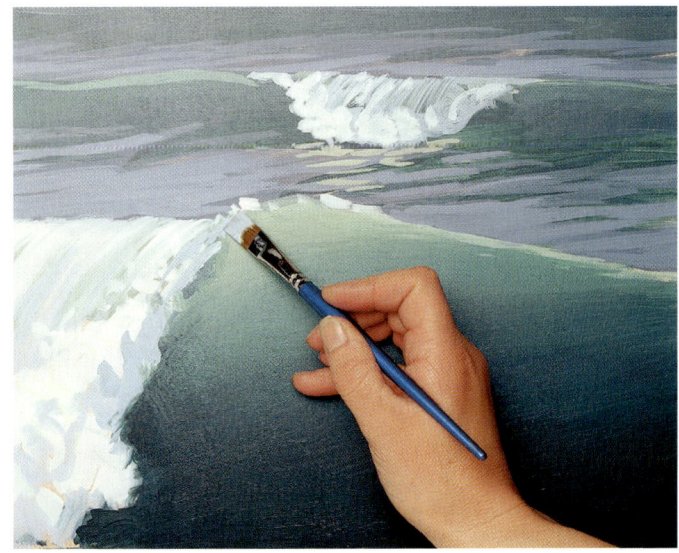

9 Der schäumende Wellenkamm spiegelt sich im Wasser zwischen den Wellenbergen. Beobachten Sie dies möglichst in der Realität. Ich habe hier ein Gelbgrün aus Kadmiumgelb, Kadmiumrot und meinem hellsten Wasserfarbton angemischt. In die konkave Wölbung der sich brechenden Welle habe ich kleine Reflexe mit der beigefarbenen Grundierung gesetzt – diese Glanzpunkte lassen das Wasser nass aussehen. Weiter unten in der Wölbung befindet sich ein Streifen in dunklem Blau-grün, gemischt aus dem dunkelsten Wasserton und etwas Purpurviolett, Ultramarinblau und Weiß.

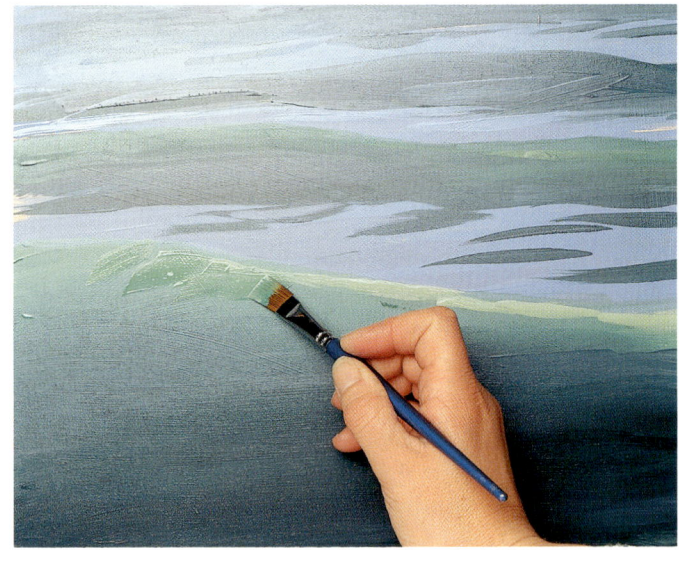

Himmel und Wolken
SCHRITT FÜR SCHRITT

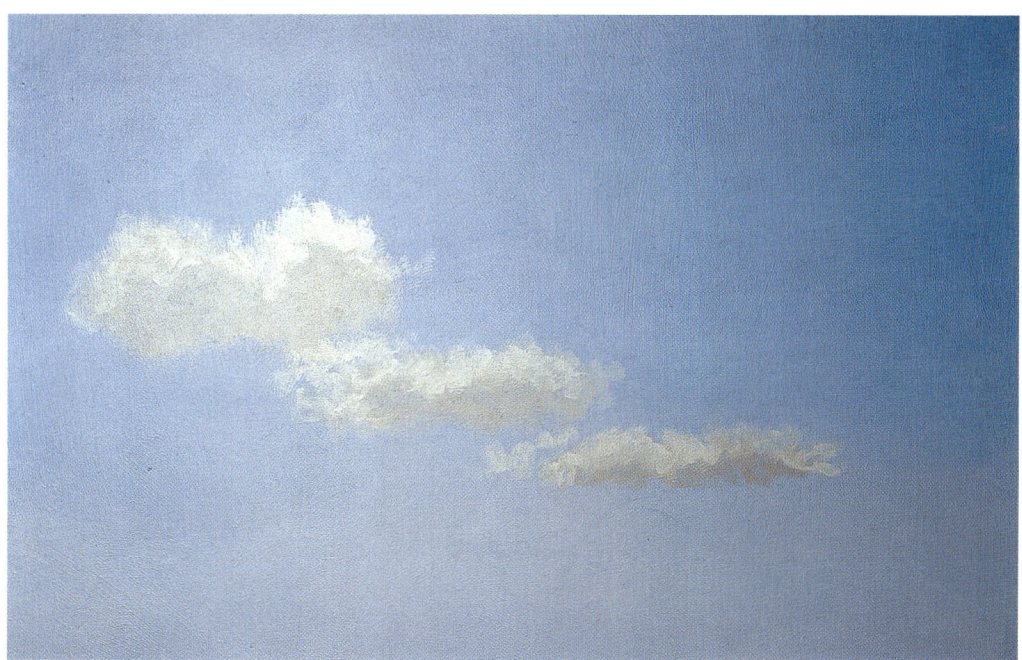

Das Erstaunliche am Himmel ist, dass seine Farben viel dunkler und variantenreicher sind als das, was wir normalerweise als „Himmelblau" bezeichnen. Es ist sehr aufschlussreich, den Himmel oder ein gutes Foto einmal mit Hilfe einer Farbkarte zu begutachten (siehe Seite 46). Versuchen Sie, drei oder vier Farben zu definieren. Beginnen Sie über dem Horizont und lassen Sie den Blick allmählich weiter nach oben wandern. Finden Sie für jede Ebene einen passenden Ton auf der Farbkarte.

Nehmen Sie dann Ihren ähnlichsten Blauton (ich verwende meist Kobalt- oder Ultramarinblau) und versuchen Sie, entsprechende Töne zu mischen. Zuerst müssen Sie Weiß zugeben, doch ist diese Farbe noch zu kräftig. Ich mische meist drei oder vier Töne für den Himmel an und bewahre jeden in einem luftdicht schließenden Gefäß auf, weil meist mehrere Arbeitsgänge nötig sind. Außerdem verändern Acrylfarben beim Trocknen ihren Farbton, sodass es schwierig ist, später einen identischen Ton anzumischen. Für den oberen Himmel gebe ich kleine Mengen Phthalogrün, gebrannte Siena, Purpurviolett und

Paynesgrau zu. Am Horizont, wo der Dunst dichter ist und der Himmel dunkler erscheint, fügen Sie etwas Umbra natur, Karminrot, Kadmiumrot und Weiß zu.

Mischen Sie die Farben, die Sie auf der Farbkarte identifiziert haben, möglichst exakt an. Gerade diese Farbwahl ist für die erfolgreiche Illusionswirkung von Bildern wie dem Fenster zur Toskana (Seite 54) oder dem Meerblick (Seite 94) sehr wichtig. Dem Betrachter mag der Himmel leuchtend blau erscheinen, tatsächlich beruht diese Wirkung aber auf dem Kontrast zwischen dem Himmel und den übrigen Elementen des Bildes.

Das Malen von Wolken ist, ähnlich wie das Malen von Wellen (siehe Seite 106), kontrollierte Abstraktion. Sehen Sie sich zunächst Wolken genau an und beobachten Sie ihren Aufbau und ihre Bewegungen. Stimmen Sie die Farben mit Hilfe einer Farbkarte auf die Natur oder auf ein gutes Foto ab. Wolken sind weder weiß noch haben Sie einen aus Schwarz und Weiß gemischten Grauton. Sie zeigen zarte Brauntöne und nuancenreiche Grautöne mit Anteilen von Blau, Braun und Violett.

Himmel und Wolken

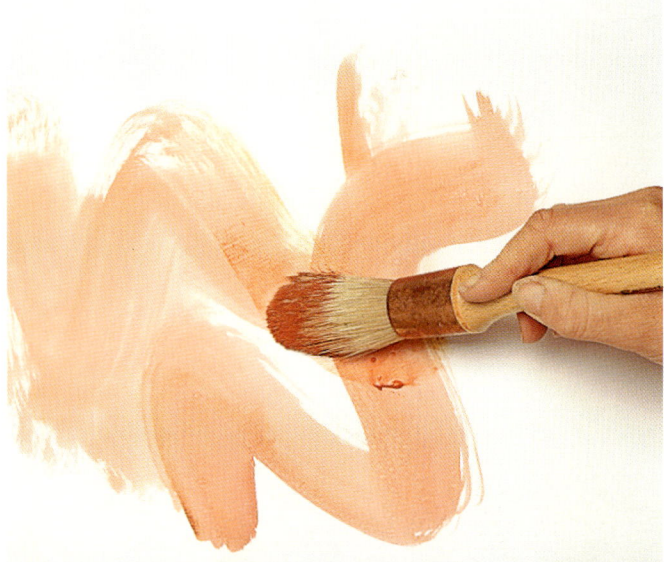

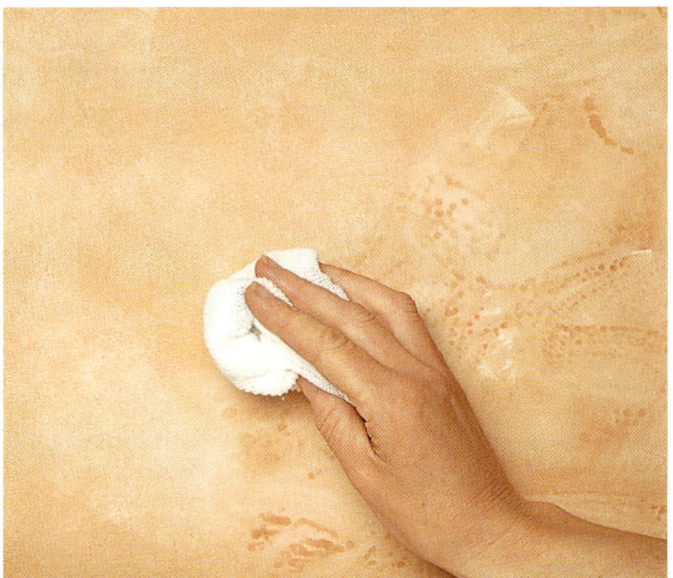

1 Der Hintergrund wird zunächst lasiert, wie auf Seite 49 beschrieben. Verwenden Sie dazu warme Farben wie Kadmiumrot, gebrannte Siena, Goldocker und Kadmiumgelb. Verteilen Sie die Lasur kreuz und quer mit einem dicken Maler-Rundpinsel, um eine lockere Deckung zu erhalten.

2 Dann wird die Fläche mit einem feuchten Tuch abgetupft, um die Pinselstriche zu verwischen. Wiederholen Sie diese beiden Schritte, bis die Fläche einen angenehmen Grundton hat, auf dem Sie arbeiten können.

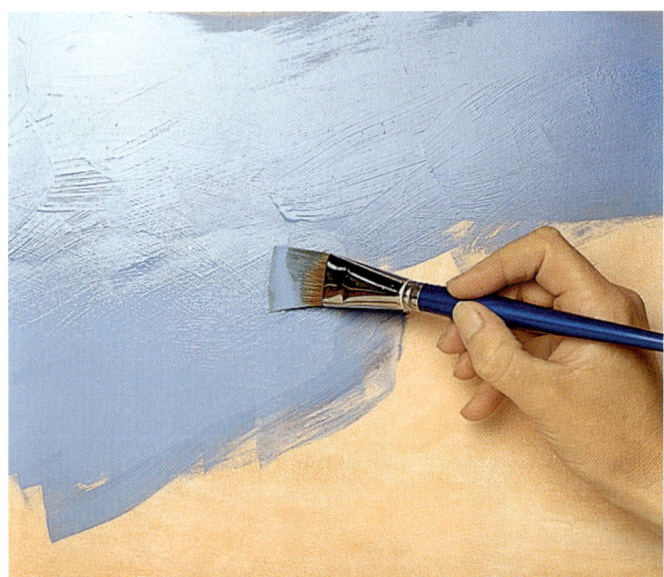

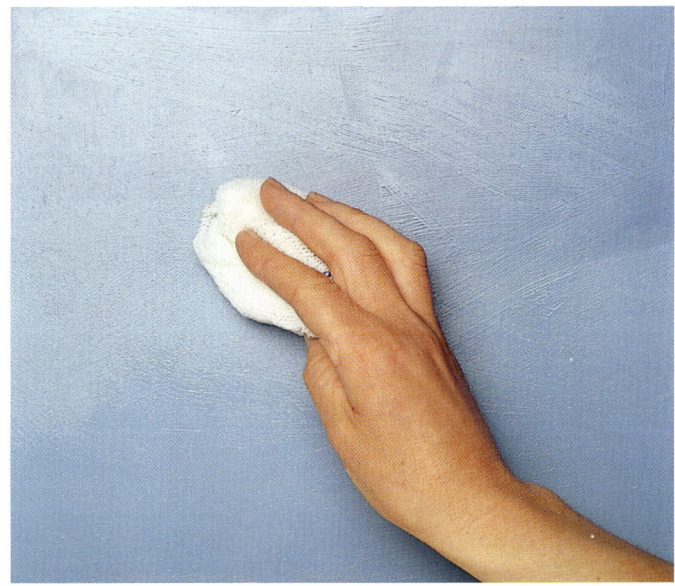

3 Nun die Farben mischen. Tragen Sie zwei Blautöne mit einem breiten Flachpinsel auf und verwischen Sie die Übergänge sorgfältig. Am besten verwenden Sie dabei für jede Farbe einen separaten Pinsel. Malen Sie immer nur relativ kleine Flächen, weil die Farbe schnell trocknet und sich dann nicht mehr gut verwischen lässt.

4 Die Übergänge zwischen den Farbstreifen werden sofort mit einem feuchten Tuch abgetupft. Es schadet nicht, wenn das Ergebnis im ersten Arbeitsgang nicht perfekt ausfällt. Lassen Sie die Farbe einfach trocknen und arbeiten Sie dann nochmals systematisch in horizontalen Streifen von oben nach unten und wieder zurück. Das Aussehen des Himmels gewinnt mit jedem Arbeitsgang, und die warme Grundierung tut ihren Teil dazu.

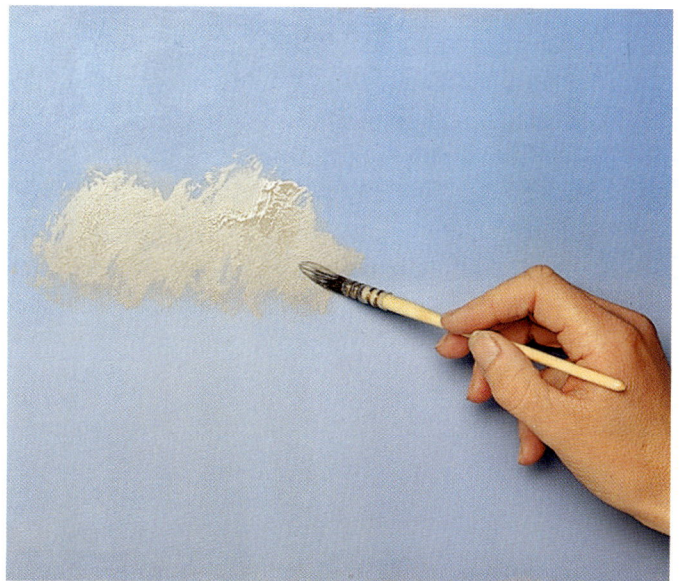

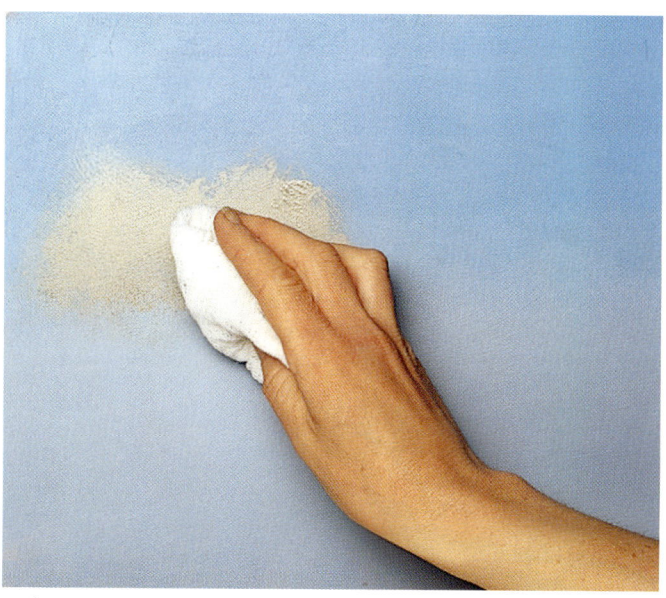

5 Die Wolken werden in einem Mischton aus Weiß, Umbra natur, Paynesgrau und Purpurviolett gemalt. Damit sie duftig wirken, habe ich einen weichen Dachshaarpinsel verwendet. Bei großen Motiven ist ein Maler-Rundpinsel gut geeignet. Arbeiten Sie die Form nicht zu stark aus, sonst wirkt die Wolke zu kompakt.

6 Die Konturen der Wolke werden sofort mit einem sauberen, feuchten Tuch abgetupft.

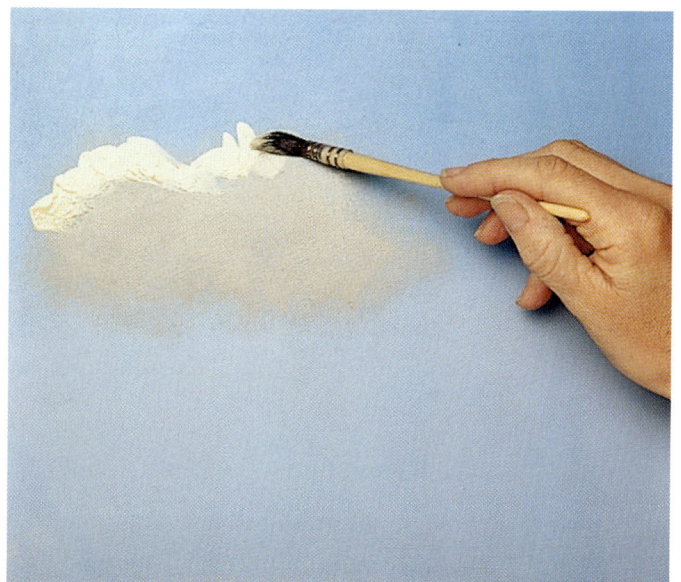

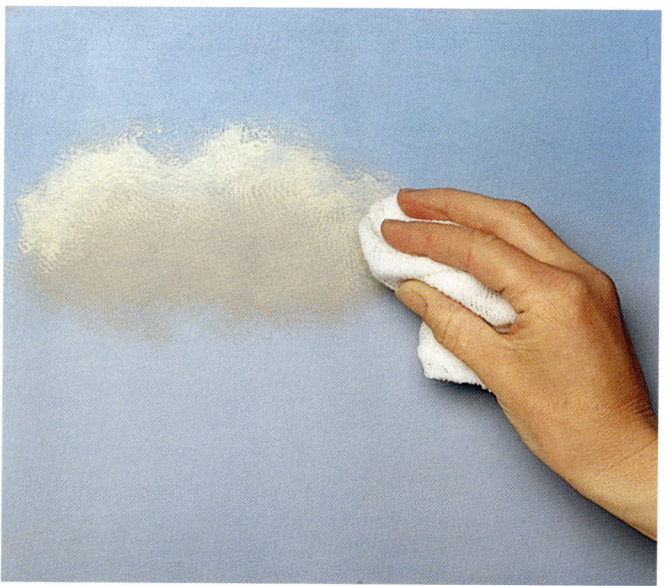

7 Machen Sie sich die Position der Sonne (also die Lichteinfallsrichtung) bewusst und tupfen Sie mit dem weichen Pinsel in einem sorgfältig gemischten Ton einige Lichtakzente auf. Ich habe dafür Weiß mit etwas Umbra natur, Ultramarinblau und gebrannter Siena verwendet.

8 Auch die Lichtreflexe werden sofort mit einem sauberen, feuchten Tuch abgetupft. Wiederholen Sie diesen Schritt, bis Ihnen das Ergebnis zusagt.

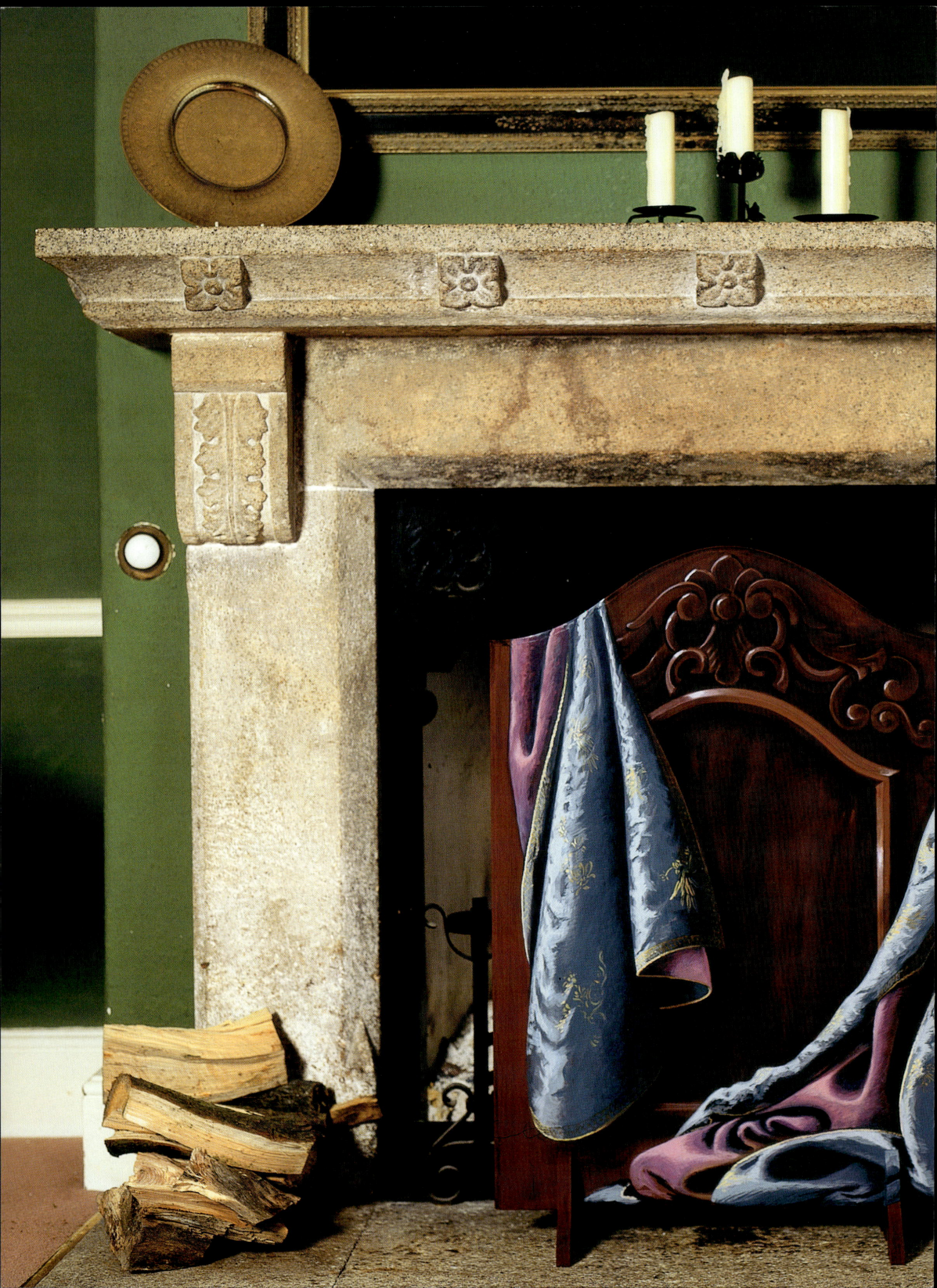

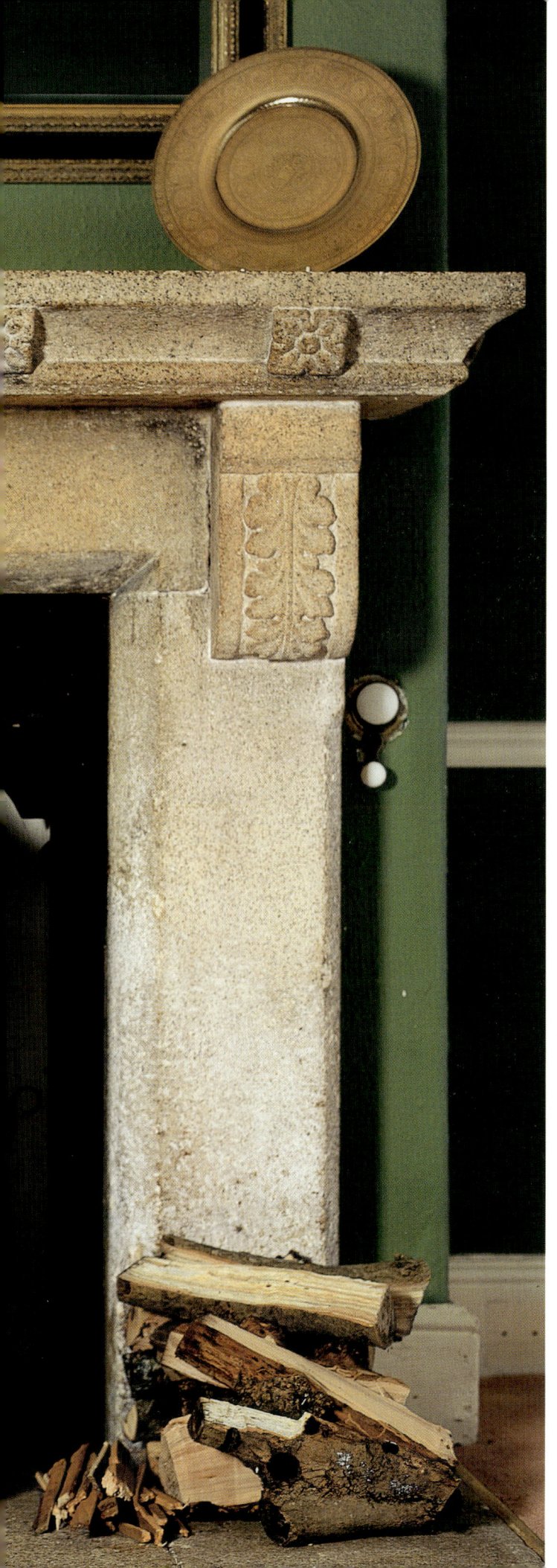

Bemalte Möbel

Die Trompe-l'œil-Malerei eignet sich bestens, um Möbel und andere eher langweilige Haushaltsgegenstände mit Fantasie und Witz aufzuwerten.

Diese dekorative Malerei passt auch zu anderen Möbeln. Ich wollte dem Holz den Schimmer von Mahagoni verleihen. Für das drapierte Seidentuch fand ich in Ingres' Gemälde *La Grande Odalisque* eine ausgezeichnete Anregung. Es hätte gewiss ausgereicht, dem Kaminschirm eine gemalte Schnitzerei zu spendieren, doch mir gefiel dieses schön drapierte Stück Seidendamast so gut. Man fragt sich doch, wer es da wohl zurückgelassen hat – und warum. Ein geheimnisvolles Element ist für ein Trompe l'œil immer ein Gewinn.

Der Kaminschirm

SCHRITT FÜR SCHRITT

Kamine können im Sommer, wenn kein Feuer angezündet wird, trist und düster aussehen. Warum soll man sie nicht mit einem bemalten Kaminschirm aufwerten?

Unbehandelte Kaminschirme gibt es fertig zu kaufen. In einer Zeitschrift fand ich ein Foto von einem geschnitzten Rokoko-Bettgestell, das mich zu dem Muster anregte. Dann stellte ich eine polierte Mahagoni-Kommode in mein Atelier und beobachtete daran, wie sich die Farbe in Licht und Schatten veränderte. Um den Faltenwurf im Damast genauer zu studieren, hängte ich eine Seidenbluse meiner Tochter darüber.

Zuerst grundierte ich den Schirm mit schwarzem Gesso, dann brachte ich die Oberfläche mit zwei Schichten rötlich-brauner Lasur zum Glänzen. Mit Hilfe einer Farbkarte (siehe Seite 46) stimmte ich den Ton auf das Mahagoni ab. Damit die Farbe transparenter wirkte, verwendete ich zum Verdünnen ein mattes Acryl-Malmittel.

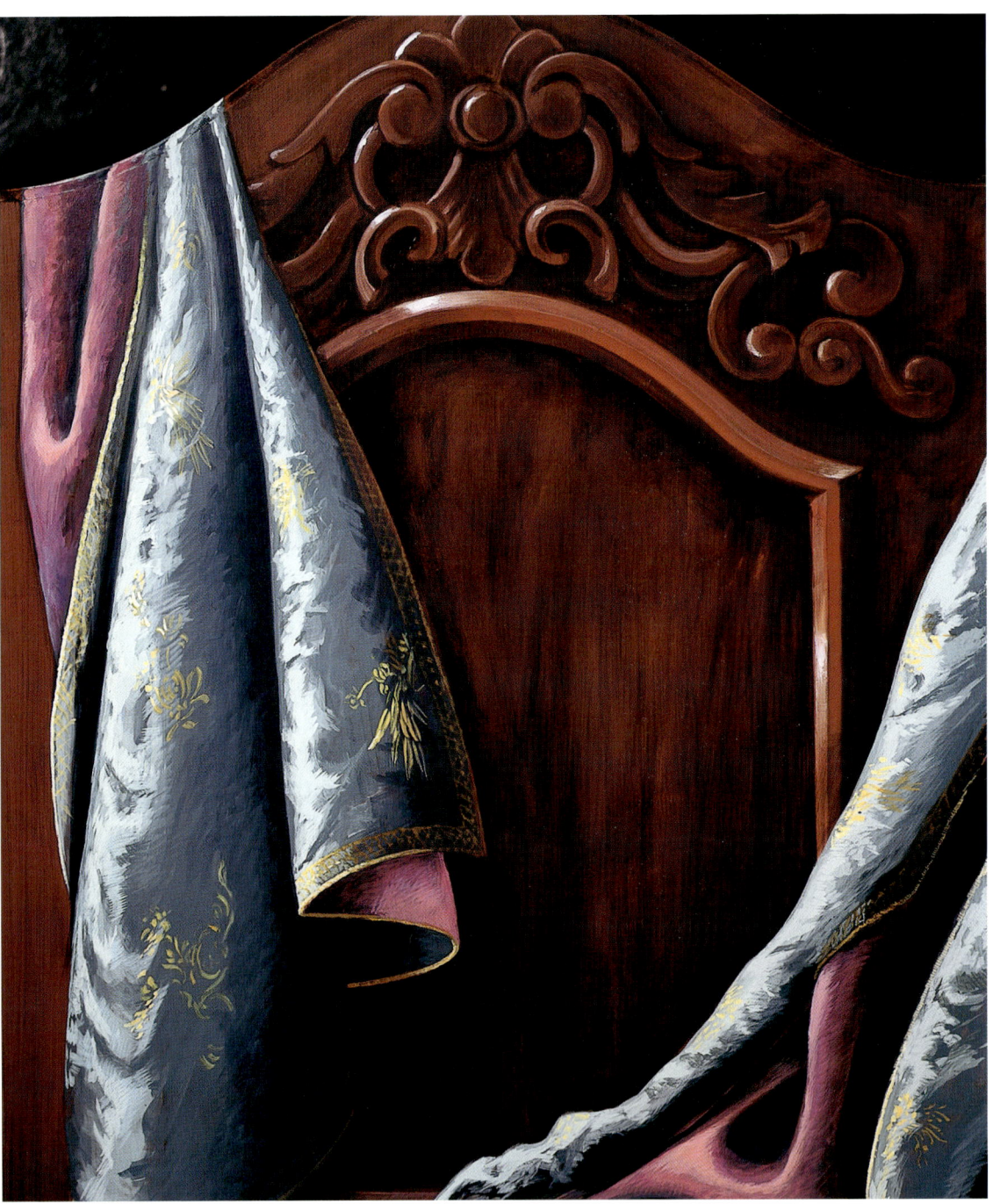

Farben
Kadmiumrot
Gebrannte Umbra
Umbra natur
Purpurviolett
Ultramarinblau
Veronesergrün
Weiß
Paynesgrau
Hellviolett
Goldocker
Kadmiumgelb
Seidenmattes Acryl-Malmittel

Werkzeug
Dicker Maler-Rundpinsel
Transparentpapier
Bleistifte 2B und 6B
Malerkrepp
Flachpinsel, 8 mm breit
Feiner, spitzer Pinsel

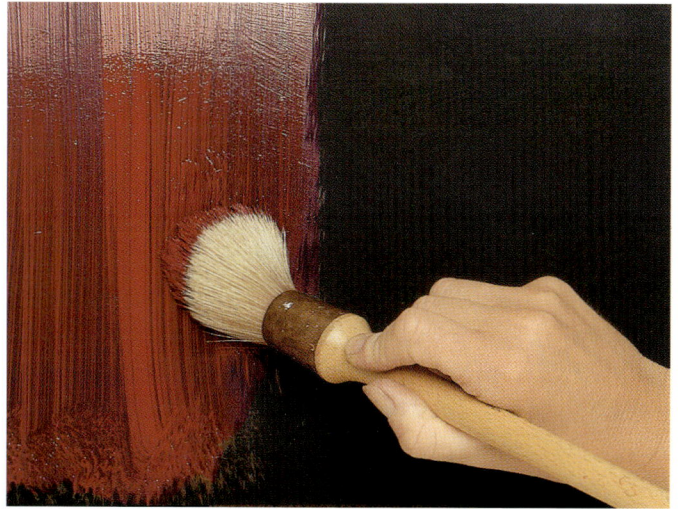

1 Die Lasur wird aus Kadmiumrot, gebrannter Umbra, Purpurviolett und einem seidenmatten Acryl-Malmittel angemischt und mit langen, fließenden Strichen aufgetragen, durch die der schwarze Untergrund schimmern soll. Schon ein Anstrich sieht sehr beeindruckend aus. Um den Effekt einer Holzmaserung anzudeuten, müssen alle Pinselstriche in der gleichen Richtung geführt werden.

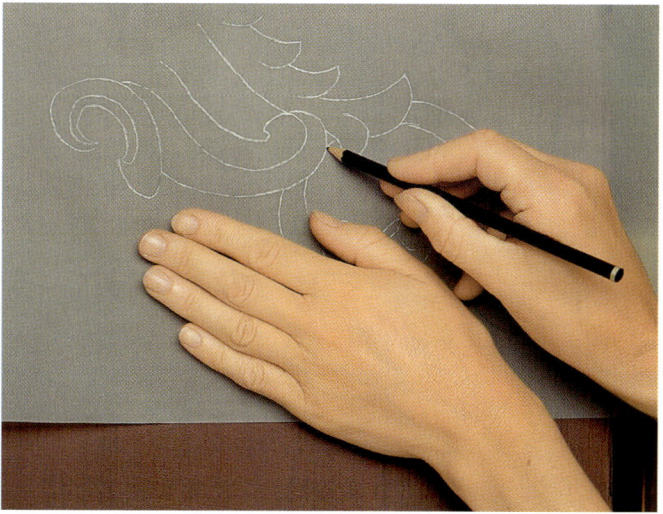

2 Für das Motiv im oberen Bereich diente das Foto eines geschnitzten Rokoko-Bettgestells als Vorlage. Ich passte es in der Größe dem Kaminschirm an und zeichnete es dann in Originalgröße auf Transparentpapier. Sie müssen nur eine Seite zeichnen, denn es ist symmetrisch. Ziehen Sie die Linien auf der Rückseite des Papiers mit dem weichen Bleistift nach. Dann kleben Sie das Papier mit der Vorderseite nach oben auf das Holz und zeichnen die Linien nochmals mit dem harten Bleistift nach, um die Kontur auf den Kaminschirm zu übertragen.

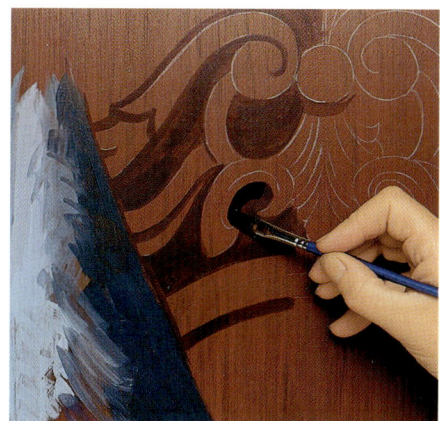

3 Der Stoff wird nun mit einem 8 mm breiten Pinsel grob eingefärbt. Ich habe aus Ultramarinblau, Veronesergrün, Weiß und Purpurviolett vier Farbtöne angemischt. Mit einer Mischung aus gebrannter Umbra, Paynesgrau und Purpurviolett ziehen Sie die Außenseiten der Bleistiftlinien grob nach, um die Schatten der Schnitzerei anzudeuten. Feinheiten werden später noch ausgearbeitet.

4 Das Malen dreidimensionaler Objekte ist eine Übung in Licht- und Schatteneffekten. Sie müssen sich ständig der Lichteinfallsrichtung bewusst sein, die Schatten vertiefen und die Lichtreflexe leicht übertreiben. Ich habe für die Lichtreflexe Hellviolett und Weiß verwendet. Mit den Mahagoni-Farbtönen habe ich die Schnitzerei-Konturen von den Schatten abgesetzt und mit verschiedenen Mischtönen aus Hellviolett und Weiß Lichtreflexe gesetzt.

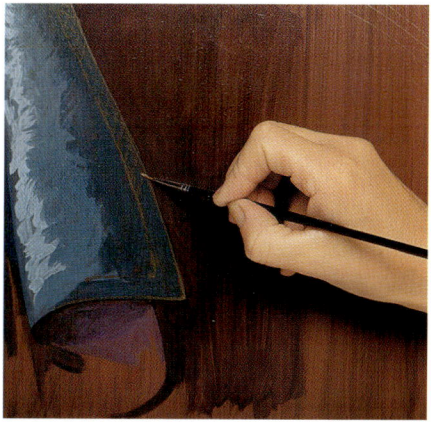

5 Die Draperie könnte aus jedem Stoff bestehen. Ich entschied mich für Seidendamast, weil mir dessen Extravaganz gefiel. Für den Stoff selbst verwendete ich drei Blautöne, für die Stickerei „goldene" Mischtöne aus Weiß, Goldocker, Veronesergrün, Kadmiumgelb und Kadmiumrot. Die Schraffureffekte wurden mit einem feinen, spitzen Pinsel gemalt.

Tiepolo-Wandbild

Manche Wandbilder sind kein Trompe l'œil im engeren Sinne, zählen aber zur Illusionsmalerei, weil sie etwas zu sein vorgeben, was sie nicht sind. Ein Bild kann durchaus eine Hommage an einen Künstler und dennoch keine Kopie sein, etwa weil die Komposition verändert wurde, um sie dem verfügbaren Platz anzupassen. In diesem Fall schwärmte der Auftraggeber für Tiepolo (1696–1770), darum orientierte ich mich bei der Malerei an dessen Gemälden in der Villa Valmarana. Ich musste das Bild anders aufbauen, um die Motive ihrem Platz anzupassen. Dabei veränderte ich auch andere Details, die auf die Umgebung der Originale Bezug nahmen. Die Arbeit machte Spaß, weil ich uralte Maltechniken neu entdeckte. Man kann viel lernen, wenn man die Werke berühmter Maler genau studiert.

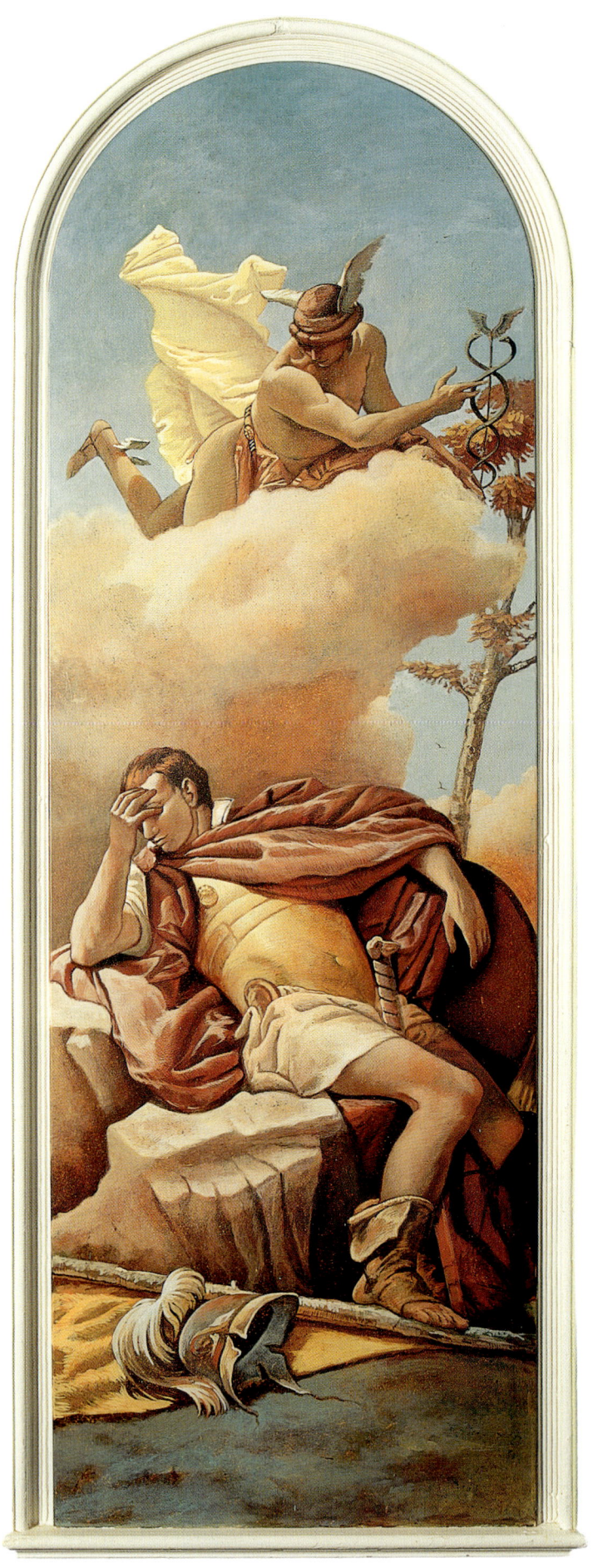

Der Fächer

SCHRITT FÜR SCHRITT

Im Original hat der Fächer kein Muster, doch mein Auftraggeber und ich meinten, dass Tiepolo diese Veränderung nicht verübeln würde, zumal mein Bild durch dieses Detail interessanter wurde. Es kostet wenig Zeit, ein kleines Element detailliert zu gestalten und so einen tollen Blickfang zu gewinnen. Besonders reizvoll war es, die Bilder künstlich zu altern, sodass sie aussahen, als seien sie vor 250 Jahren gemalt worden.

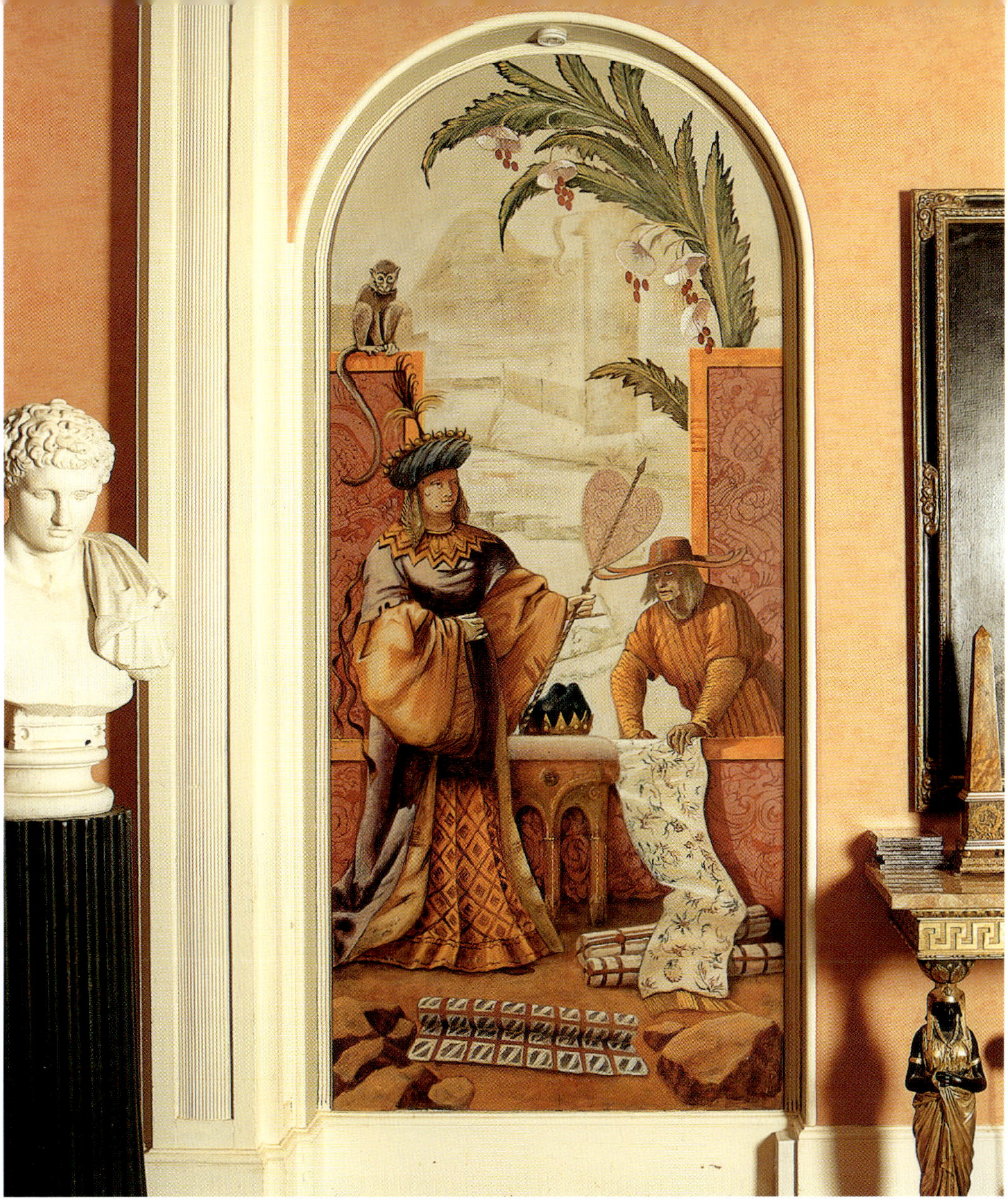

Farben
Gesamte Farbpalette
(siehe Seite 46)

Werkzeug
Flachpinsel, 8 mm breit
Lappen
Zahnbürste

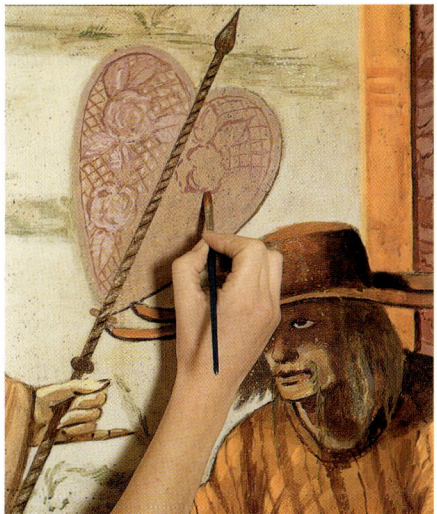

1 Zuerst malte ich das Muster des Fächers erst auf der einen, dann auf der anderen Seite vor und setzte weiße Lichtreflexe.

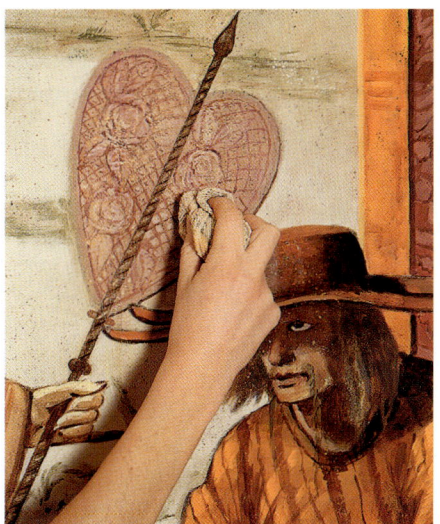

2 Tupft man einen detailreichen Teil eines Motivs mit einem Tuch ab, wirkt dieser im Handumdrehen älter. Falten Sie das Tuch mehrfach zusammen und tupfen Sie die Farbe vorsichtig ab, ehe sie trocken ist.

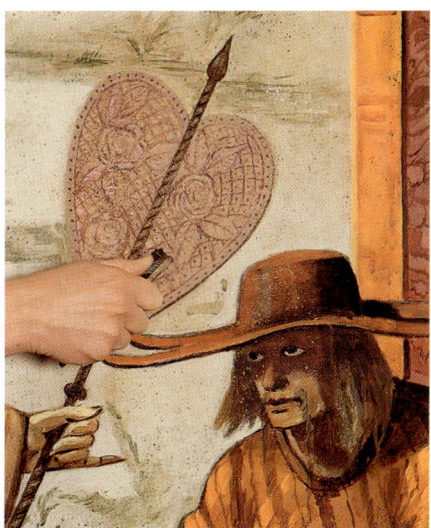

3 Mit einer alten Zahnbürste wird eine Kontrastfarbe auf das Bild gesprenkelt, um es weiter zu altern und die Pinselstriche verschwinden zu lassen.

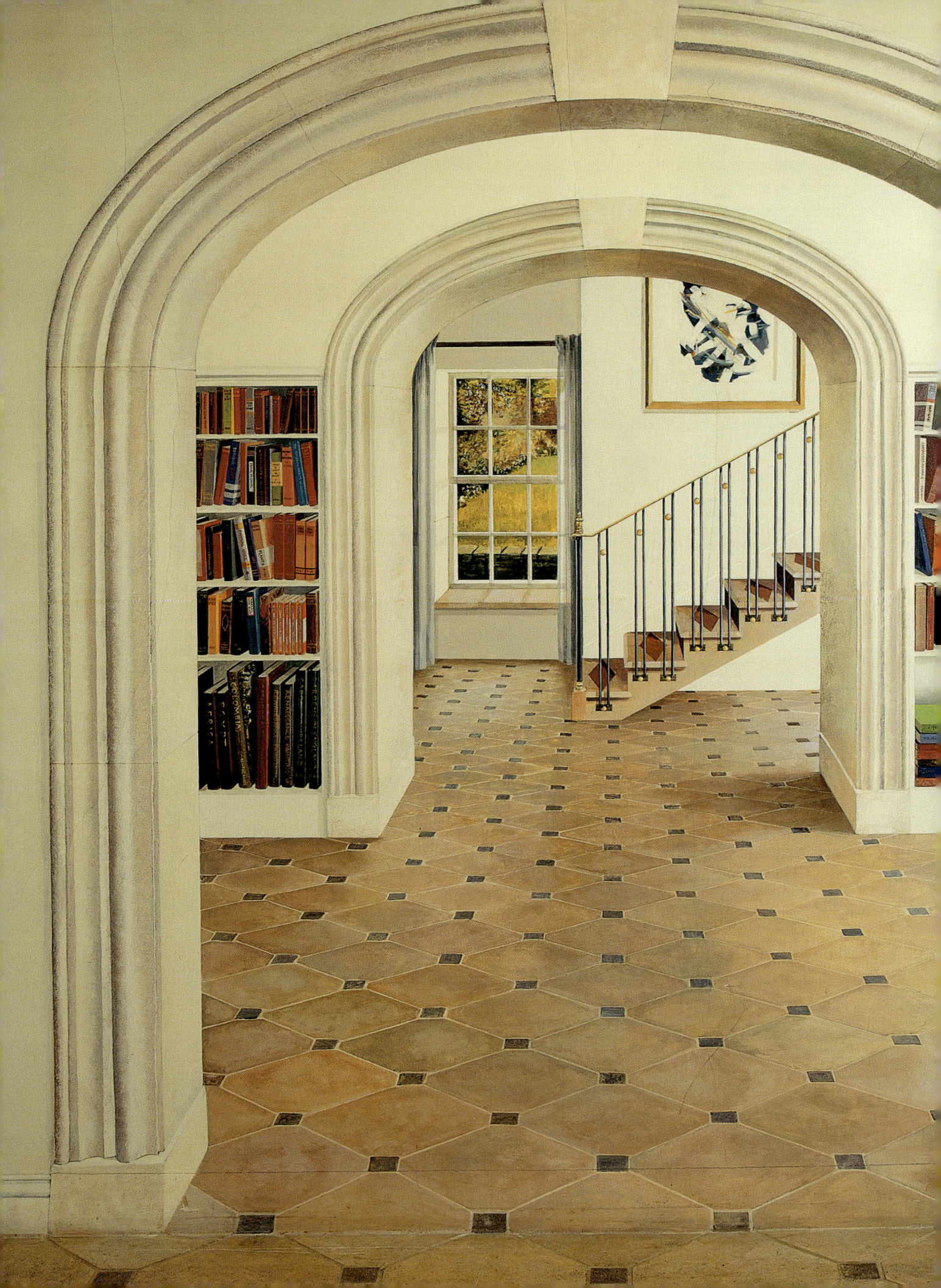

Rundbögen

Obwohl mein Auftraggeber ursprünglich ein Motiv mit einer Aussicht ins Freie gewünscht hatte, überzeugte ich ihn, dass ein Blick in einen Innenraum geschickter war, zumal der Raum bereits große Türen in den Garten besaß. Wenn ein Raum eine schöne Aussicht hat, sollte ein Wandbild nicht versuchen, damit zu konkurrieren. Dann ist es besser, quer zu denken und das Vorhaben auf andere Weise anzupacken.

Meine erste Skizze legte fest, wie viel durch den vorderen Bogen zu sehen sein sollte. Das ist sehr wichtig, weil für die perspektivische Zeichnung der Blickpunkt bestimmt werden muss (siehe Seite 16). Sämtliche perspektivischen Elemente wurden hier mit der Projektionsmethode gezeichnet – dieses Motiv ist dafür ein ausgezeichnetes Übungsbeispiel.

Der Bildaufbau knüpft an ein Zeitschriftenfoto der Bibliothek im Longleat House an. Hinter dem ersten Rundbogen lag ein zweiter, durch den man eine Treppe und ein Fenster im Hintergrund sehen konnte. Die größte Herausforderung war der Fußboden, der wie eine Fortsetzung des tatsächlich vorhandenen Bodens aussehen sollte. Ich musste exakte Fluchtlinien für die Fliesen ermitteln, die im Winkel von 45° zur Bildebene (also zur Wand) verlegt waren.

Die Grundrisszeichnung
SCHRITT FÜR SCHRITT

Schritt 1

Beginnen Sie mit dem, was Sie kennen. Skizzieren Sie Ihre Ideen grob, ehe Sie eine maßstabsgetreue Zeichnung anfertigen. Die Größen der Bögen legen Sie nach Gefühl und Augenmaß fest.

Zeichnen Sie dann im Maßstab einen Grundriss der Fantasieräume (blau) sowie der Wand, auf der das Bild gemalt werden soll (Bildebene, schwarz). Ich habe auch Fenster angedeutet, um die Lichteinfallsrichtung für das Bild (Pfeile) festzulegen.

Unterhalb des Grundrisses zeichnen Sie den Blickpunkt ein (siehe Seite 20). Die Entfernung zwischen Blickpunkt und Bildebene wirkt sich auf die Perspektive aus, vor allem auf die Breite des Bildausschnittes, der durch den Bogen sichtbar ist. Ist der Blickpunkt zu nahe, wird der Bildausschnitt breiter, aber die Winkel werden ungünstig spitz. Es ist besser, einen weiter entfernten Standpunkt zu wählen.

Die schrägen grünen Linien zeigen den ungefähren Blickwinkel an, die Blickachse ist ebenfalls grün dargestellt.

Zwischen Grundriss und Blickpunkt zeichnen Sie den Aufriss der Wand, wie man sie vom Blickpunkt aus sieht. Sie zeichnen also die Boden- und Deckenkante sowie den vorderen Bogen.

Auch die äußere Rahmenkontur, die nicht der Perspektive unterliegt, kann eingezeichnet werden. Denken Sie daran, dass Bogen und Rahmen symmetrisch sind. Fügen Sie den Horizont in Augenhöhe ein (ca. 1,5 m Höhe, rot).

Verlängern Sie Horizont, Boden- und Deckenlinie zu beiden Seiten, weil sie für die Projektion benötigt werden.

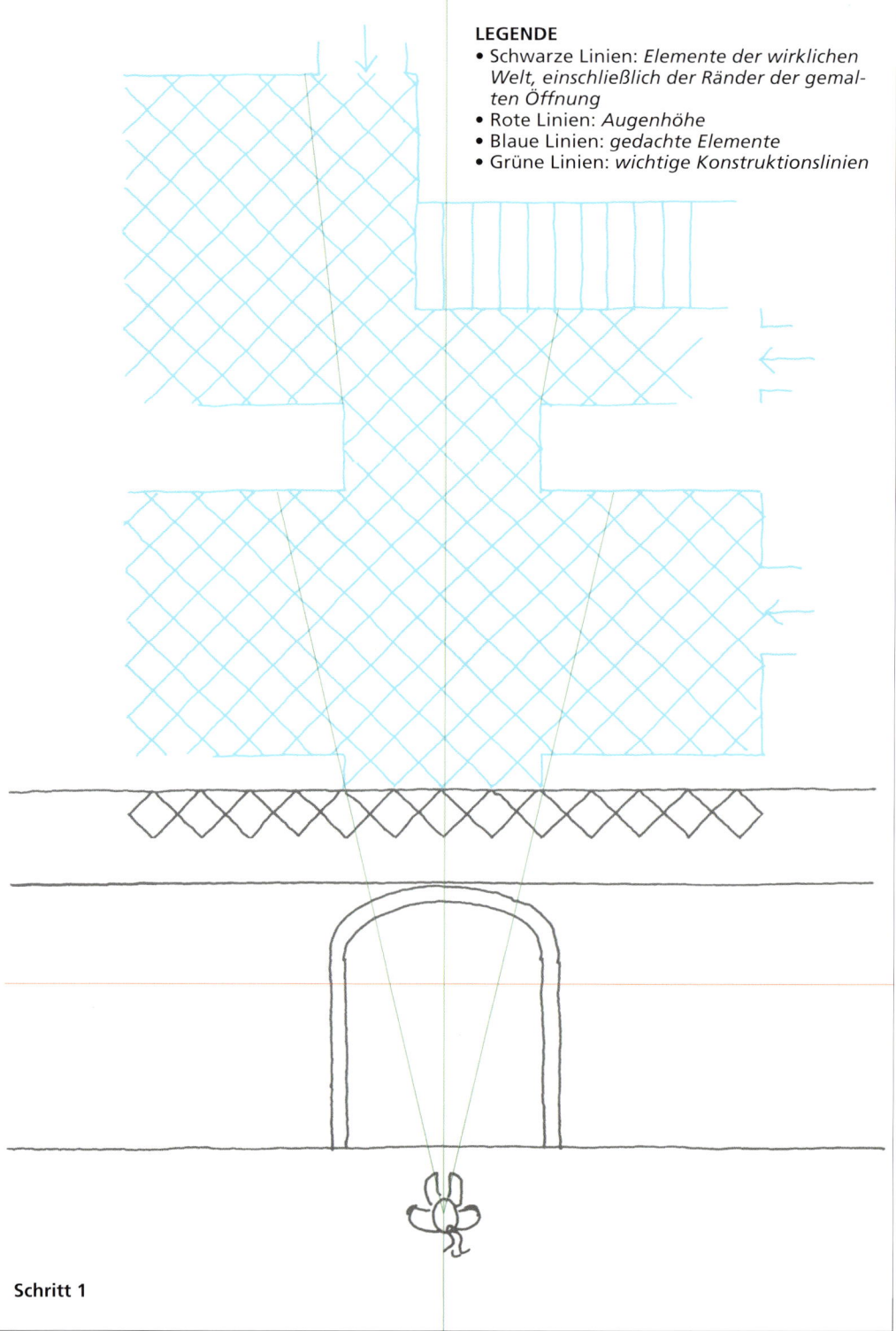

LEGENDE
• Schwarze Linien: *Elemente der wirklichen Welt, einschließlich der Ränder der gemalten Öffnung*
• Rote Linien: *Augenhöhe*
• Blaue Linien: *gedachte Elemente*
• Grüne Linien: *wichtige Konstruktionslinien*

Schritt 1

Schritt 2

Jetzt werden die wichtigsten Ecken im Grundriss des Raumes mit dem Blickpunkt verbunden (grün). Vom Schnittpunkt jeder Linie mit der Bildebene wird je eine Senkrechte konstruiert, um die Position der jeweiligen vertikalen Kontur im Aufriss zu finden. Wegen des geringen Maßstabs sind in der Abbildung nur einige Linien eingezeichnet. Wenn Sie im Maßstab 1:10 oder 1:20 arbeiten, sollten Sie möglichst viele solcher Linien konstruieren.

Der Grundriss zeigt sowohl die gemalten als auch die realen Bodenfliesen. Sie stehen im Winkel von 45° zur Bildebene (der Wand) und müssen sehr akkurat eingezeichnet werden. Zeichnen Sie dann zwei zu den Fliesen parallel laufende Linien, die vom Blickpunkt aus nach rechts und links bis zur Bildebene führen. Vom Schnittpunkt dieser Linien mit der Bildebene konstruieren Sie senkrechte Linien bis auf den Horizont. Die Schnittpunkte der Senkrechten mit dem Horizont sind die Fluchtpunkte für die perspektivische Zeichnung der Fliesen.

Sind die senkrechten Linien der Bögen konstruiert, zeichnen Sie die Oberkanten zunächst gerade ein (gestrichelt blau). Verbinden Sie die oberen Ecken mit dem mittigen Fluchtpunkt, um die Tiefe der Bögen aus

diesem Blickwinkel festzulegen. Befindet sich der Blickpunkt oberhalb der Mitte der Bögen, wirkt ihre Tiefe an den Seiten

größer als im oberen Bereich. Die genaue Ausarbeitung der elliptischen Rundungen (siehe „Der Bogen", Seite 126) kommt

später an die Reihe. Jetzt ermitteln Sie lediglich die Punkte in Höhe und Breite, die die Rundung berührt.

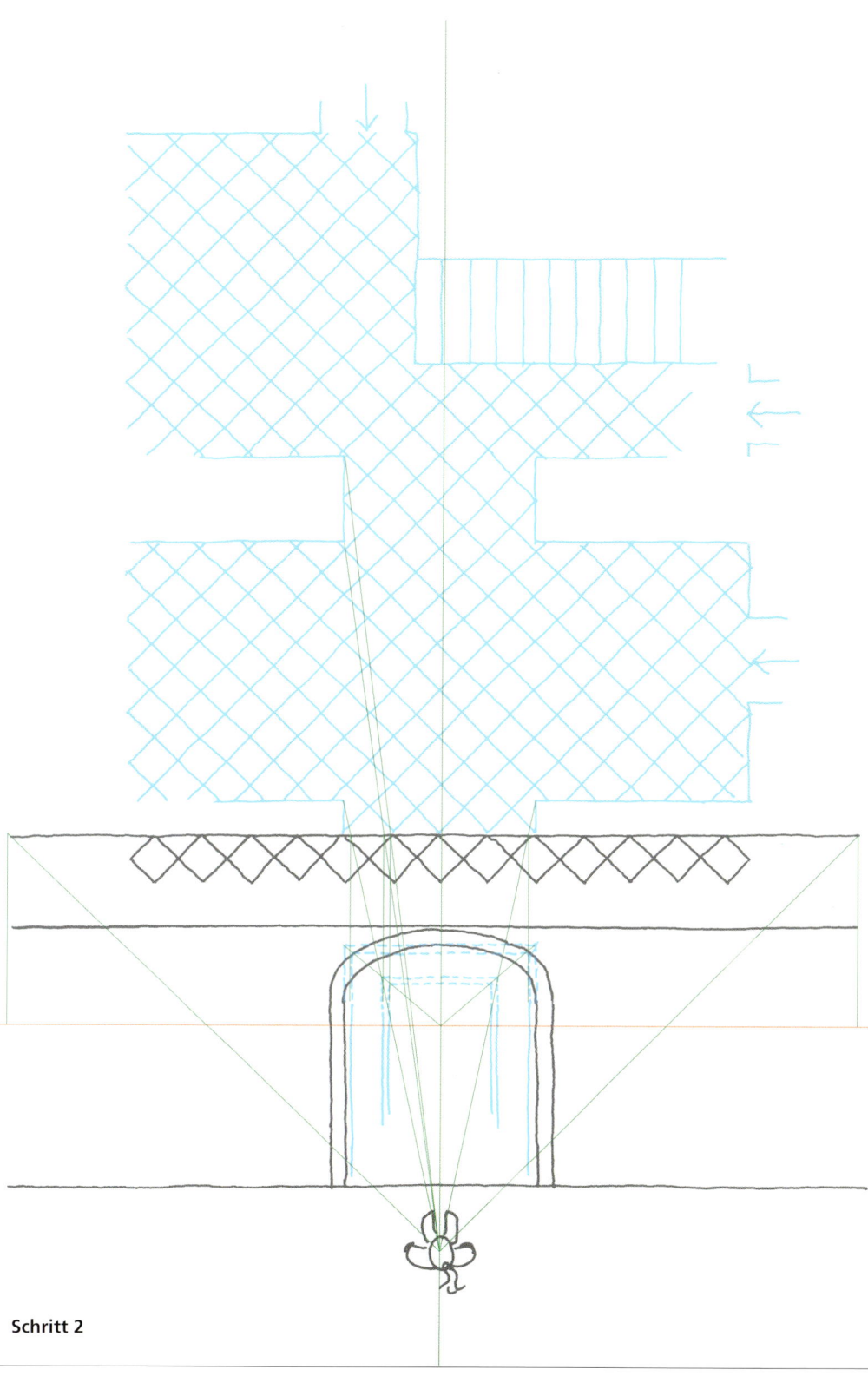

Schritt 2

Die Grundrisszeichnung

Schritt 3

Jetzt wird die perspektivische Zeichnung im Aufriss mit Hilfe der drei Fluchtpunkte vervollständigt. Der zentrale Fluchtpunkt ist maßgeblich für alle Linien, die parallel zur Blickrichtung verlaufen, also auch Ober- und Unterseiten der Bögen.

Die beiden seitlichen Fluchtpunkte, die in Schritt 2 ermittelt wurden, dienen zum Zeichnen der Bodenfliesen. Sie werden jeweils mit den Punkten verbunden, an denen die echten Fliesen im Raum auf die Bildebene treffen.

Um den gesamten Boden zeichnen zu können, müssen Sie die Fliesenmarkierungen auf beiden Seiten des Bogens exakt auf der Grundlinie fortführen.

LEGENDE
- Schwarze Linien: *Elemente der wirklichen Welt, einschließlich der Ränder der gemalten Öffnung*
- Rote Linien: *Augenhöhe*
- Blaue Linien: *gedachte Elemente*
- Grüne Linien: *wichtige Konstruktionslinien*

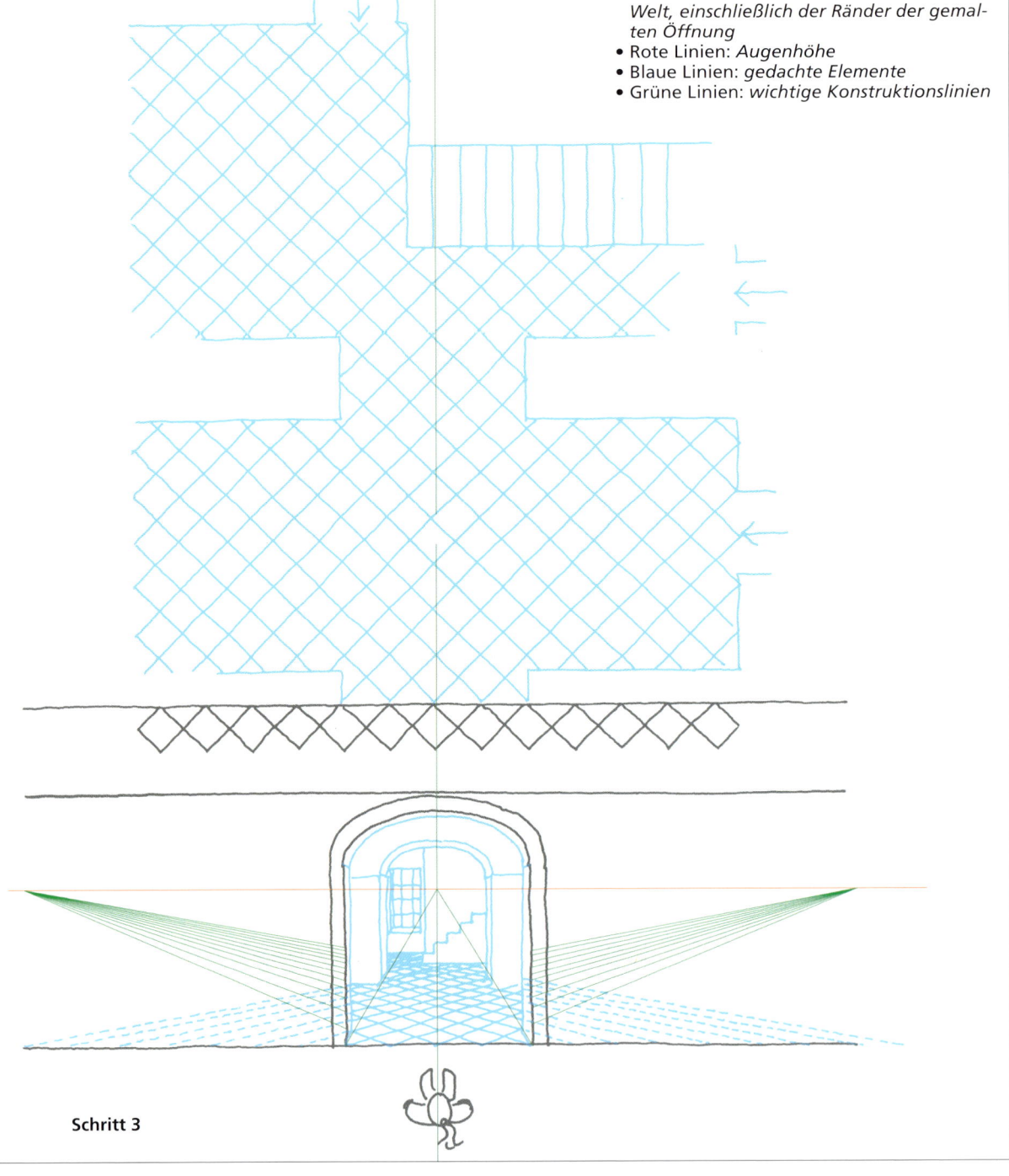

Schritt 3

Schritt 4

Zeichnen Sie die Kontur der Stufen im Aufriss vor, achten Sie dabei auch auf den Steigungswinkel der Treppe. Verbinden Sie die Schnittpunkte von Auftritt und Stoßstufe mit dem zentralen Fluchtpunkt. Projizieren Sie jetzt die Eckpunkte der Treppe im Grundriss in den Aufriss. Wenn die unterste Stufe eingezeichnet ist, erge- ben sich die übrigen von selbst, und die hintere Kontur steht im per- spektivisch korrekten Verhältnis zur vorderen. Treppen haben meist einen Steigungswinkel von 30 bis 45°.

Schritt 4

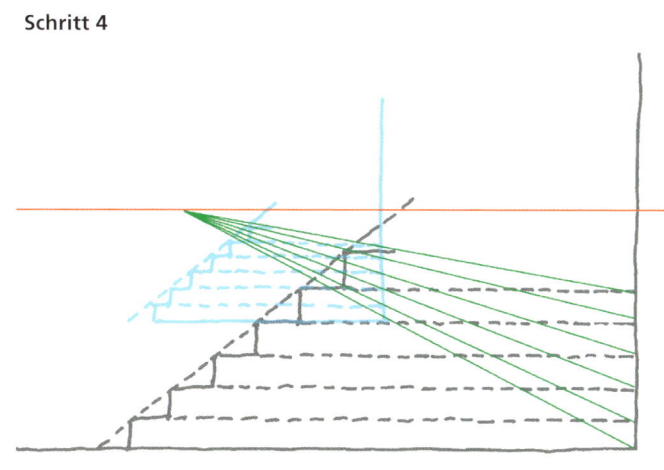

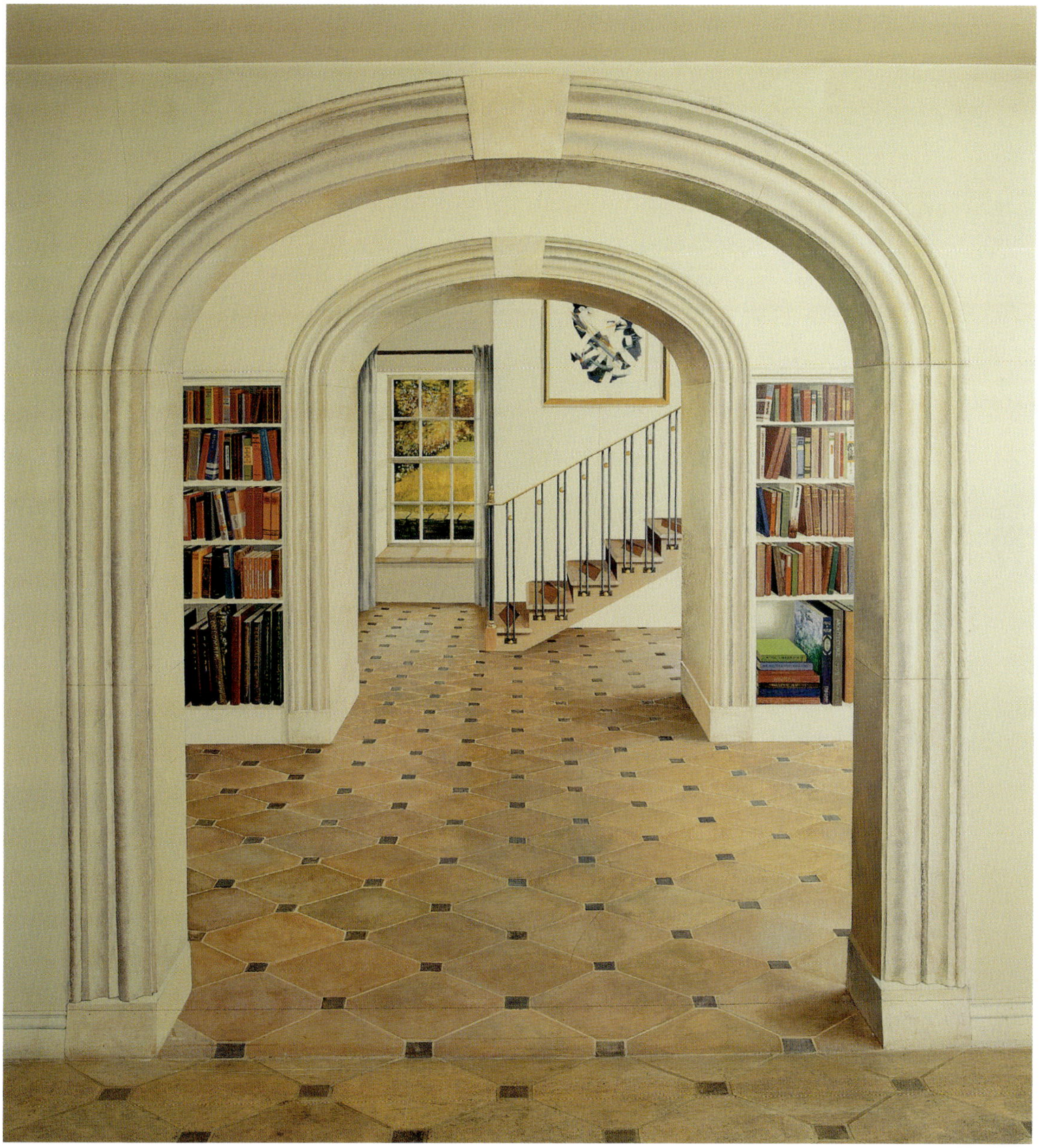

Der Boden

SCHRITT FÜR SCHRITT

Messen Sie Bezugspunkte in der Zeichnung aus und übertragen Sie sie maßstabsgerecht auf die Wand. Sie können auch auf Folie zeichnen und das Motiv auf die Wand projizieren. Dabei können aber Verzerrungen der architektonischen Elemente auftreten, wenn die Position des Projektors nicht genau ausgerichtet, die Wand nicht eben oder der Boden nicht gerade ist. Die Umrechnungsmethode ist hier verlässlicher.

Die perspektivische Wirkung dieses Wandbildes ist nur von einem Blickpunkt aus restlos überzeugend. Tritt man einen Schritt zur Seite, ist sie nicht mehr ganz korrekt. Ohne ein paar Ticks kann eine solche Malerei schnell zum Albtraum werden. Beim Fortführen eines Bodens, dessen Fliesen im Winkel von 45° zur Bildebene (also der Wand) stehen, ist eine gute Portion Augenmaß erforderlich. Größere Probleme lassen sich aber durch gute Vorbereitung vermeiden.

Zunächst wird Farbe mit Wasser, mattem Acryl-Malmittel oder Trocknungsverzögerer zu einer dünnen Lasur gemischt und aufgetragen, um eine kreidigen Effekt zu erhalten, der ideal für Natursteinböden ist.

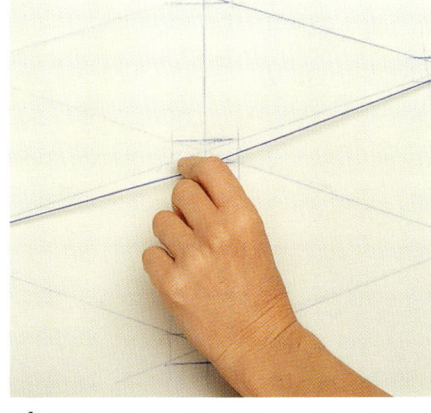

1 Orientieren Sie sich an übertragenen Maßen oder an der auf die Wand projizierten Zeichnung und markieren Sie die Linien der Fliesen mit der Kreideschnur. Bei großen Wandbildern ist ein Helfer nützlich. Im Fall eines Fehlers wischen Sie die Kreide einfach ab und markieren neu. Hier kommt es auf Genauigkeit an. Prüfen Sie, ob die Schnittpunkte der Fliesen jeweils in einer Linie zum mittigen Fluchtpunkt laufen.

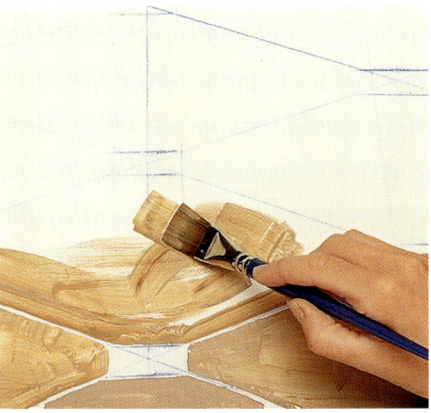

2 Färben Sie die Fliesen mit einem breiten Flachpinsel und verschiedenen Nuancen der gleichen Farbe ein. Lassen Sie beiderseits der Kreidelinien gleichmäßig schmale Streifen frei, aber malen Sie die Konturen sauber. Ich habe die Farbe auf die vorhandenen Fliesen abgestimmt und aus Siena natur, Weiß und Hellviolett passende Schattierungen gemischt. Für dunklere Bereiche habe ich etwas Umbra natur zugefügt. Hellviolett ergibt in Mischungen mit Goldocker oder Siena natur einen erstaunlich guten Natursteinton.

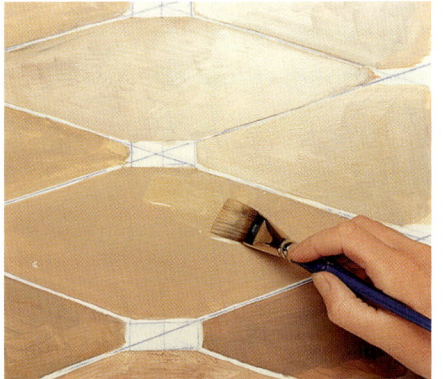

3 Füllen Sie die Fliesen weiter aus und mischen Sie für die helleren Bereiche etwas mehr Hellviolett, Weiß und Goldocker zu. Im Schatten geben Sie etwas mehr Umbra natur in die Farbe.

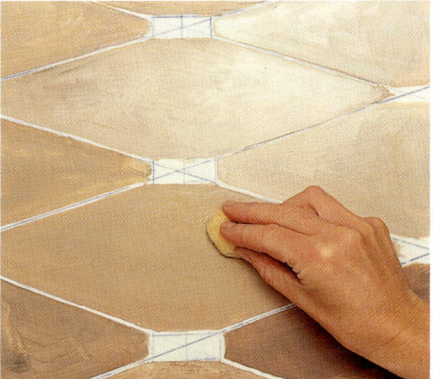

4 Mit einem kleinen Naturschwamm werden die Pinselstriche verwischt und die Farbübergänge geglättet. Die Linien zwischen den Fliesen bleiben noch frei.

Farben	Werkzeug
Siena natur	Malerkrepp
Weiß	Skizzenpapier
Hellviolett	Kreideschnur
Umbra natur	Flachpinsel, 2,5 cm breit
Goldocker	Naturschwamm
Paynesgrau	Flachpinsel, 8 mm breit
Mattes Acryl-Malmittel oder Trocknungsverzögerer	Lappen
	Feiner, spitzer Pinsel

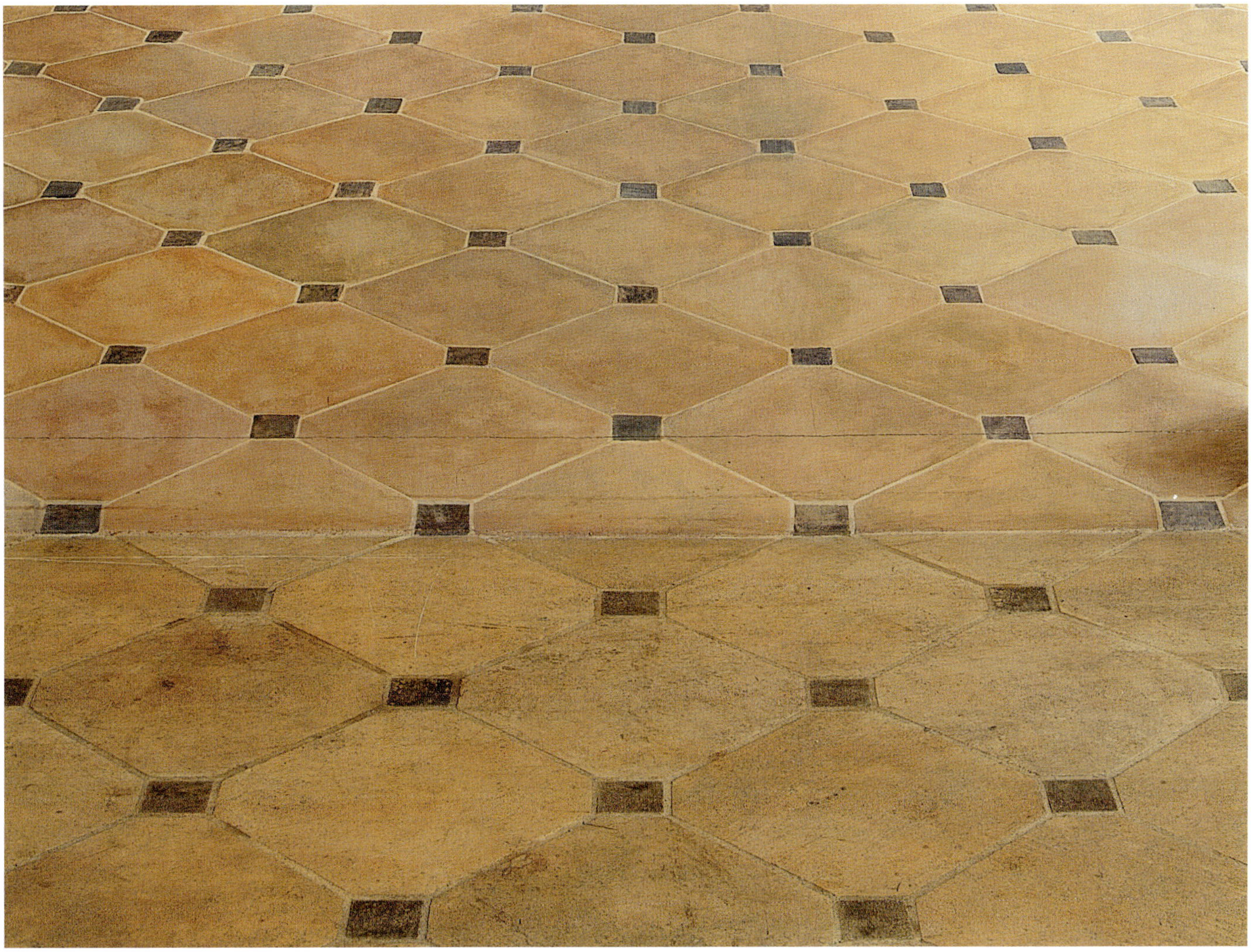

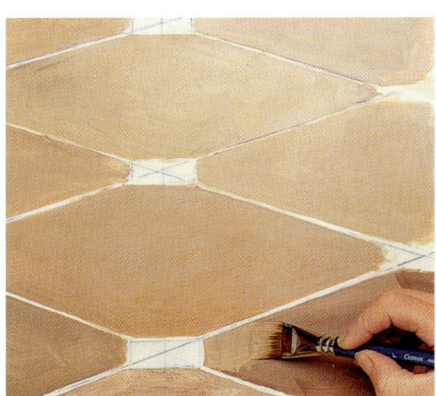

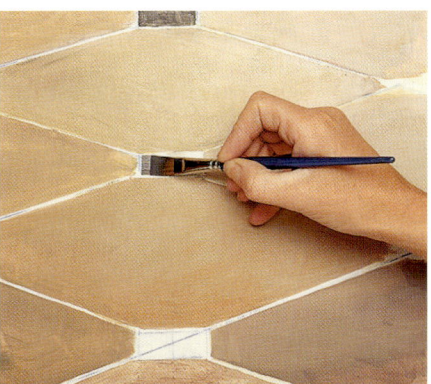

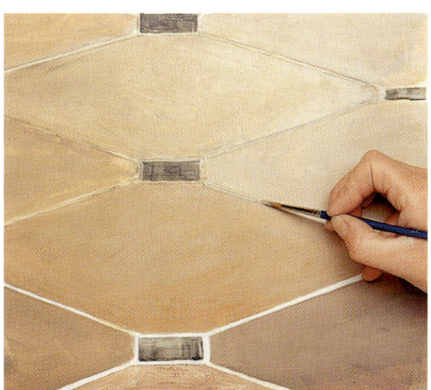

5 Wenn Sie die Farben auf einen vorhandenen Boden abstimmen, vergleichen Sie Mischtöne und Original regelmäßig. Treten Sie zurück und nehmen Sie die Farbkarte zur Hand (siehe Seite 46). Ich musste hier den Gelbanteil leicht erhöhen, da die Originalfliesen einen bläulichen Schimmer hatten. Der gleiche Ton dient zum Akzentuieren der Lichteffekte in den Bereichen, auf die Licht durch die gedachten Fenster fällt.

6 Die kleinen Vierecke zwischen den Fliesen werden mit einer Mischung aus Umbra natur, Paynesgrau und Weiß ausgefüllt. Wo Tageslicht auf den Boden fällt, hellen Sie sie mit etwas Weiß auf – der Farbton muss erstaunlich hell sein. Die Seitenlinien der Vierecke sind auf den zentralen Fluchtpunkt ausgerichtet.

7 Nun werden die Kreidelinien mit einem feuchten Tuch oder Schwamm entfernt. Mit einem feinen, spitzen Pinsel ziehen Sie die Linien mit einer verdünnten Lasur aus Umbra natur und Weiß nach, um helle Fugen anzudeuten.

Der Bogen

Zuerst ließ ich den gesamten Raum in einem sehr hellen Cremeton mit einem Hauch Graugrün streichen. Ein Trompe l'œil wirkt auf einem weißen Hintergrund nicht, weil die Lichtreflexe wegen des geringen Kontrasts zu wenig ins Auge fallen. Achten Sie auf den Farbunterschied zwischen dem Bereich vor und hinter dem Bogen.

Die Bögen sollten aussehen, als bestünden sie aus dem gleichen Stein wie der Kamin an der gegenüber liegenden Wand. So hatte ich zugleich eine Vorlage für Farbe und Textur.

Ein Bogen ist die obere Hälfte eines Kreises oder einer Ellipse. Hier sehen Sie, wie eine Ellipse konstruiert wird.

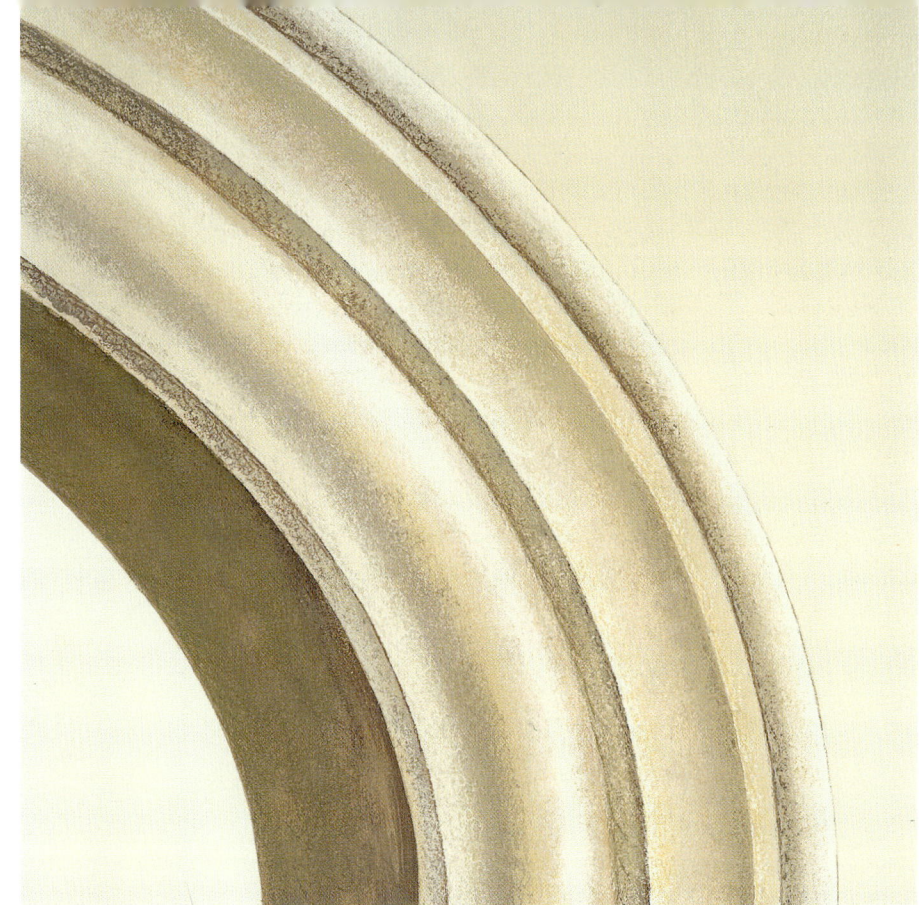

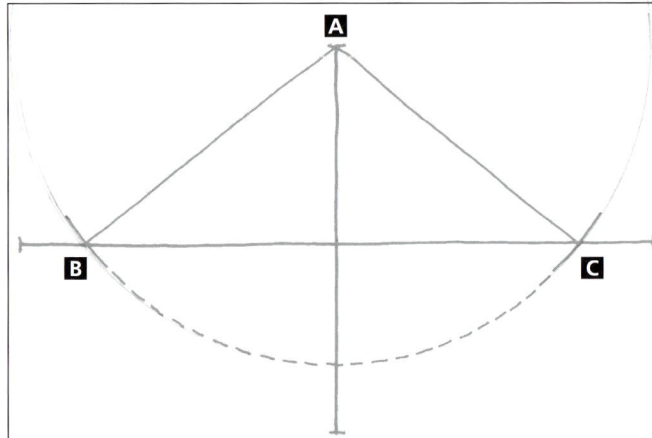

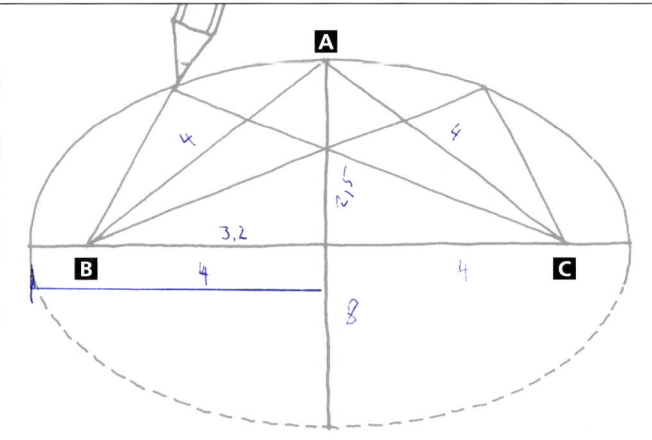

1 Um die Kontur des größeren Bogens zu konstruieren, bringen Sie zuerst eine waagerechte Markierung mit der Kreideschnur an und fixieren die seitlichen Ansätze der Rundung. Prüfen Sie mit der Wasserwaage, ob die Linie waagerecht ist, denn sie bildet die Hauptachse der Ellipse. Durch die Mitte der Hauptachse wird im Winkel von 90° eine zweite Achse gezeichnet, deren oberes Ende den höchsten Punkt der Rundung bestimmt.

Stellen Sie einen Tafelzirkel auf die Hälfte der Hauptachse ein (also von der Mitte bis zu einem Ende). Ohne die Einstellung zu verändern, setzen Sie ihn dann am oberen Ende der Senkrechten (Punkt A) an und schlagen einen Bogen, um die Schnittpunkte des Kreises mit der Hauptachse zu ermitteln (Punkte B und C).

2 Schneiden Sie ein Stück Schnur zu, das von Punkt B über Punkt C bis zu Punkt A reicht. Die Schnurenden werden mit Malerkrepp sicher an Punkt B und C fixiert. Spannen Sie die durchhängende Schnur vorsichtig mit dem Finger und führen Sie ihn in einem Bogen – so erhalten Sie eine Ellipse, die am Ende der Hauptachse beginnt, über den höchsten Punkt führt und am anderen Ende der Hauptachse endet. Zeichnen Sie den Bogen nun ebenso mit einem Bleistift an. Für die hintere Kontur des Bogens verfahren Sie ebenso. Die obere Begrenzung liegt in der Mitte der provisorischen Waagerechten in der Konstruktionszeichnung (Seite 121). Die seitlichen Ansatzpunkte finden Sie, indem Sie die entsprechenden Punkte des vorderen Bogens zum mittigen Fluchtpunkt verlängern.

Farben	Werkzeug
Gebrannte Siena	Kreideschnur
Paynesgrau	Großer Tafel- zirkel
Goldocker	Langes Stück Bindfaden
Gebrannte Umbra	Malerkrepp
Weiß (ich habe flüssige Acryl- farben verwen- det, die eine sehr hohe Pigment- dichte haben)	Maßband
	Bleistift
	Zirkel
	Eckiger Schwamm (z. B. Autoschwamm), in Stücke ge- schnitten

3 Zum Vorzeichnen der Konturen der äußeren Bogenrahmen aus Stein brauchen Sie einen Bleistift und einen einfachen Zirkel. Fahren Sie mit der Nadel des Zirkels genau auf der ersten Bogenkontur entlang, sodass die Mine des Zirkels (oder der eingespannte Bleistift) einen paralle- len Bogen zeichnet. Wiederholen Sie den Vorgang mit verschiedenen Einstellungen, um die Zierprofile vorzuzeichnen.

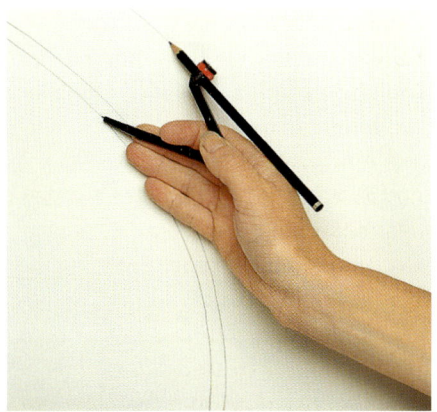

4 Jetzt kommt Farbe ins Spiel. Alle Steinelemente dieses Wandbildes wurden mit einem einfachen, zer- schnittenen Schwamm gearbeitet. Je- des Schwammstück muss eine gerade Kante haben, damit sich die Konturen sauber arbeiten lassen. Die Struktur des Schwammes bewirkt einen „kör- nigen" Farbauftrag. Ich habe mit flüssigen Farben gearbeitet, Sie kön- nen aber auch pastöse Farben verdün- nen. Für die Mischtöne brauchen Sie gebrannte Siena, Paynesgrau, Gold- ocker, gebrannte Umbra und Weiß.

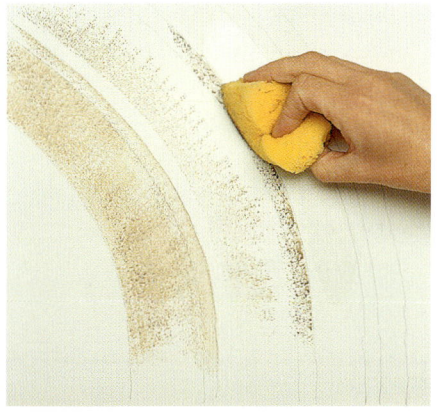

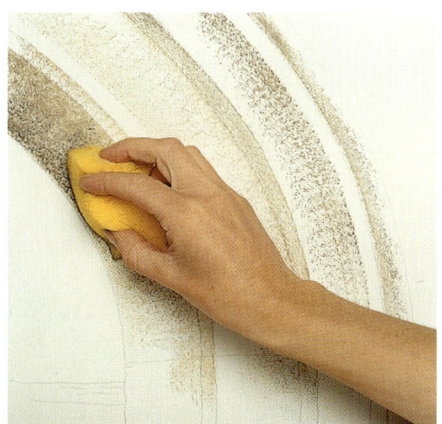

5 Bauen Sie den Bogen allmäh- lich auf und behalten Sie dabei immer die Form des Profils im Kopf. So gelingt die Gestaltung von Licht- und Schattenbereichen leich- ter.

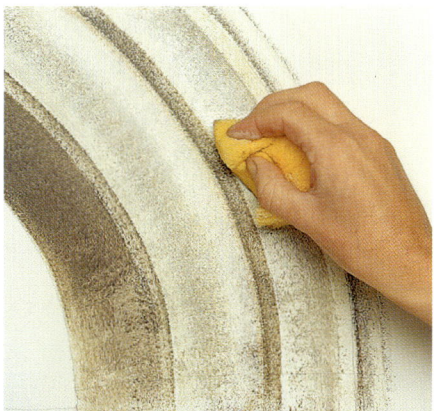

6 Um die dem Licht zugewandten Bereiche aufzuhellen, habe ich die Farben mit etwas Weiß aufge- hellt. Für die Schattenbereiche habe ich sie mit gebrannter Umbra und Paynesgrau abgedunkelt.

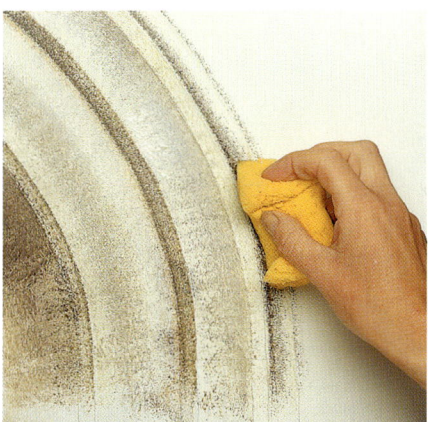

7 Arbeiten Sie den Rahmen mehr- mals mit den gleichen Farben nach, damit er Naturstein möglichst ähnlich wird.

Die Bücher

SCHRITT FÜR SCHRITT

Die Bücher waren der vergnügliche Teil der Arbeit, weil die Rücken viel Platz für Witz und Humor boten. Manche Fantasietitel sind vielleicht ein bisschen weit hergeholt, aber das Erfinden machte einfach viel Spaß.

Die Bücher stehen in der Fantasiebibliothek auf imaginären Regalen. Da ihre Ober- und Unterkanten parallel zur Blickrichtung verlaufen (siehe Seite 28), werden sie am mittigen Fluchtpunkt in Augenhöhe ausgerichtet. Ich habe eine lange Schnur mit Malerkrepp am Fluchtpunkt fixiert, sodass ich sie nur straffen musste, um alle Bücher zügig und perspektivisch korrekt vorzeichnen zu können. Verwenden Sie Malerkrepp nur auf gut getrockneter Farbe. Auch modellierbare Klebemasse ist hierfür geeignet.

Farben	Werkzeug
Gesamte Farbpalette (siehe Seite 46)	Feiner, spitzer Marderhaar- oder Nylonpinsel
	Gerade Leiste mit Griff und abgerundeter Kante (siehe Seite 38)
	Langes Stück Schnur
	Flachpinsel, 8 mm

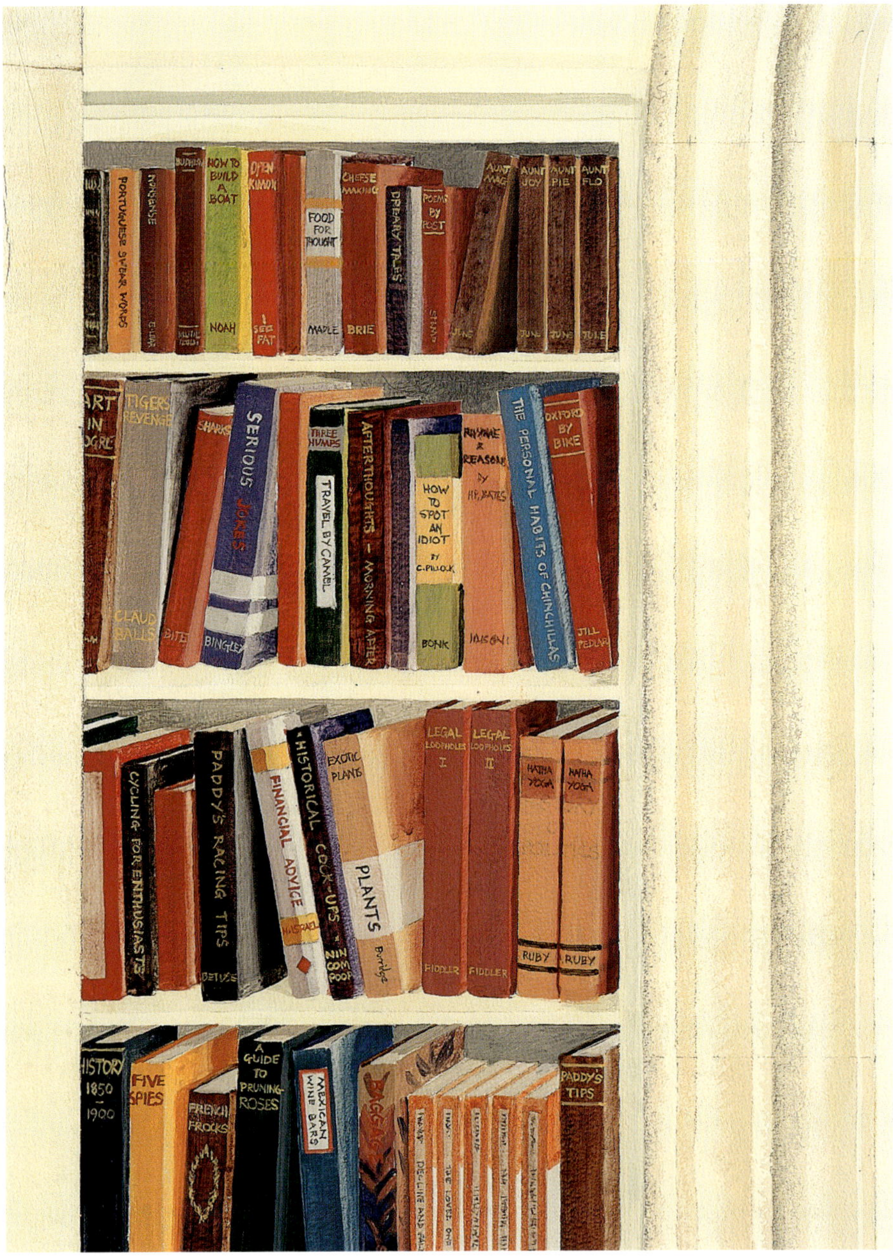

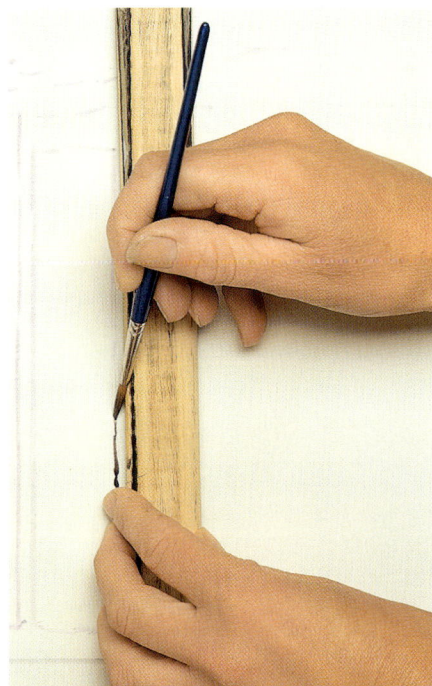

1 Zuerst werden die Buchrücken mit stark verdünnter Farbe und einem dünnen Pinsel mit Hilfe der Holzleiste vorgezeichnet. Gefällt Ihnen die Anordnung nicht, können Sie die Farbe wieder abwischen, sofern Sie nicht zu lange warten. Sehen Sie sich ein echtes Bücherregal mit vergleichbaren Büchern an. Achten Sie auf die Oberkanten, die auf den zentralen Fluchtpunkt ausgerichtet sind (siehe Seite 19). Die Buchrücken sind nur längliche Rechtecke.

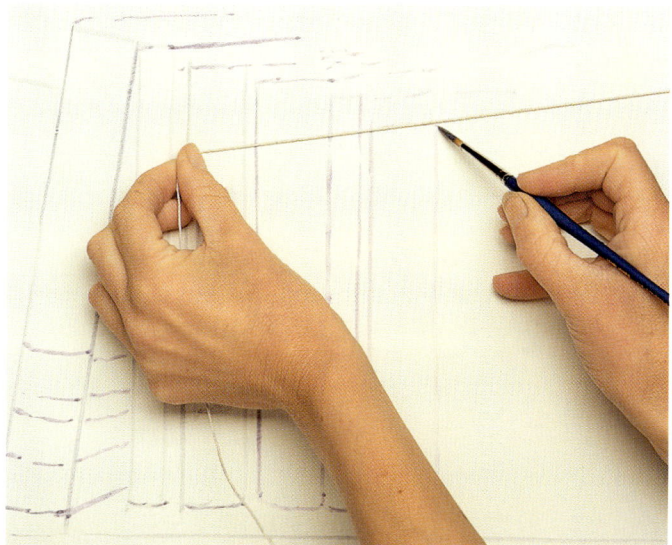

2 Befestigen Sie ein Stück Schnur am zentralen Fluchtpunkt (siehe Seite 19) und spannen Sie es bis zu den Oberkanten der Buchrücken. So geht das perspektivische Vorzeichnen der Buchoberseiten, die parallel zur Blickrichtung liegen, schnell und einfach von der Hand.

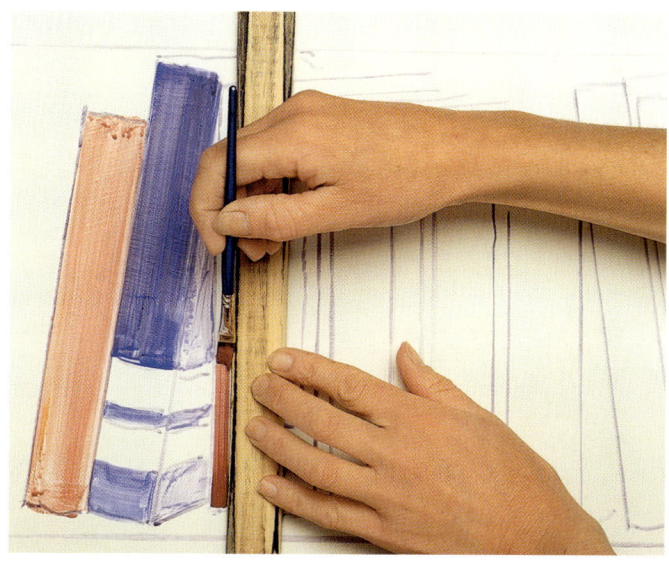

3 Legen Sie die Leiste als Führung für den Pinsel an und malen Sie die Buchrücken aus. Vorsicht, keine feuchte Farbe mit der Leiste abdecken. Die Buchrücken dürfen gern kunterbunt gemalt werden. Wer keine passende Holzleiste hat, kann Klebepunkte oder einige Stücke Malerkrepp unter ein Lineal kleben, damit es etwas vom Malgrund abgehoben wird.

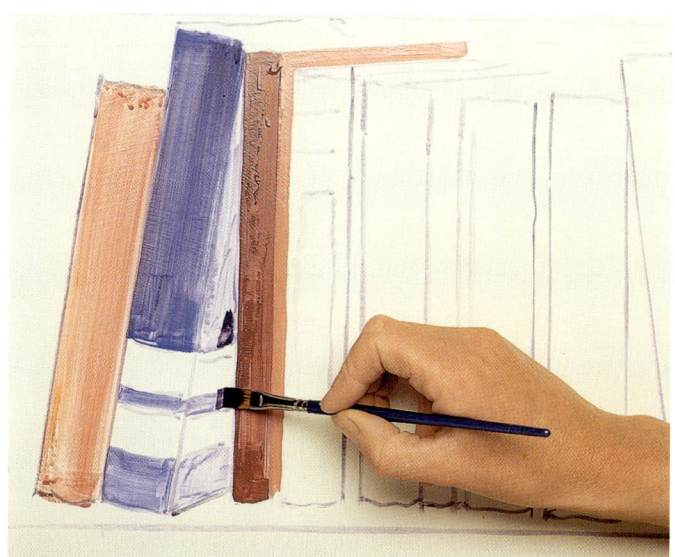

4 Machen Sie sich die Lichteinfallsrichtung bewusst und dunkeln Sie Schatten von schräg stehenden Büchern ab. Dadurch bekommt dieser Bereich eine größere optische Tiefe.

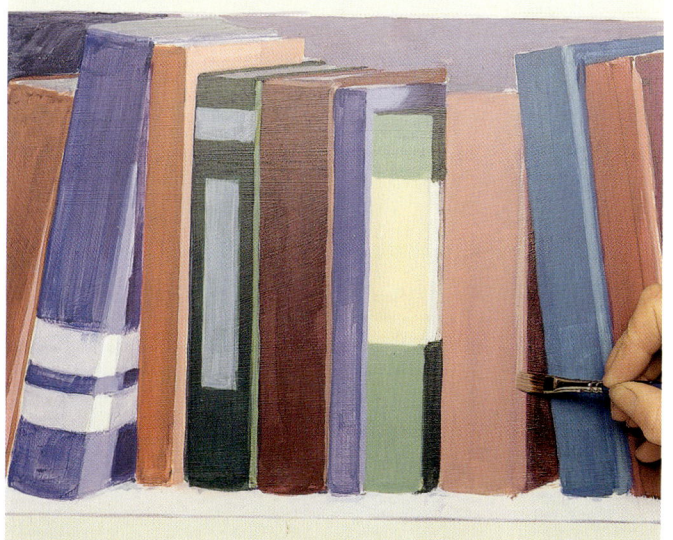

5 Alle sichtbaren (unter der Augenhöhe liegenden) Buchoberseiten müssen auf den Fluchtpunkt ausgerichtet sein. Arbeiten Sie allmählich die Details aus und orientieren Sie sich an einem echten Bücherregal. Wann dieser Teil fertig ist, können Sie nur selbst entscheiden. Durch Herausarbeiten der Licht- und Schattenbereiche lässt sich ein sehr überzeugendes Bücherregal gestalten. Und dann viel Spaß beim Erfinden der Titel.

Urne und Möhren

Diese Urne gehört ebenfalls zur Gruppe von Wandbildern in dem Raum, in dem sich auch die Rundbögen befinden. In die Wand gegenüber dem Hauptmotiv ist ein schöner Kamin mit einer französischen Steineinfassung eingebaut, der mich zu den „Steinelementen" aller Wandbilder dieser Serie angeregt hat. Links vom Kamin bot eine freie Wand Platz für ein kleineres Bild, das ebenfalls das Thema „Stein" variieren sollte. Eine Urne in einer Nische ist ein reizvolles Motiv, das sich für faszinierende Licht- und Schatteneffekte eignet. Eine Vorlage, die zum Stil des Rundbogenmotivs passte, fand ich in einer Zeitschrift.

Die Möhren sind als kleiner Scherz gedacht, denn der Auftraggeber hat eine Schwäche für Karottensaft.

Um ein Gefühl für die Lichtwirkung zu bekommen und die Schatten glaubwürdig darzustellen, legte ich die Möhren in einen Karton und ließ sie nur ein Stück vorragen. So simulierte ich die Lichtverhältnisse in der imaginären Nische.

Obst und Gemüse kann man auf jedem Markt bekommen – wer es malen will, sollte zuerst einkaufen gehen. Es ist hilfreich, zuvor einige Zeichnungen anzufertigen und das Motiv dann wie ein Stillleben auszuarbeiten.

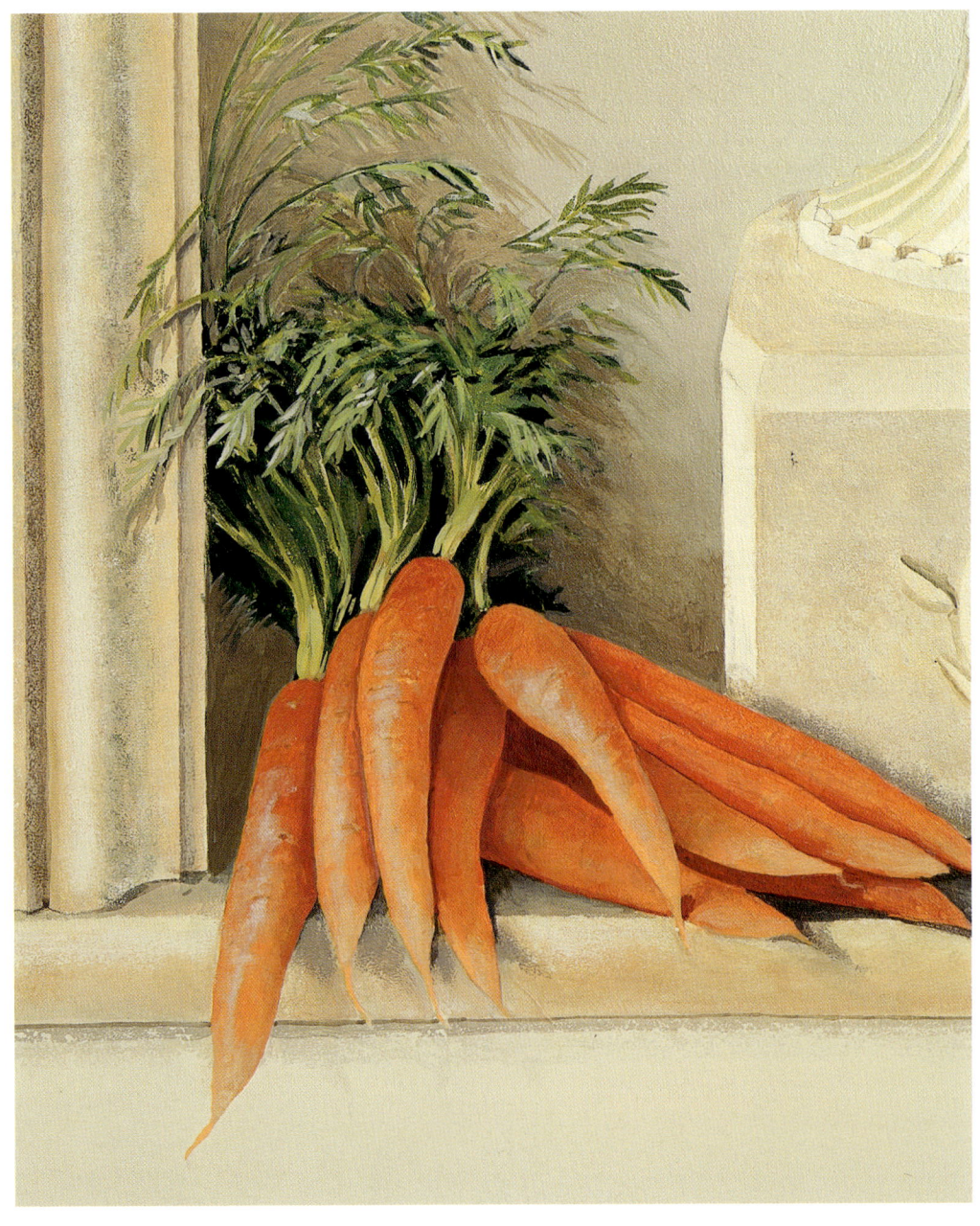

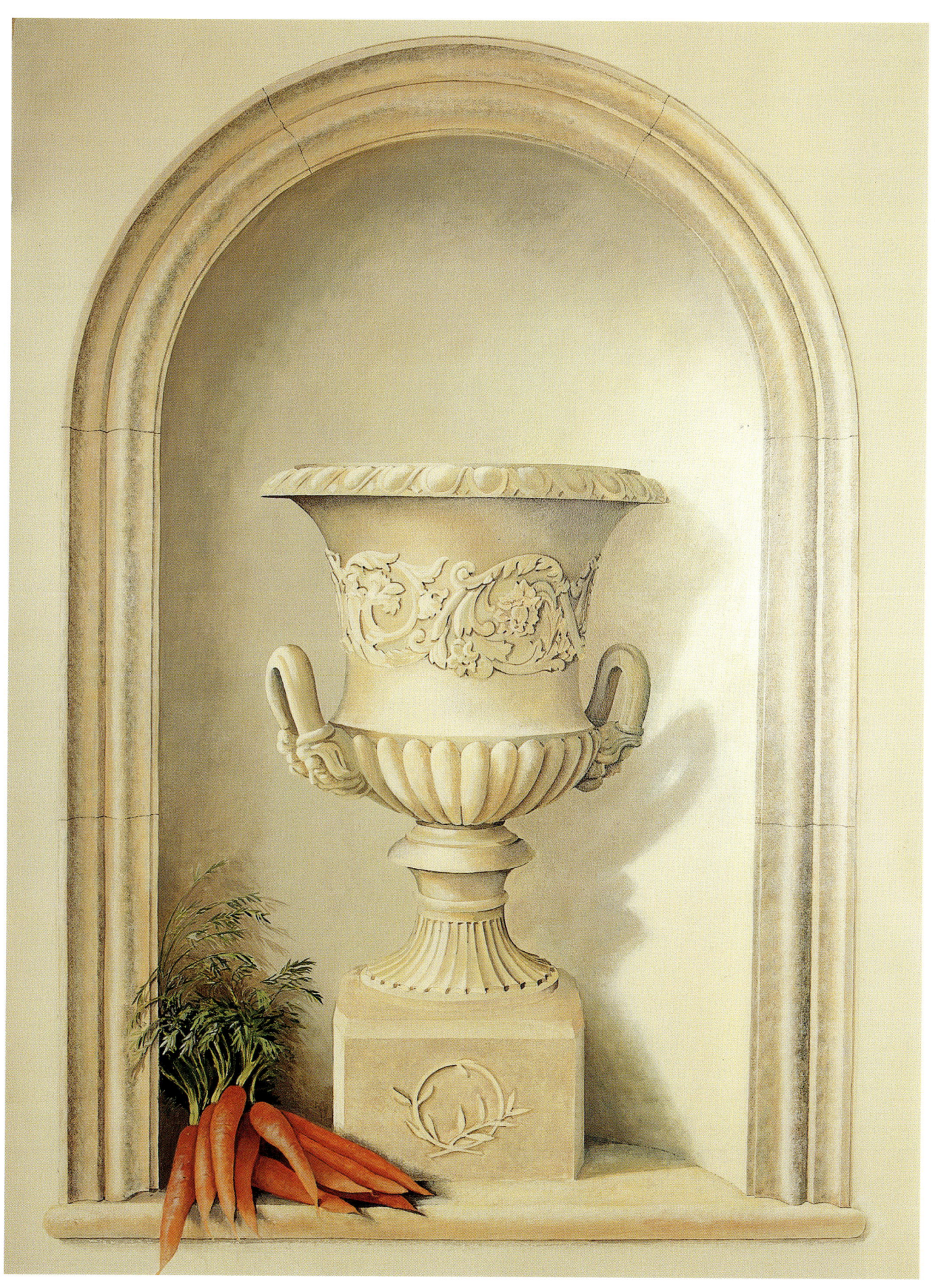

Die Urne

SCHRITT FÜR SCHRITT

Farben

Paynesgrau

Weiß

Umbra natur

Goldocker

Acryl-Trocknungsverzögerer
(Retarder)

Werkzeug

Feiner, spitzer Pinsel

Naturschwamm oder Lappen

Flachpinsel, 8 mm breit

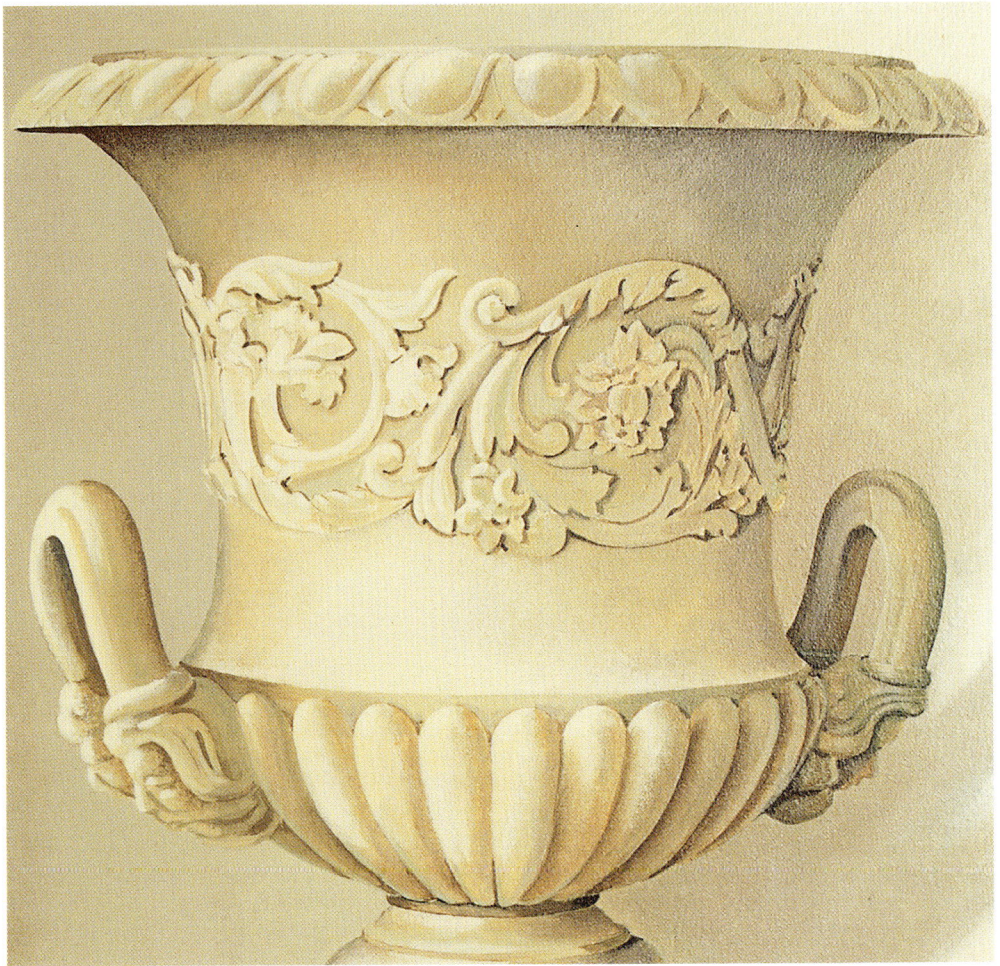

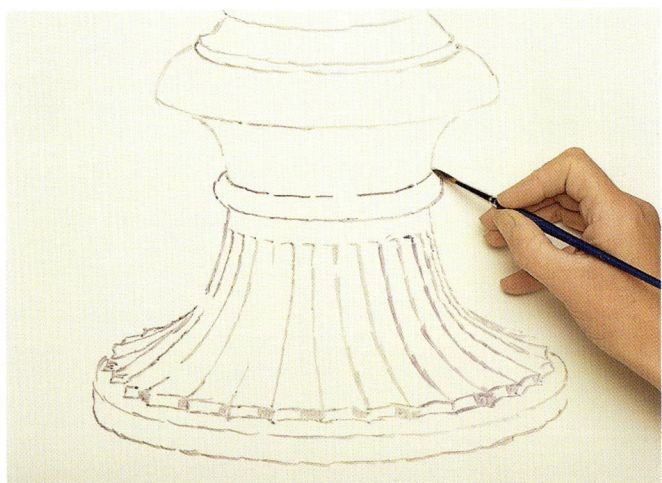

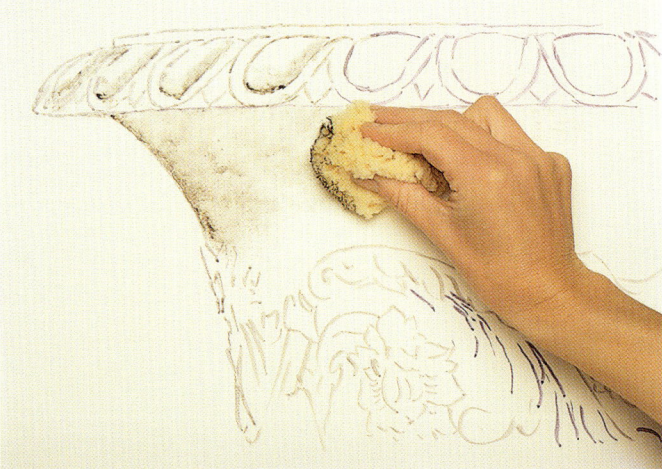

1 Zuerst wird die Kontur sorgfältig vorgezeichnet. Achten Sie darauf, wie sich die Augenhöhe auf die Perspektive der Rundungen auswirkt. Rundungen sehen anders aus, wenn man auf sie herabblickt. Um ein überzeugendes Ergebnis zu erhalten, zeichnen Sie den Horizont ein. In Augenhöhe erscheint ein Kreis (etwa der obere Rand) als gerade Linie. Betrachten Sie einen Teller oder eine Untertasse aus verschiedenen Winkeln. Ich habe die Kontur mit einer dünnen Lasur aus Paynesgrau und Weiß mit einem feinen Pinsel vorgezeichnet.

2 In die Schattenbereiche tupfen Sie mit einem Naturschwamm einen Mischton aus Paynesgrau, Umbra natur und Goldocker. Seien Sie sich dabei immer der Lichteinfallsrichtung bewusst.

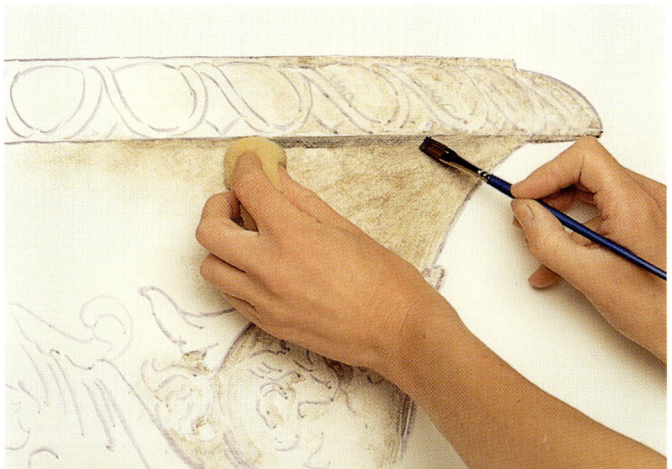

3 Bauen Sie mit verschiedenen Abstufungen dieses Farbtons allmählich Licht und Schatten auf. Ich habe mit einem 8 mm breiten Flachpinsel gearbeitet und die Farbe mit einem kleinen Naturschwamm abgetupft, um die Pinselstriche zu verwischen und eine interessante Textur zu erhalten.

4 Bearbeiten Sie gleichzeitig auch den Hintergrund, um den Schatten anzudeuten, den die Urne in der Nische wirft. Die Formen von Schatten lernt man am besten durch Beobachtung (siehe Seite 29). Gehen Sie auf die Suche nach Fotos von Objekten in Nischen – meist handelt es sich um Statuen. Für diese Schatten habe ich einen Mischton aus Paynesgrau, Goldocker und Weiß verwendet.

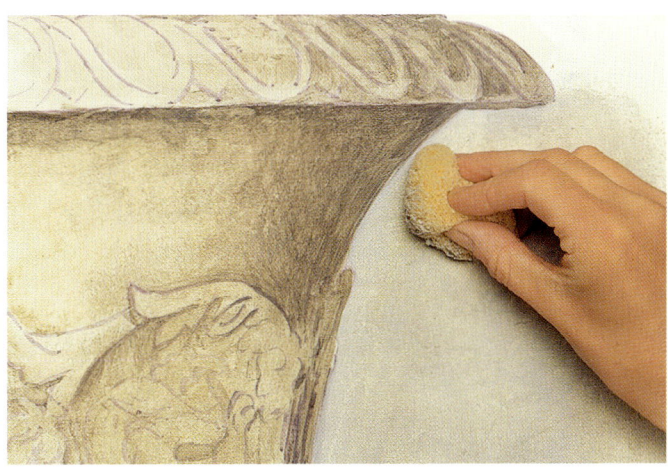

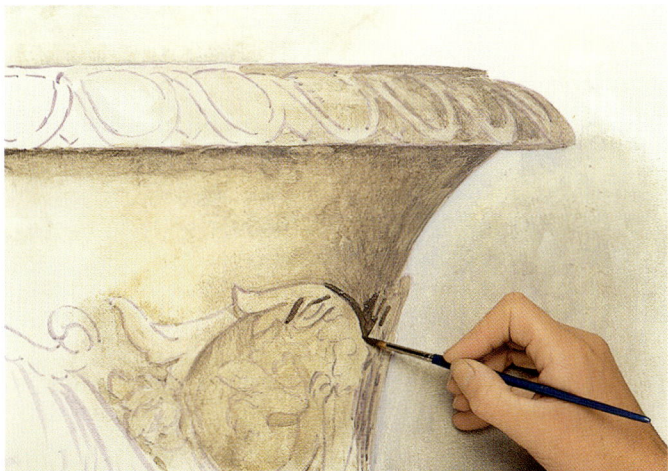

5 Arbeiten Sie die Details des Motivs genauer aus, indem Sie die Schatten vor allem im Bereich des Reliefs vertiefen. Sie werden zuerst mit dem Pinsel aufgemalt und dann mit einem Schwamm abgetupft.

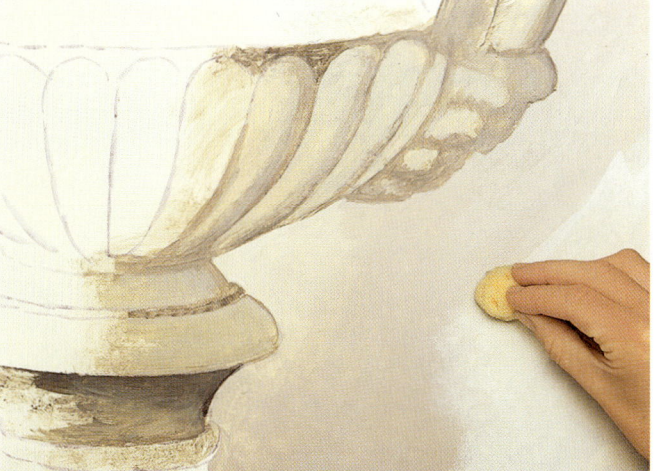

6 Ein Acryl-Retarder kann hilfreich sein, um die Trocknung zu verzögern und die Konturen der Schatten länger verwischen zu können. Diese Arbeit ist mit Ölfarben wesentlich einfacher. Am besten verwenden Sie einen kleinen, feuchten Schwamm oder ein feuchtes Tuch.

Die Möhren

Farben

Gesamte Farb-
palette (siehe
Seite 46)

Werkzeug

Feiner Marder-
haarpinsel

Flachpinsel,
5 mm breit

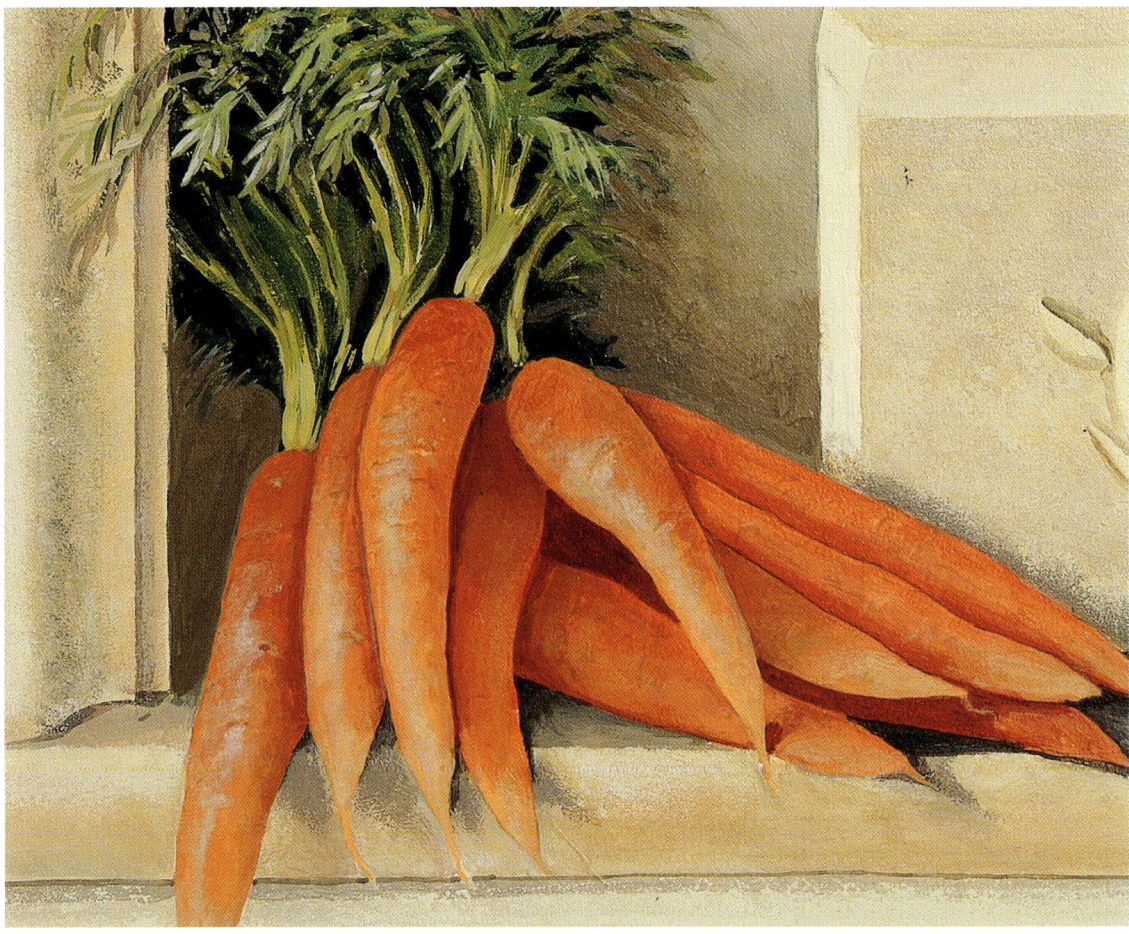

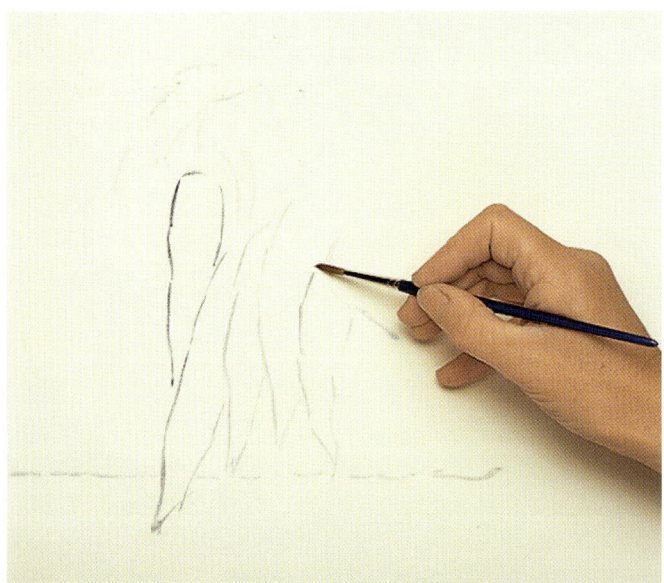

1 Die Kontur des Bundes Möhren wird zuerst mit einem feinen Pinsel und einer verdünnten Mischung aus Paynesgrau und Weiß vorgezeichnet.

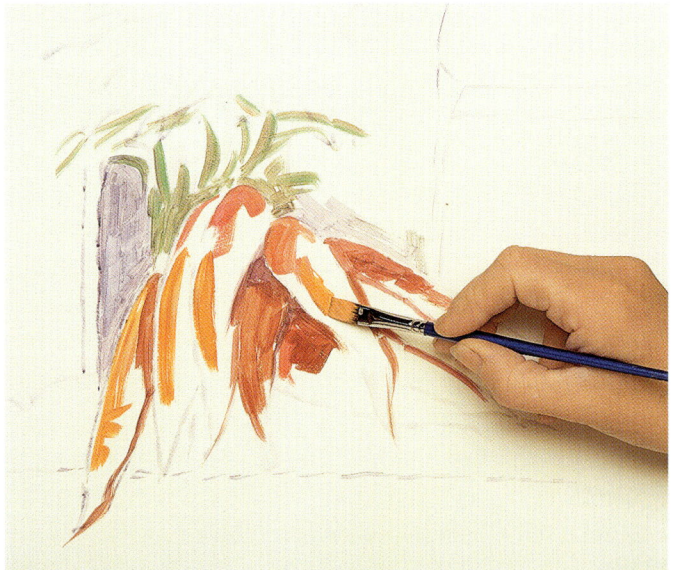

2 Mit der gesamten Farbpalette und einem 5 mm breiten Flachpinsel malen Sie die Möhren dann nach dem natürlichen Vorbild. Die Grüntöne sind aus Veronesergrün, Weiß, Goldocker und Kadmiumgelb, die Orangetöne aus Kadmiumrot, Kadmiumorange, Kadmiumgelb, Purpurviolett und Weiß gemischt.

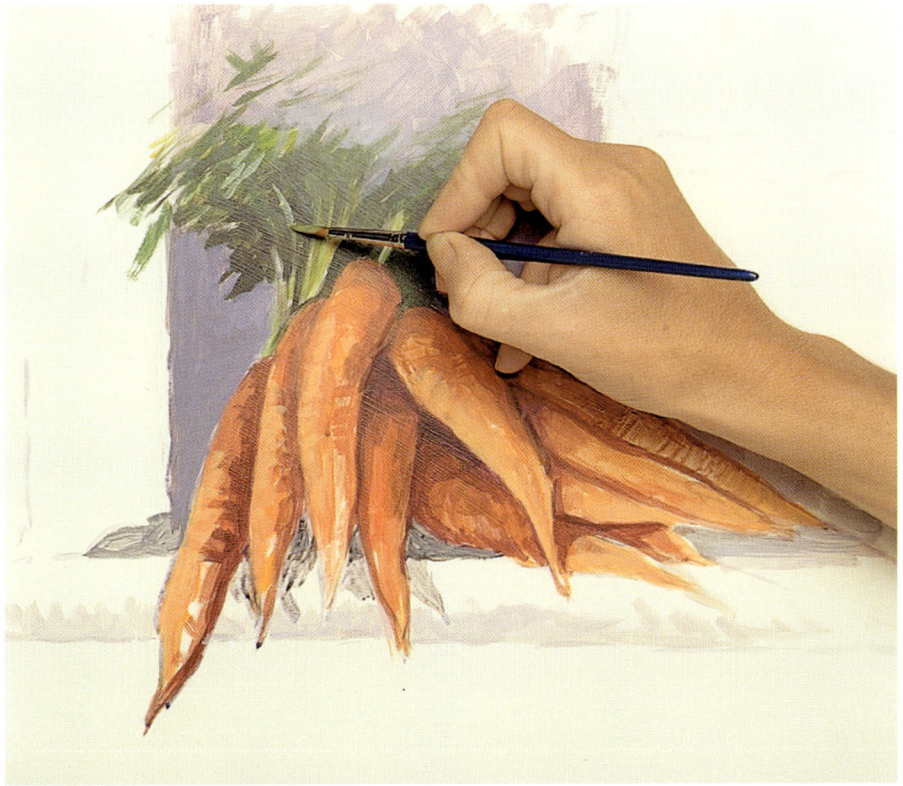

3 Achten Sie auf die Details des Originals und arbeiten Sie sie sorgfältig
aus, um ein möglichst realistisches Bild zu erhalten. Wichtig sind dabei
die Rundungen der Rübenformen, das fein gefiederte Laub und die Schatten,
die die Möhren auf ihre Umgebung werfen.

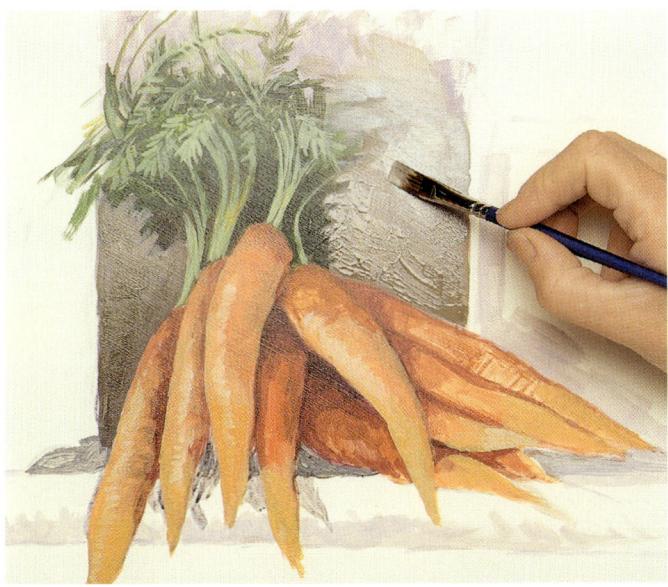

4 Der Hintergrund dieses Bereiches wird gleichzeitig
mit einem schmalen Flachpinsel gestaltet. Dadurch
fällt es leichter, den Platz der Möhren im Gesamtbild zu
definieren.

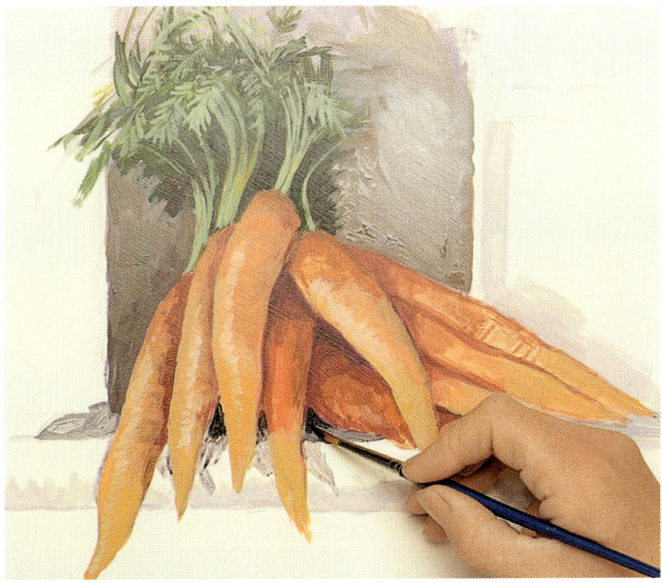

5 Mit einem feinen, spitzen Pinsel malen Sie dunkle
Schatten zwischen die einzelnen Möhren, sodass sie
auf dem Grund der Nische plastisch wirken.

Zerrspiegel

Farben	Werkzeug
Gesamte Farbpalette (siehe Seite 46)	Flachpinsel, 8 mm breit
	Flachpinsel, 1 cm breit
	Feiner, spitzer Pinsel

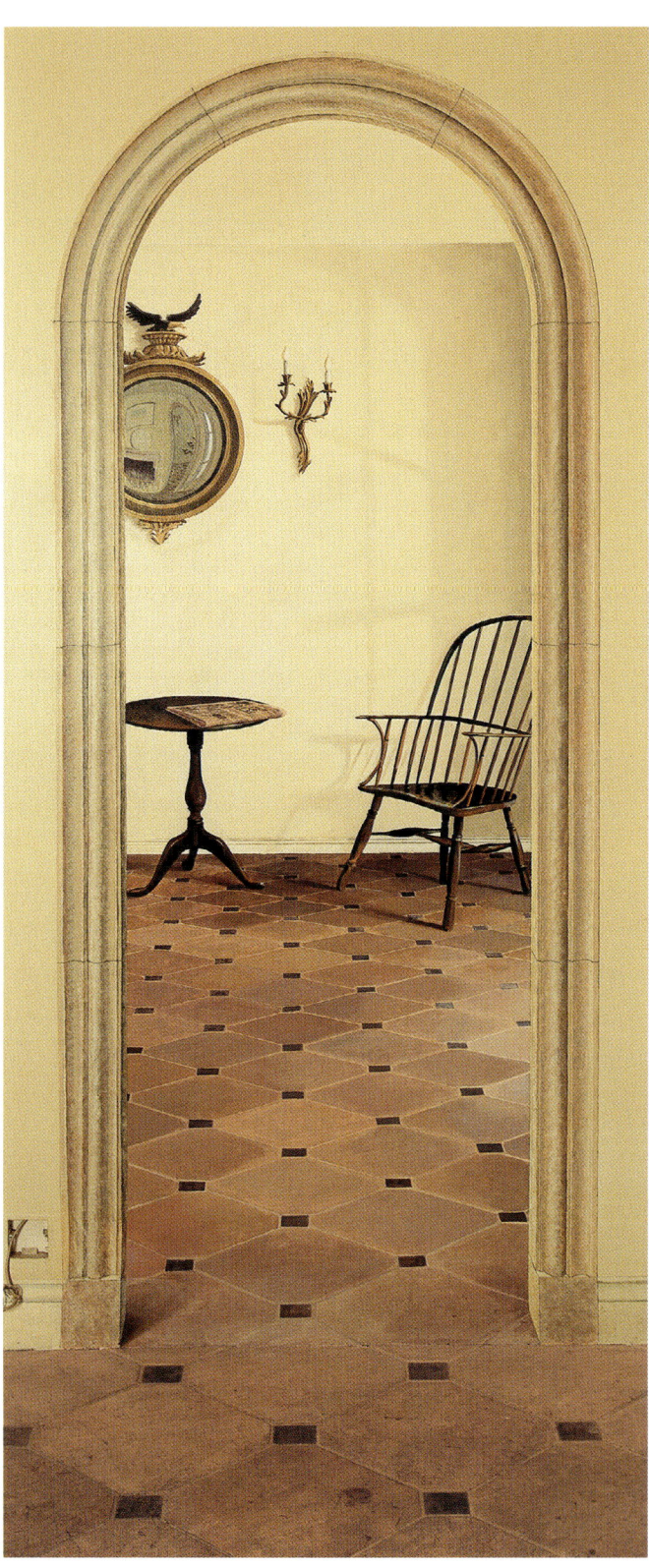

Rechts vom Kamin, der dem Hauptmotiv gegenüber liegt, befand sich eine weitere Fläche, die sich anbot, um sie in das Fantasieambiente zu integrieren. Ich stellte mir einen Durchgang in einen Raum gegenüber der „Bibliothek" vor und entwarf ein entsprechendes Motiv. Wieder hat der Rundbogen eine steinerne Einfassung und eine gedachte Lichtquelle. Den Blickfang dieses Bereiches bildet ein Konvexspiegel, den ich van Eycks Gemälde *Die Hochzeit der Arnolfini* entlieh. Darin zeigt der Spiegel die Rücken des Brautpaares sowie eine weitere, geheimnisvolle Figur. Meiner spiegelt keine Personen, sonder nur ein Fantasiezimmer mit einem Kamin, der dem echten im realen Zimmer ähnelt.

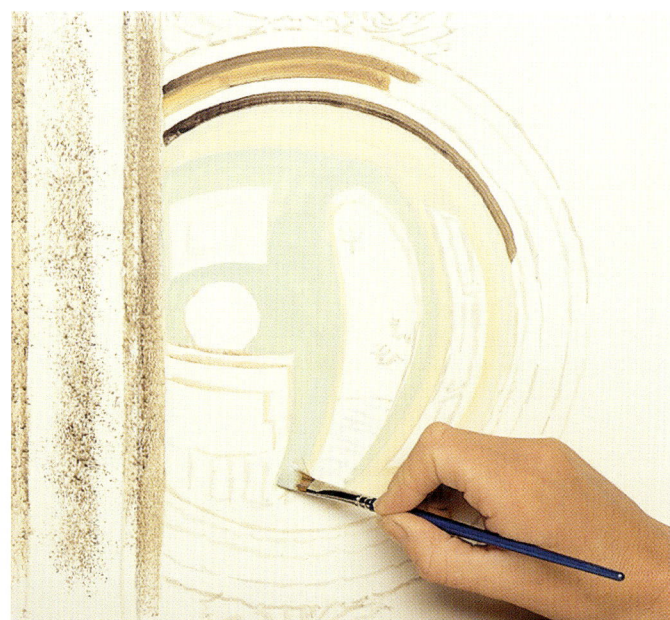

1 Die Flächen des verzerrten Spiegelbildes werden mit einem 8 mm breiten Flachpinsel eingefärbt. Dabei kommt es nicht auf Genauigkeit an – niemand wird wissen, ob das Spiegelbild korrekt ist oder nicht. Allerdings müssen alle geraden Kanten gebogen sein.

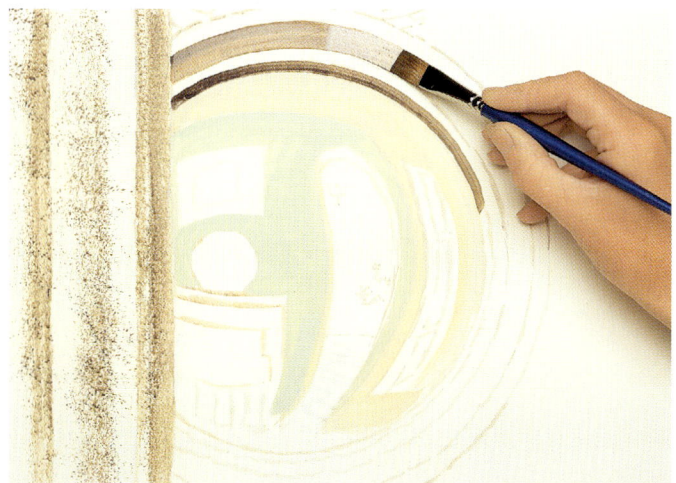

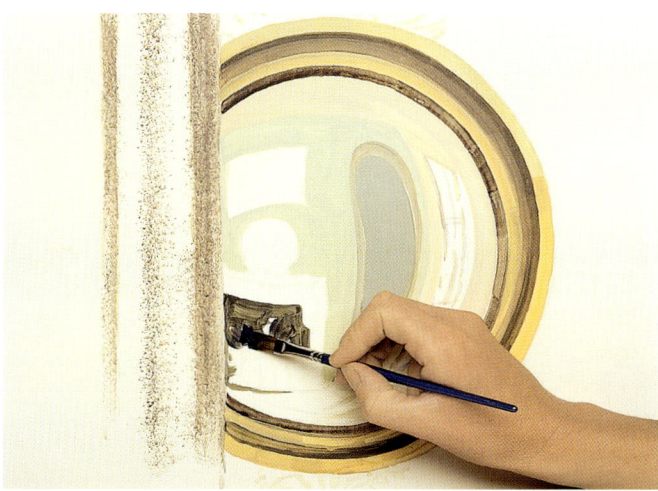

2 Der vergoldete Rahmen wurde mit einem Flachpinsel und einer Mischung aus Goldocker, Weiß, Veroneser-grün, gebrannter Umbra und Paynesgrau gemalt. Wenn Sie goldene Elemente darstellen wollen, verwenden Sie viele dunkle, schlammige Grüntöne, von denen sich die goldfarbigen Lichtakzente gut abheben.

3 Arbeiten Sie die Details im Spiegelbild weiter aus – je mehr, desto besser. Ich habe mit der kompletten Farbpalette und einem 8 mm breiten Flachpinsel gear-beitet.

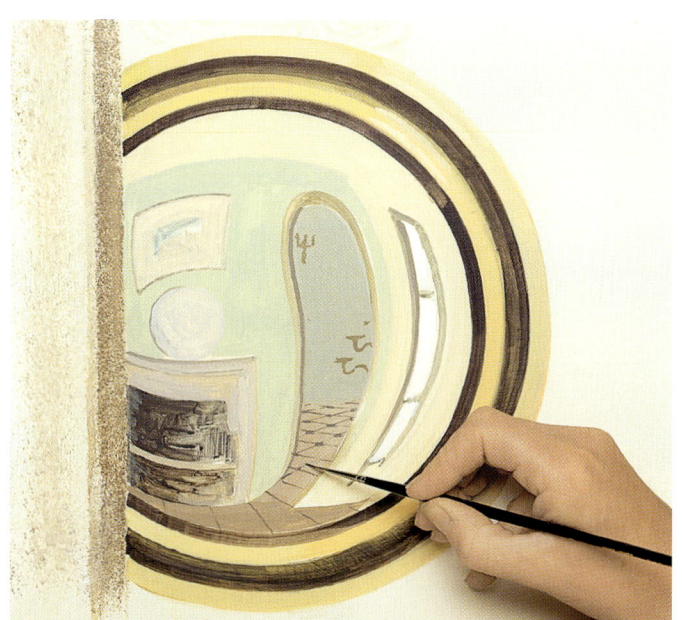

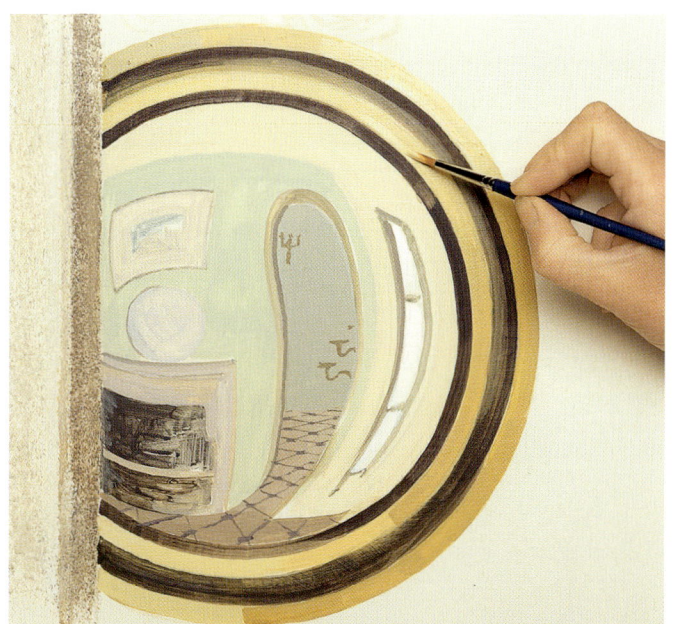

4 Beim Fußboden muss sorgfältig darauf geachtet werden, dass er wie eine verzerrte Version des ech-ten Bodens aussieht. Details werden mit einem feinen, spitzen Pinsel eingefügt.

5 Mit dem feinen, spitzen Pinsel setzen Sie dann ein-zelne, kleine Lichtakzente an verschiedenen Stellen des Spiegelrahmens. Eine Mischung aus Weiß und etwas Kadmiumgelb sorgt für den richtigen Glanz.

Auftragsarbeiten

Wenn Sie einige gelungene Wandbilder für Ihr eigenes Haus gemalt haben, werden Sie möglicherweise gefragt, ob Sie auch Aufträge anderer Personen annehmen.

Eine Mappe zusammenstellen

Es lohnt sich, möglichst frühzeitig eine Präsentationsmappe mit Ihren Arbeiten zusammenzustellen. Leisten Sie sich eine hochwertige Mappe und geben Sie sich beim Aufkleben der Fotos Mühe. Wenn Sie unsicher sind, lassen Sie sich helfen.

Es spielt eine wichtige Rolle, wie Sie Ihre Bilder fotografieren. Eine gute Kamera ist ohnehin ein wichtiges Werkzeug für Maler, und ein gewisses Grundwissen über die richtige Ausleuchtung ist nicht nur für die Malerei sinnvoll, sondern auch zum Aufnehmen guter Fotos. Richten Sie den Blitz nicht direkt auf das Bild, weil die Mitte sonst leicht überbelichtet wird. Indirekter Blitz, der gegen die Decke oder einen großen Reflektor (etwa eine andere Wand des Raums) gerichtet wird, ist viel günstiger.

Zum Fotografieren ohne Blitz müssen Sie einen lichtempfindlichen Film (ISO 400) benutzen. Bedenken Sie, dass es schwierig ist, die Kamera bei Belichtungszeiten von weniger als 1/60 Sekunde ruhig zu halten. Bei schwachem Licht sollten Sie darum mit einem Stativ und einem Fernauslöser fotografieren, um Verwackeln zu vermeiden. Noch besser ist es, einen erfahrenen Freund zu bitten, die Bilder aufzunehmen.

Billige Filme sind riskant. Verwenden Sie Markenfilme und achten Sie darauf, dass das Haltbarkeitsdatum nicht überschritten ist. Beide Faktoren können Auswirkungen auf die Farbwiedergabe haben.

Sorgen Sie dafür, dass Ihre Mappe immer auf dem neuesten Stand ist, und achten Sie darauf, dass lose Fotos nicht herausfallen können – das wirkt schlicht unprofessionell.

Einen Auftrag annehmen

Wenn Sie einen Auftrag ausführen und ein Honorar aushandeln wollen, bitten Sie sich Bedenkzeit aus, ehe Sie die Arbeit zusagen. Besprechen Sie mit dem Auftraggeber möglichst die genaue Budgetgrenze, statt vorher einen Entwurf anzufertigen, dessen Ausführung womöglich sehr viel Zeit in Anspruch nimmt. Ihre Zeit ist der wichtigste Kostenfaktor. Dazu kommen Materialkosten, eventuell auch Reise- und Unterbringungskosten. Den Preis für Ihre Arbeitszeit können Sie nur selbst festlegen, entweder auf Stunden- oder Tagesbasis. Ist das Honorar besprochen, überlegen Sie, wie viele Details Sie in der entsprechenden Zeit malen können. Legen Sie auch fest, wer für Materialkosten und Spesen aufkommt.

Malen dauert viel länger, als die meisten Menschen denken – wahrscheinlich länger, als man selbst wahrnimmt. Bleiben Sie daher auf der sicheren Seite und kalkulieren Sie hierfür einen gewissen Reservebetrag ein. Ist dem Kunden der Preis zu hoch, schlagen Sie ein einfacheres Motiv vor, statt Abstriche im Honorar zu machen. Wandmaler sind letztlich austauschbar. Sie werden nach Ihren vorherigen Arbeiten beurteilt, nach dem professionellen Auftreten bei den Vorgesprächen und nach der Zeit, die Sie nach dem Vorgespräch bis zur Präsentation von Entwürfen benötigen.

Vor der offiziellen Auftragsvergabe sollten Sie einige kostenlose Skizzen vorlegen (es sei denn, Ihr Ruf ist so gut, dass Sie das nicht nötig haben). Hat man sich auf eine Idee geeinigt, wird das Honorar ausgehandelt, und Sie können den Auftrag in zwei Phasen gliedern: den Entwurf und die Ausführung auf der Wand. Auch die Anfertigung eines guten Farbentwurfes, den Sie als Vorlage für die Wandmalerei verwenden, muss bezahlt werden. Es ist sinnvoll, die Auftragsdetails schriftlich zu vereinbaren, damit Sie wissen, was von Ihnen erwartet wird – und damit der Kunde weiß, was er erwarten kann. Arbeitsumfang, Honorar, Zeitplan und Anzahlung sollten in der Auftragsbestätigung genau benannt sein. Als Anzahlung ist ein Drittel oder die Hälfte des Gesamthonorars sinnvoll. Beginnen Sie nicht mit der Arbeit, ehe alles geregelt ist. Beträgt die Anzahlung ein Drittel, sollte ein weiteres Drittel nach deutlichem Fortschritt der Arbeit und der Restbetrag bei Fertigstellung gezahlt werden. Zahlung bei Fertigstellung ist eine eindeutige Formulierung. Sie bedeutet, dass die Malerei beendet ist und Sie sich um die Versiegelung gekümmert oder Platten aufgehängt haben. Für alle Zahlungen sollten Sie ordnungsgemäße Rechnungen ausstellen.

Die weiteren Tipps, die ich einem hoffnungsvollen Wandmaler mit auf den Weg zum Erfolg geben würde, unterscheiden sich wenig von den generellen Empfehlungen für die Auftragsacquise:

- Erscheinen Sie pünktlich zu Besprechungs-
  terminen.

- Bringen Sie Ihre Vorschläge sauber, durchdacht
  und übersichtlich zu Papier – möglichst in Farbe.
  Lassen Sie auch dem Kunden Raum für eigene
  Ideen; selbst wenn am Ende etwas ganz anderes
  dabei herauskommt, wird er es zu schätzen wissen.

- Nachdem die Bedingungen ausgehandelt sind,
  bestellen Sie die Farbe und beginnen mit der
  Arbeit. Treiben Sie das Projekt jeden Tag ein
  Stück voran und lassen Sie sich nicht durch
  andere Aufträge ablenken oder unterbrechen.
  Wenn sich ein Kunde für ein Wandbild entschie-
  den hat, möchte er möglichst bald Resultate
  sehen. Nichts ist schlimmer als eine halb bemalte
  Wand anzuschauen.

- Seien Sie in der Wohnung des Auftraggebers
  freundlich, sodass man Sie später vermisst. Neue
  Auftraggeber findet man oft durch Empfehlung
  zufriedener Kunden.

- Achten Sie sorgfältig darauf, keine Farbe auf den
  Boden zu klecksen und den Ausguss sauber zu
  hinterlassen. Vermeiden Sie um jeden Preis farbige Fußspuren irgendwo im Gebäude. Räumen
  Sie zum Feierabend Ihre Farben und Werkzeuge
  aus dem Weg.

Abmessungen der Bilder

Wenn Sie eines der Motive aus diesem Buch repro-
duzieren wollen, können Sie das Format natürlich
frei wählen. Hier finden Sie die Abmessungen der
Originale.

Fenster zur Toskana, Seite 54:
  2,5 m Höhe x 1,5 m Breite

Tigerkatze, Seite 64:
  Lebensgröße

Perlhühner, Seite 68:
  Lebensgröße

Edle Rinder, Seite 72:
  1,5 m Höhe x 1,5 m Breite

En Grisaille, Seite 76:
  Lebensgröße

Umkleideraum, Seite 84:
  2,8 m Höhe x 5 m Breite

Der Mönch, Seite 90:
  2,8 m Höhe x 1,5 m Breite, der Mönch ist
  lebensgroß

Meerblick, Seite 94:
  1 m Höhe x 1,2 m Breite

Weiße Pferde, Seite 100:
  Hauptmotiv 2,8 m Höhe x 11 m Breite
  Seitenwand 2,8 m Höhe x 6 m Breite

Bemalte Möbel, Seite 112:
  ca. 1 m Höhe x 0,6 m Breite

Tiepolo-Wandbild, Seite 116:
  2,5 m Höhe x 1,4 m Breite

Rundbögen, Seite 118:
  2,5 m Höhe x 2,5 m Breite
  Urne 1,5 m Höhe x 1 m Breite
  Kleiner Bogen 2,5 m Höhe x 1,2 m Breite

Adressen

Künstlerbedarf (Versandhandel)

boesner Versandservice GmbH
Gleiwitzer Straße 2
D-58454 Witten
Telefon (0 23 02) 9 10 66-0
Telefax (0 23 02) 9 10 66-13
E-Mail versandservice@boesner.com
www.boesner.com

Johannes Gerstäcker GmbH
Wecostraße 4
D-53783 Eitorf
Telefon (0 22 43) 8 89-0
Telefax (0 22 43) 8 89-45
E-Mail info@gerstaecker.com
www.gerstaecker.de

Künstlerfarben
(Öl- und Acrylfarben)

Daler-Rowney Head Office
PO Box 10
Bracknell, RG12 8 ST
Großbritannien
Telefon +44 (0) 1344 461000
Telefax +44 (0) 1344 486511
www.daler-rowney.com

Eberhard Faber GmbH
EFA-Straße 1
D-92318 Neumarkt
Telefon (0 91 81) 4 30-0
Telefax (0 91 81) 4 30-222
E-Mail info@eberhardfaber.de
www.eberhardfaber.de

C. Kreul GmbH & Co. KG
Künster.Farben.Fabrik
Carl-Kreul-Straße 2
D-91352 Hallerndorf
Telefon (0 95 45) 9 25-0
Telefax (0 95 45) 9 25-511
E-Mail info@c-kreul.de
www.c-kreul.de

Lascaux Colours & Restauro
Barbara Diethelm AG
Zürichstraße 42
CH-8306 Brüttisellen
Schweiz
Telefon +41-1-8 07 41 41
Telefax +41-1-8 07 41 40
E-Mail info@lascaux.ch
www.lascaux.ch

Lukas Künstlerfarben- und
Maltuchfabrik
Dr. Fr. Schoenfeld GmbH
Harffstraße 40
D-40591 Düsseldorf (Wersten)
Telefon (02 11) 78 13-0
Telefax (0211) 78 13-24
E-Mail info@lukas-germany.de

Marabuwerke GmbH & Co. KG
Asperger Straße 4
D-71732 Tamm
Telefon (0 71 41) 6 91-0
Telefax (0 71 41) 6 91-147
E-Mail: info@marabu.de
www.marabu.de

Nerchau Mal- und Künstlerfarben
Lacufa GmbH
Wurzener Straße 38
D-04685 Nerchau
Telefon (03 43 82) 7 04-0
Telefax (03 43 82) 7 04-16
www.nerchaufarbe.de

H. Schmincke & Co. –
Gmbh & Co. KG
Otto-Hahn-Straße 2
D-40699 Erkrath
Telefon (02 11) 25 09-0
Telefax (02 11) 25 09-461
E-Mail info@schmincke.de
www.schmincke.de

Wandfarben
(z. B. Dispersion, Holzanstriche)

Auro Pflanzenchemie AG
Alte Frankfurter Straße 211
D-38122 Braunschweig
Telefon (05 31) 2 81 41-0
Telefax (05 31) 2 81 41-62
E-Mail webmaster@auro.de
www.auro.de

Caparol
Farben Lacke Bautenschutz GmbH
Rossdörfer Straße 50
Industriegebiet 1
D-64372 Ober-Ramstadt
Telefon (0 61 54) 71-0
Telefax (0 61 54) 71-13 91
www.caparol.de

Dulux Fachberatung
ICI Paints Deco GmbH
Itterpark 2 – 4
D-40724 Hilden
Telefon (0 21 03) 2 05-800
Telefax (0 21 03) 2 05-863
E-Mail paints_deco_de@ici.com
www.ici-paints.de

Livos Pflanzenchemie & Co. KG
Auengrund 10
D-29568 Wieren (Emern)
Telefon (0 58 25) 88-0
Telefax (0 58 25) 88-60
E-Mail info@livos.de
www.livos.de

Osmo Holz und Color
GmbH & Co. KG
Postfach 11 01 61
D-48203 Warendorf
Telefon (0 25 81) 9 22-100
Telefax (0 25 81) 9 22-200
E-Mail: info@osmo.de
www.osmo.de

Bastelbedarf

KnorrPrandell GmbH
Michael-Och-Straße 5
D-96215 Lichtenfels
Telefon (0 95 71) 793-0
Telefax (0 95 71) 7 93-364
E-Mail
KnorrPrandell@guetermann.com
www.bastelideen.com

Rayher Hobby GmbH
Fockestraße 15
88471 Laupheim
Telefon (0 73 92) 70 05-0
Telefax (0 73 92) 70 05-145
E-Mail info@rayher-hobby.de
www.rayher-hobby.de

VBS
Verdener Bastelservice GmbH
Große Straße 130
D-27283 Verden
Telefon (01 80) 5 66 81 11
Telefax (0 42 31) 6 68 22
www.vbs-hobbywelt.de

Dieses Buch widme ich Derek, ohne dessen Hilfe ich es nicht geschafft hätte – und wahrscheinlich den Computer nicht hätte ein-, geschweige denn ausschalten können.

Weiterführende Kurse

Als in meinem Atelier in Cornwall die ersten Kurse anbot, entdeckte ich, dass gerade am Erlernen der Wandmalerei großes Interesse bestand. In den letzten Jahren habe ich mit großer Freude weitergegeben, was ich mir selbst angeeignet und vor allem von ausgezeichneten Lehrern gelernt habe: von Ken Hill, von meinem Vater und meiner Mutter und vor allem meiner Schwester Gillian, die mich in die Geheimnisse der Perspektive einweihte.

In den Kursen werden den Teilnehmern die Grundlagen des Trompe l'œil vermittelt: genaue Beobachtung, Perspektive, Farbe und Maltechniken. Vor allem geht es darum, diese Aspekte stimmig in den architektonischen Kontext des jeweiligen Raums zu integrieren.

Die Teilnehmer werden methodisch an das fantasievolle und plakative Malen in großem Maßstab herangeführt. Jeder Teilnehmer stellt mit meiner Unterstützung ein kleineres Trompe l'œil fertig. Aufgrund der großen Nachfrage habe ich neuerdings einen zweiwöchigen Fortgeschrittenenkurs eingerichtet, der auf den Kenntnissen des fünftägigen Anfängerkurses aufbaut.

Die Kurse finden in einem einzigartigen Tal in Cornwall statt, einer der schönsten Regionen Englands. Die Atmosphäre im Atelier ist locker und vergnügt, das Malen wird nur durch die zwanglosen, köstlichen Mahlzeiten unterbrochen. Untergebracht werden die Teilnehmer in behaglichen Bed-and-Breakfast-Pensionen mit freundlichem Service.

Einzelheiten zu den Kursen erfahren Sie direkt bei:
Janet Shearer, Higher Grogley Farm, Withiel, Near Bodmin, Cornwall PL30 5NP, Tel/Fax: 0044-1208-831926, e-Mail: janetshearer@macunlimited.net
Weitere Informationen über Kurse, Farben und Werkzeug finden Sie auf meiner Webseite unter www.trompeloeil.co.uk

Dank der Autorin

Mein Freund Robert Peacop von The Paint Centre in West Drayton / Middlesex stand mir jederzeit mit viel Geduld und guten Tipps zur Seite. Seine Ratschläge haben sich im Laufe meiner Arbeit bewährt – dafür bin ich ihm sehr dankbar.

In den letzten Jahren hatte ich auch das Glück, von Jason Mackie von Global Art Supplies in London unterstützt zu werden. Immer hat er zuverlässig für die prompte Belieferung mit Materialien bester Qualität gesorgt, sowohl für die in diesem Buch vorgestellten Projekte als auch für Auftragsarbeiten, die ich ausgeführt habe. Die ausgezeichneten Farben der Firma Golden haben mir das Selbstvertrauen gegeben, fast alles zu versuchen.

Das Consortium for Purchasing and Distribution stellte freundlicherweise den Tafelzirkel (Seite 49) zur Verfügung. Der unbehandelte Kaminschirm (Seite 112) wurde von der Firma Scumblegoosie bereitgestellt, die Architektenlineale stammen vom London Graphic Centre.

Meinen verschiedenen Auftraggebern danke ich für die Erlaubnis, Fotos der Wandbilder in diesem Buch zu veröffentlichen. Ein besonderer Dank geht an das Nare Hotel, Carne Beach, Veryan, Truro TR2 5PF, Tel: 0044-1872-501111, Mr und Mrs Oliver Joanes, dem Watergate Bay Hotel, Watergate Bay, Nr Newquay, Cornwall TR9 4AA, Tel: 0044-1637-860543, Mr und Mrs Derek Jarrett, Paul und Jo Stretton-Downes sowie David Bennett. Ein besonderer Dank an Judy Lobb, die den Überblick behielt, wenn die Zeit knapp war.

Vor allem aber danke ich Yvonne McFarlane, die mir die Möglichkeit zu diesem Buch gab (und den Computer, um es zu schreiben), sowie Gillian Haslam, John Freeman und Roger Daniels für ihre unschätzbare Hilfe.

Register

Impressum

Titel der Originalausgabe
Trompe l'oeil

Zuerst veröffentlicht 2002 von
New Holland Publishers (UK) Ltd.

Copyright © 2004 der deutschen
Übersetzung by Verlagsgruppe
Weltbild GmbH, Steinerne Furt,
86167 Augsburg

Redaktion, Illustrationen und
Layout: Janet Shearer

Übersetzung aus dem Englischen:
Wiebke Krabbe, Damlos

Dt. Redaktion: Helene Weinold-
Leipold, Altenmünster-Violau

Umschlaggestaltung:
Atelier Lehmacher, Friedberg (Bay.)

Gesamtherstellung:
Neografia, a.s. printing house,
Skultétyho 1, SK-3655 Martin

ISBN 3-8289-2459-X

2007   2006   2005   2004
Die letzte Jahreszahl gibt die
aktuelle Lizenzausgabe an.

Einkaufen im Internet:
www.weltbild.de